THOMAS SCHIRRMACHER

Kaffeepausen mit dem Papst

Meine Begegnungen mit Franziskus

SCM

SCM

Stiftung Christliche Medien

Der SCM Verlag ist eine Gesellschaft der Stiftung Christliche Medien,
einer gemeinnützigen Stiftung, die sich für die Förderung und Verbreitung
christlicher Bücher, Zeitschriften, Filme und Musik einsetzt.

© der deutschen Ausgabe 2016
SCM-Verlag GmbH & Co. KG · Max-Eyth-Straße 41 · 71088 Holzgerlingen
Internet: www.scm-verlag.de · E-Mail: info@scm-verlag.de

Das Zitat aus 1. Johannes 4,2-3 stammt aus der Lutherbibel, revidierter Text 1984,
durchgesehene Ausgabe in neuer Rechtschreibung,
© 1999 Deutsche Bibelgesellschaft, Stuttgart.

Umschlaggestaltung: Kathrin Spiegelberg, Weil im Schönbuch
Titelbild: L'Osservatore Romano Photographic Service
Satz: Satz & Medien Wieser, Stolberg
Druck und Bindung: CPI books GmbH, Leck
Gedruckt in Deutschland
ISBN 978-3-7751-5763-6
Bestell-Nr. 395.763

Kurt Kardinal Koch
für seinen Einsatz für verfolgte Christen
und die »Ökumene der Märtyrer«

INHALT

TEIL 1
DER PAPST, WIE ICH IHN KENNE

1 Der ganz andere Papst

Die Sensation von Lund – ein Papst eröffnet das Reformationsjahr
Mitte 2014 hatten wir es vertraulich vom Papst als Wunsch erfahren, Anfang 2016 war es öffentlich bekannt geworden: Am Reformationstag 2016 würde der Papst das Erinnerungsjahr an die Reformation im fast 1000 Jahre alten Dom zu Lund in Schweden eröffnen – zusammen mit dem Präsidenten des Lutherischen Weltbundes (LWB), dem Jerusalemer Bischof Munib A. Younan, und dem Generalsekretär des LWB, Martin Junge aus Brasilien. In Lund wurde der Lutherische Weltbund im Jahr 1947 gegründet. Vonseiten der Weltweiten Evangelischen Allianz werden der Generalsekretär und ich selbst dabei sein. Was Luther wohl denken würde, wenn 500 Jahre nach der Reformation ein Papst seiner gedenkt, der vielleicht so ist, wie Luther sich 1517 den Papst in Rom gewünscht hätte? Und was wäre geschehen, wenn ein solcher Papst vor 500 Jahren mit der Korruption und dem Filz zwischen Religion, Macht und Geld in Rom aufgeräumt hätte?

Sicher gehörte schon der Besuch von Papst Benedikt in Luthers Kirche in Erfurt am 23. September 2011 zur Vorgeschichte, erkannte doch Benedikt dabei in seiner Ansprache vor den Vertretern der protestantischen Kirchen die Grundsatzfrage »Wie bekomme ich einen gnädigen Gott?« als zentrale Frage des christlichen Glaubens. Aber »Lund« geht doch noch einen wesentlichen Schritt weiter. Es gibt eine gemeinsame katholisch-lutherische Liturgie eines Wortgottesdienstes, die dem Vernehmen nach auch in Deutschland bei ökumenischen Anlässen verwendet werden soll. Und mit »Lund« wird die gemeinsam vom Päpstlichen Rat für die Einheit der Christen und dem Lutherischen Weltbund erarbeitete Definition der Rechtfertigung in der gemeinsamen Erklärung zur Rechtfertigungslehre von 1999 enorm geadelt.

Ich habe Bischof Younan, der als oberster Vertreter der Lutheraner weltweit die Verhandlungen geführt hat und im Gottesdienst in Lund das Gegenüber zum Papst sein wird, oft getroffen. Aber nie habe ich mehr Zeit mit ihm verbracht als in den Tagen der Amtseinführung des Papstes. Am Tag vorher wurden wir gemeinsam vom Päpstlichen Rat für die Einheit der Christen am Flughafen in Rom-Fiumicino abgeholt. Gerade als die Limousine mit uns beiden losfahren wollte, wurden alle Straßen gesperrt, denn Bundeskanzlerin Angela Merkel war gerade gelandet und hatte Vorrang. In einem langen Gespräch konnte ich dem geborenen Palästinenser vermitteln, dass der im amerikanischen Evangelikalismus weitverbreitete Zionismus nicht die Überzeugung der Mehrheit der Evangelikalen widerspiegelt, in Europa ebenso wenig wie im Globalen Süden.

Am Tag nach der Amtseinführung regnete es und Bischof Younan, dem der Arzt täglich lange Spaziergänge verordnet hatte, bat mich, ihm den Schirm zu tragen. So liefen wir gemeinsam unter einem großen Schirm durch Roms Straßen und diskutierten, wie sich das neue Verhalten des Papstes auf die Ökumene und auf die Haltung zur Rechtfertigungslehre auswirken würde. Uns beiden war klar, dass mit diesem Papst ein neues Kapitel aufgeschlagen werden würde für das Verhältnis katholisch-evangelisch und katholisch-evangelikal – und damit auch für das Verhältnis evangelisch-evangelikal. Dazu wussten wir zu gut, was der Papst vor seiner Wahl in Argentinien gemacht und was er bereits in den ersten Wochen seit seiner Wahl in die Gänge gesetzt hatte. Auf »Lund« wären wir damals aber sicher nicht gekommen. Erst ein Jahr später sprach der Papst erstmals mit uns darüber, noch einmal ein Jahr später traf er die offizielle Vereinbarung mit dem Lutherischen Weltbund.

Ökumenische Gäste bei einer Papstaudienz zwei Tage nach Amtseinführung, ganz rechts vorne der Präsident des Lutherischen Weltbundes Bischof Munib A. Younan

Manch einer war enttäuscht, dass der Papst nie auf die Einladung des Ratsvorsitzenden der EKD, Nikolaus Schneider, reagierte, zum Reformationsjubiläum 2017 nach Wittenberg oder wenigstens nach Deutschland zu kommen. Doch man muss Folgendes verstehen: 1. Das Gegenüber zum Vatikan ist der Lutherische Weltbund, nicht nationale lutherische Kirchen. 2. Präses Schneider verkörperte vielleicht zu sehr das sogenannte Familienpapier der EKD mit der Forderung, neben der Ehe auch andere Formen des geschlechtlichen Zusammenlebens gleichwertig einzuführen, das in Rom nun wirklich nicht auf Gegenliebe stieß. Und 3. plante der Papst bereits, das Reformationsjahr am Reformationstag 2016 zu *eröffnen*, nicht 2017 zu *beschließen* – so die Einladung aus Deutschland. Und noch ist ja nicht völlig ausgeschlossen, dass er doch noch nach Deutschland kommt. Das Land liebt er dafür zur Genüge.

Bei einer Veranstaltung des ÖRK – auf Jesus zeigend rechts neben mir Bischof Younan und der Generalsekretär des ÖRK, Olav Fykse Tveit

Ein neues Zeitalter schon auf dem Balkon

2012 teilte der Erzbischof von Buenos Aires, Jorge Mario Bergoglio, mit, in seinem Ruhestand wolle er die Dissertation zu Ende schreiben, die er ein Vierteljahrhundert vorher in Deutschland hatte abbrechen müssen. Aber aus diesem Ruhestandsplan wurde in den kommenden Jahren nichts. Am 11. Februar 2013 – die Papstwahl (»Konklave«) in Rom stand bevor – sagte der Rektor der Kathedrale von Buenos Aires, Alejandro Russo, zu ihm, er könne sich vorstellen, dass Bergoglio zum Papst gewählt werde. Bergoglio erwiderte, das sei unmöglich – schließlich sei er 76 Jahre alt und habe gerade seinen Rücktritt eingereicht.[1]

Doch 32 Tage später tritt am 13. März 2013 um 20.10 Uhr mein väterlicher Freund, Jean Louis Kardinal Tauran, den ich noch näher vorstellen werde, auf den Balkon des Petersdoms. Um 20.12 Uhr verkündet er den Hunderttausenden unter ihm und den Millionen Zuschauern der Live-Übertragungen:»Cardinalem Bergoglio qui sibi nomen Franciscum« – zu Deutsch:»Kardinal Bergoglio, der sich den Namen Franziskus gegeben hat«.

Um 20.22 Uhr erscheint der neue Papst auf dem Balkon des Petersdoms. Sein Anblick allein lehrt Insider, dass ein neues Zeitalter im Vatikan begonnen hat, denn er verzichtet auf die meisten barock anmutenden Kennzeichen eines neu gewählten Papstes. Die FAZ schreibt:»Wo bei dem neu gewählten Benedikt XVI. ein Schulterumhang aus rotem Samt (Mozetta) prangte, ist am Abend des 13. März 2013 nur ein weißes Gewand (Soutane) zu sehen. Auch die breite, brokatbesetzte Stola und das goldene Brustkreuz des Jahres 2005 fehlen. Stattdessen trägt Jorge Mario Bergoglio eine weiße Bauchbinde (Zingulum) und das blecherne Brustkreuz, das er schon als Weihbischof in Buenos Aires trug.«[2] Das Blechkreuz wird ab jetzt auf Tausenden von Papstfotos weltweit zu sehen sein.

Anschließend begrüßt er die Menschenmassen mit den »unpäpstlichen« ersten Worten:»Buona sera« – »Guten Abend«. Selten hat ein einfacher Gruß solche Symbolwirkung gehabt. Vor 200 000 wartenden Gläubigen vor dem Petersdom und Hunderten Millionen Fernseh- und Webzuschauern tritt der frisch gewählte Papst Franziskus wie ein – wie soll man das beschreiben? – »normaler« Mensch auf: freundlich, bescheiden, demütig und im Wissen, ohne Gottes Hilfe völlig verloren zu sein. Und zur Überraschung aller, die seinen Segen »Urbi et Orbi« (»Für die Stadt und für die Welt«, gemeint ist Rom) erwarten, lädt er zudem sinngemäß ein: Bevor ich euch als Bischof segne, bitte ich euch alle, zu Gott zu beten, dass er mich segnet und vor Fehlern bewahrt. Was hier noch keiner merkt, wird ebenso von Dauer sein: Franziskus bezeichnet sich durchgängig als Bischof von Rom, nicht als Papst oder Oberhaupt der katholischen Kirche. Selbst in den offiziellen Papstannalen verbannt er von Stund an alle Hoheitstitel des Papstes auf die Rückseite des Titelblattes.

Habemus Latino![3]

Artikel am Tag der Papstwahl, pro-Medienmagazin, 13.03.2013
»Viva il papa« – »es lebe der Papst« – jubelten tausende Gläubige, während sie ihre Fahnen auf dem hell erleuchteten Petersplatz schwenkten. Nach vier erfolglosen Wahlgängen und damit verbundenem schwarzen Rauch war es dann um etwa 19 Uhr so weit: Weißer Rauch – es gibt einen neuen Papst, der die Wahl auch bereits angenommen hat. Doch bis die frenetische Menge wusste, wem sie da eigentlich zujubelt, musste sie sich noch über eine Stunde gedulden. Gegen 20.15 Uhr verkündete der Kardinalprotodiakon Jean-Louis Tauran feierlich: »[...] Ich verkünde euch große Freude: Wir haben einen Papst! [...]«
In einer ersten Reaktion erklärte der Leiter der theologischen Kommission der Weltweiten Evangelischen Allianz, Thomas Schirrmacher: »Mit der Entscheidung für einen Nichteuropäer hat die Katholische Kirche unmissverständlich akzeptiert und deutlich gemacht, dass der Schwerpunkt der Weltchristenheit in den Globalen Süden gewandert ist. Erstaunlich ist, dass ein Bischof der Armen gewählt wurde, der als Jesuit eher ein Geheimtipp des liberalen Flügels gewesen

sein soll und mit seinem Papstnamen sein Armutsgelübde zum Programm macht.«

Schirrmacher selbst habe ihn »als bescheidenen Mann kennen gelernt, der öffentliche Verkehrsmittel benutzt und in seiner Heimat weder Chauffeur, noch Palast hatte«. Auf die Mitglieder der Kurie, »die unsaubere Finanzgeschäfte duldeten«, kämen damit schwierige Zeiten zu. Schirrmacher geht davon aus, dass der neue Papst soziale Fragen stärker thematisieren werde. [...]

Die erste Amtshandlung des Papstes:
die Pensionsrechnung bezahlen

Für die Zeit des Konklaves ist Jorge Mario Bergoglio in der Via della Scrofa nahe dem weltberühmten Pantheon untergebracht. Die Pension »Domus Internationalis Paulus VI« ist für Priester eingerichtet, die Rom besuchen. 24 Stunden nach seiner Wahl holt er ein paar Sachen aus seinem Zimmer, bedankt sich beim ausgesprochen zuvorkommenden und hilfsbereiten Personal – und bezahlt. Davon lässt er sich nicht abhalten. Dass er jetzt Leute hat, die so etwas für ihn erledigen können, interessiert ihn nicht. So sieht man auf dem meines Wissens einzigen Foto des Geschehens, dass der Papst mit den Mitarbeitern der Rezeption spricht, aber eine Entourage aus Kardinälen und Bischöfen mitgekommen ist, als bräuchte man zum Bezahlen ein Heer von Unterstützern.

Nur Insider wissen bereits jetzt: Das Bezahlen seiner Pensionsrechnung war und ist keine Marotte, keine Sturheit, kein Medienzirkus. Das ist der Mann, der als Erzbischof und Kardinal schon genauso war. Er lebte nicht im Palast des Erzbischofs, sondern in einer kleinen Wohnung, wies seinem Chauffeur andere Aufgaben zu, fuhr täglich mit der U-Bahn und kannte die Armenviertel der Riesenstadt Buenos Aires in- und auswendig. Und er denkt gar nicht daran, das jetzt in Rom zu ändern. Was man am Tag nach der Wahl noch als PR-Gag werten konnte, ist bis heute so geblieben. Wer für den Papst arbeitet, muss damit rechnen, dass dieser plötzlich simple Handgriffe selbst erledigen will. Er bleibt ein bescheidener Mann, der für die einfachen Leute genauso da sein möchte wie für die Großen der Welt und der sich mitten in einem der hektischsten Ämter der Welt ein Privatleben sichert.

Papst Franziskus bezahlt seine Rechnung in der Pension.

Mein größter Fauxpas: als Kardinal verkleidet

Im »Domus Internationalis Paulus VI« habe ich oft gewohnt, in den drei Wochen während der Vatikansynode 2012 sogar in dem Zimmer, in dem dann der Papst übernachtete. Die Pension liegt zwischen Vatikan und antiken Foren, die man beide zu Fuß erreichen kann. Schräg gegenüber gibt es den besten Cappuccino Roms, zumindest nach meinem Geschmack. Geht man nach links, gelangt man durch ein Gässlein zum Platz vor dem Pantheon. Hier ist am Straßenrand zu sitzen immer ein Traum.

Nach rechts geht es etwas verwinkelter zur Piazza Navona. Faszinierend ist, dass die Häuser und Kirchen genau auf den Umfassungsmauern des Stadions, der Rennbahn der Römer, stehen und der Platz damit bis heute exakt einer solchen Rennbahn entspricht – und das etwa 1500 Jahre nachdem sie das letzte Mal im spätrömischen Reich benutzt wurde. An keinem Platz habe ich mich häufiger und lieber zu Interviews mit italienischen und katholischen Medien getroffen.

Auch als ich zum ersten Mal mit einer Gruppe ökumenischer Gäste bei einer Papstmesse geladen war, übernachtete ich im »Domus Internationalis Paulus VI« – und erlebte eines der komischsten Vorkommnisse meines Lebens, vielleicht den größten Fauxpas, den ich je begangen habe. Wir liefen von hinten in den Petersdom und im Chaos verlor ich meine Gruppe. Alle trugen unterschiedliche liturgische Gewänder und Kopfbedeckungen, da die meisten aus orthodoxen und altorientalischen Kirchen kamen. Damals noch recht unerfahren, schloss ich mich einer Gruppe an, die ich für meine hielt. Heute weiß ich, dass es Patriarchen und Bischöfe der Ostkirchen in Union mit Rom waren, die im Gegensatz zu den römisch-katholischen Kardinälen ihre eigene kirchliche Tracht mitbringen. Eine Nonne sprach mich in schnellem Italienisch an, das ich nicht verstand, und kleidete mich wie die Männer, die um mich herumstanden, in ein grünes Gewand. Schließlich fand ich mich etwas verblüfft in einer langen Reihe grün gekleideter Männer wieder, die aus dem Petersdom nach draußen ziehen wollten: Es waren die römisch-katholischen Kardinäle und Bischöfe! Zum Glück entdeckte der Zeremonienmeister der Papstmessen das Malheur und fischte mich aus der Reihe heraus, half mir die Kutte abzulegen und führte mich nach draußen auf meinen Platz. Ihm war aufgefallen, dass ich keinen Bischofshut trug. Den bringt nämlich jeder Bischof von zu Hause mit, während die Gewänder vom Vatikan gestellt werden. Am Ende wäre ich noch wegen Amtsanmaßung verhaftet worden! Jedes Mal, wenn ich im »Domus Internationalis Paulus VI« bin und den Zeremonienmeister wiedertreffe, brechen wir beide in Gelächter aus. Er sagte mir, er habe ja in seiner Aufgabe schon die verrücktesten Sachen erlebt, aber ein verdatterter Protestant als Kardinal verkleidet im Petersdom, das habe alles übertroffen.

Falsch gekleidet. Um mich herum sieht man die Tische im Petersdom, an denen andere eingekleidet werden.

Persona non grata bei den Jesuiten

Dass Jorge Mario Bergoglio im »Domus Internationalis Paulus VI« untergebracht war, ist allerdings auch ein Zeichen dafür, wie schwer er es gehabt hatte. Denn eigentlich hätte er als Jesuit im »Casa Generalizia«, dem Hauptquartier der Jesuiten, übernachten müssen. Diese kleine Stadt für sich liegt nicht weit vom Petersdom entfernt an der Straße Borgo Santo Spirito. Man verlässt den Petersdom rechts durch eine kleine Straße und ist kurzfristig auf italienischem Boden. Dann findet sich rechts ein gewaltiges Gittertor, hinter dem exterritoriales Gelände des Vatikans beginnt. Eine Straße führt zwischen den lang gestreckten Häuserzeilen der Jesuiten zum Haupteingang. Sehenswert ist eigentlich nur der Dachgarten mit seinem Blick auf Petersdom und Petersplatz. Nur von der Terrasse der Urbania-Universität hat man eine ebenso schöne Aussicht.

Blick auf den Petersdom vom Dachgarten der Jesuiten aus

Obwohl zum ersten Mal ein Jesuit zum Papst gewählt wurde, freute sich hier niemand mit. Denn Bergoglio war Persona non grata, hatte dem Vernehmen nach seit 1990 Übernachtungsverbot in allen jesuitischen Gebäuden und war seinerseits schlecht auf die Jesuiten zu sprechen. Man hatte ihn aus bisher kaum erforschten Gründen als Leiter der großen jesuitischen Hochschule in der Nähe von Buenos Aires abgesetzt und schließlich

1990 bis 1992 ins jesuitische Exil in Córdoba geschickt, inklusive Verbot, öffentliche Messen zu feiern. Hätte ihn der Erzbischof von Buenos Aires nicht 1992 zum Weihbischof gemacht, wäre er nach dem Wunsch der Jesuiten dort wohl bis zu seinem Lebensende versauert.

Ein bescheidener Charakter trotz immer neuer Rekorde

1995 hielt Papst Johannes Paul II. die größte Einzelveranstaltung der Weltgeschichte ab, eine Messe mit vier Millionen Teilnehmern in Manila. Anfang 2015 brach Franziskus in derselben Stadt den Weltrekord: Sechs Millionen oder mehr Menschen nahmen trotz Regens an der Messe teil. Als der Papst sich kurzerhand einen durchsichtigen, gelben Einmal-Poncho überzog, wie er an alle verteilt wurde, gingen die Bilder um die Welt. Wären es ohne Regen noch mehr Teilnehmer gewesen?

Doch trotz solcher Rekorde kann ich aus eigener Beobachtung in ganz unterschiedlichen Situationen sagen, dass dieser Mann bescheiden, demütig und stärker auf persönliche Gespräche aus ist. Ja, er ist ein Vollblutpolitiker. Ja, er ist der geborene Leiter und für sein Amt befähigt. Ja, er kann enormen Druck seiner Umgebung aushalten. Und doch ist er im Herzen ein gewissermaßen »kleiner« Priester und Seelsorger geblieben, der sich um seine einzelnen Schafe kümmert. Genau so hat er es jedenfalls bei einer Fragestunde in einer lutherischen Kirche in Rom beschrieben. Er leidet persönlich darunter, wenn er von Christenverfolgung, von Korruption im Vatikan oder vom sexuellen Missbrauch an Kindern durch Priester erfahre. Ich habe gesehen, wie ihm der Bericht über eine verfolgte Familie die Tränen in die Augen trieb, und nie erlebt, dass sein Bad in der Menge, das er mindestens zweimal in der Woche nimmt, etwas daran geändert hat. Überall bricht er auch die Rekorde von Papst Johannes Paul II., der sich sehr um große Mengen bemühte und ständig auf Welttournee war. Franziskus dagegen tut scheinbar nichts dafür. Er pfeift oft auf Organisation und festgelegte Pläne und Regeln. Und doch erfordern seine Mittwochsaudienzen ihrer Größe wegen mehr Planungsaufwand denn je zuvor.

Im April 2014 habe ich selbst die sogenannte »Vier-Päpste-Messe« in Rom miterlebt, als Papst Franziskus im Beisein von Papst Benedikt zwei seiner Vorgänger heiligsprach. Nicht gerade ein Termin, der auf Protestanten zugeschnitten ist. Aber für eine Gastvorlesung der Päpstlichen Universität Santa Croce war ich ohnehin in Rom und bekam das Chaos hautnah mit, das die drei Millionen Besucher im Menschenmassen gewohnten Rom auslösten. Ein ungeheurer Organisationsaufwand! Zumal sich ganze Menschenmengen in der Stadt gar nicht erst zum Petersdom aufgemacht hatten. Doch der Papst toppte auch das noch: Nach der Messe fuhr er mit seinem Papamobil über den Petersplatz an die Grenze zu Italien, wo alles abgesperrt war. Seine Vorgänger waren nach einer Messe im Petersdom immer auf dem Staatsgebiet des Vatikans geblieben. Doch Franziskus wollte weiter in die Menschenmassen hinein. Diplomatische Verwicklungen hin oder her, man ließ ihn schließlich gewähren und langsam fuhr er durch die lange Straße Via della Conciliazione nach Rom, um die Menschen zu begrüßen. Ganz am Ende an der Engelsburg, wo auch die Menschenmassen sich verliefen, war eine Umkehr nicht mehr möglich und der Papst ließ sein offenes Papamobil kurzerhand durch den normalen Autoverkehr am Tiber entlangfahren. Den verblüfften Römern, die mit ihm vor roten Ampeln warteten, winkte er fröhlich zu und kehrte in einem langen Bogen zu einem Nebeneingang des Vatikans zurück.

Darf ein Evangelischer den Charakter eines Papstes loben?
Franziskus ist bewundernswert frei von Vorurteilen und Rachegedanken gegenüber denen, die ihm früher Übles wollten oder die sich seit 2013 gegen seine Erneuerungspläne wenden. Wir werden noch sehen, dass er unter allen Verantwortlichen im

Vatikan eine enorme Bandbreite an Meinungen zulässt wie nie ein Papst zuvor. Ich gebe es offen zu, ich bewundere den Papst: sowohl seinen persönlichen Umgang mit mir und anderen als auch sein Aufräumen im Vatikan und in der katholischen Kirche weltweit. Darf das ein Evangelischer?

Ich erlaube mir – das sei an meine evangelikalen Kritiker gerichtet –, zwischen dem beeindruckenden Charakter des Papstes und seinen persönlichen theologischen Positionen einerseits und den kirchenamtlichen Positionen der katholischen Kirche der letzten Jahrzehnte andererseits zu unterscheiden. Mit meinen positiven Äußerungen über seine Persönlichkeit, sein Auftreten, unsere freundschaftliche Verbundenheit teile ich selbstverständlich nicht jede seiner Auffassungen und schon gar nicht jede katholische Lehre der letzten 150 Jahre – das tut er selbst nicht! Zudem ist es der Papst, der in den Gesprächen sehr viel fragt. Im Gespräch ist er mehr daran interessiert, die Einschätzung anderer zu hören, als selbst Vorlesungen zu halten. Ursprünglich dachte ich: Mit diesem Buch kann ich nur falsch verstanden werden. Bin ich es als Wissenschaftler und Lehrer sonst gewohnt, ein Thema über viele Seiten hinweg auszubreiten und in Fußnoten alle Bedenken abzuwägen, bleibt hier oft nur ein Satz übrig. Manchem Katholiken wird zu viel Kritik an der katholischen Theologie dabei sein. Aber gerade in Deutschland haben mir Katholiken auch vorgeworfen, ich sehe den Papst zu rosig. Viele meiner evangelikalen Freunde sind schon entrüstet, wenn ich von einer Gebetsgemeinschaft mit dem Papst allein oder in kleiner Gruppe berichte, wie auf einem Foto im Innenteil zu sehen (Bild 15). Eine Gebetsgemeinschaft möge ja evangelikal klingen, aber mit dem Papst dabei, das gehe nun wirklich nicht!

Liberalere evangelische wie katholische Mitchristen scheint mitunter zu verstören, wenn ich offen darüber spreche, dass Papst Franziskus besser mit konservativen Protestanten zurechtkommt als mit eher liberal geprägten Evangelischen. Man verstehe nur bitte: Nachdem Evangelikale lange das Empfinden hatten, irgendwie am »Katzentisch« der Kirchen zu sitzen, obwohl sich eine halbe Milliarde Christen zu ihnen zählen, ist der derzeitige Aufbruch eine Erleichterung, die aufatmen lässt. Zumal – das werde ich noch weiter unten erzählen – insbesondere seit 2006 der Ökumenische Rat der Kirchen (ÖRK) auf die Weltweite Evangelische Allianz (WEA) zugegangen ist und meist, ohne eine Gegenleistung zu erwarten, unsere Mitarbeit erwünschte, sodass heute offen und ehrlich über theologische Positionen diskutiert, aber auch gemeinsam für Frieden und Gerechtigkeit in der Welt gekämpft werden kann. Dass sich jährlich die fünf wichtigsten Leiter des ÖRK und der WEA in Genf zu einer Strategiebesprechung treffen, beendete das Katzentischgefühl ebenso wie das Handeln des Papstes, ist aber längst nicht so pressewirksam.

So nehme ich etwa an der Kommission für Glaube und Kirchenverfassung (»Faith and Order«) des ÖRK teil, gewissermaßen der theologischen Kommission des ÖRK und dem einzigen Zweig des ÖRK, dem auch die katholische Kirche angehört. Dort hätte evangelikale Theologie schon lange mit an den Tisch gehört – angesichts der Tausenden von theologischen Ausbildungsstätten, Top-Theologen und jährlich erscheinenden theologischen Fachbüchern. Aber erst dank der Großzügigkeit des ÖRK ist das heutzutage möglich.

Vielleicht ist hier auch der Ort, um kurz anzusprechen, wie ich in meine heutige Aufgabe als »Moderator für zwischenkirchliche und interreligiöse Beziehungen« der Weltweiten Evangelischen Allianz hineingewachsen bin. Erstmals involviert in die evangelikal-katholischen Beziehungen wurde ich, als ich den »Dialog über Mission zwischen Evangelikalen und der Römisch Katholischen Kirche« (ERDCOM, 1977–1984) ins Deutsche übersetzte. Aber dann war es vor allem meine Beteiligung im Rahmen der Weltweiten Evangelischen Allianz am Kampf gegen

Christenverfolgung, der mich sowohl mit katholischen Kirchenführern weltweit zusammenbrachte als auch die katholische Kirche von innen her kennenlernen ließ.

Mein eigentliches Thema ist also die zunehmende weltweite Christenverfolgung und umfassender: die Verletzung der Religionsfreiheit, akademisch ebenso wie praktisch in Politik und Kirche. Es ist dieses Engagement, das mich seit vielen Jahren mit den Oberhäuptern fast aller Kirchen und Konfessionen zusammengeführt hat. Und den verfolgten Christen zuliebe habe ich meine früheren Vorurteile überwunden und Kirchenführer besucht, die ich früher verurteilt habe, lange bevor ich das Ganze auch theologisch gut aufgearbeitet hatte. Dann folgte 2006 bis 2011 die für mich lebensverändernde fünfjährige Zusammenarbeit von Vatikan, Ökumenischem Rat der Kirchen und Weltweiter Evangelischer Allianz, die 2011 mit der Veröffentlichung des Dokumentes »Christliches Zeugnis in einer multireligiösen Welt«[4] gipfelte. Doch dessen Geschichte werde ich weiter unten im Zusammenhang mit Papst Benedikt erzählen.

Niemand kontrolliert den Papst und sein Privatleben

Franziskus ist sehr persönlich, sehr privat, sehr eigenwillig, aber man täusche sich nicht: Er ist auch sehr organisiert, vorausschauend und methodisch versiert und setzt keine Pläne um, ohne sie vorher gut bedacht und ihretwegen viel Rat eingeholt zu haben.[5] Er hat sich sein Leben lang selbst organisiert und versucht auch, es trotz Papstamt und vieler Helfer um ihn herum weiterhin so zu halten. Die Privatheit, ja, Vertraulichkeit wird dadurch verstärkt, dass der Papst körperlich bedingt sehr leise spricht und man sich ihm nähern muss, wenn man ihn ohne Mikrofon verstehen will. Das gilt selbst für seine offiziellen Reden. Und auf noch einen anderen Punkt machte Giuseppe Nardi in seinem Kommentar auf Katholisches.info aufmerksam: »Während sich Papst Benedikt XVI. mit Genauigkeit an seinen

Predigttext hielt, improvisiert Papst Franziskus gerne und spontan. Der Nachteil ist, dass die Journalisten, die bei Direktübertragungen die vorbereiteten Texte vorlesen, vielfach die Zusätze nicht merken oder der Überraschung wegen nicht spontan eigenständig mitübersetzen können. Die Übersetzungen können auf der offiziellen Vatikanseite erst mit einiger Verspätung veröffentlicht werden, um die spontanen Teile der Predigt einbauen zu können.«[6]

Bei seinen Vorgängern wirkte es so, als würden ihre Tage vollständig von anderen bestimmt und als wäre ein Kontakt mit ihnen an diesen anderen vorbei unmöglich. Doch Franziskus behält oftmals selbst die Kontrolle, sprengt die Planung und verteilt die Verantwortung auf verschiedene Personen, von denen keine das Gesamtbild bestimmt. Er steht um 4.15 Uhr auf. Neben Morgenroutine, Bibellese und Gebet ruft er alte Freunde, aber auch andere Personen an, die oft überrascht sind, dass der Papst sich meldet. Anschließend folgen die Morgenmesse in der kleinen Kapelle des Hotels und das Frühstück. Erst dann steht der Papst der Vatikanmaschinerie zur Verfügung. Oft nimmt er sich zudem den Nachmittag frei, um eigenen Dingen nachzukommen, zumal er wegen der Zeitverschiebung erst dann in Argentinien anrufen kann. Der Papst geht einkaufen, lehnt die Bedienung durch Nonnen ab, fährt keinen Mercedes mehr und lässt sich auch nicht überall von Bodyguards beschützen. Termine macht er auch schon mal selbst per Telefon und übergeht dabei den traditionellen Vatikanweg.

Damit keiner denkt, ich würde hier allzu Vertrauliches ausplaudern. Vieles kann ich und will ich in diesem Buch nicht erzählen, sei es, weil es sich um vertrauliche Gespräche oder Inhalte handelt, sei es, weil bestimmte Vorwürfe – etwa zur Korruption im Vatikan – noch nicht gerichtsfest sind. Vielleicht kann ich manches in ein paar Jahren ergänzen.

Papst Franziskus betritt das Domus Sanctae Marthae, das Gästehaus im Vatikan, in dem er selbst auch wohnt.

Domus Sanctae Marthae: Eine Pension ersetzt den Riesenpalast
Der Charakter der Amtsführung von Franziskus ist für die Öffentlichkeit untrennbar damit verbunden, dass er bereits am Tag nach seiner Wahl entscheidet, nicht in den gewaltigen Papstpalast umzuziehen, sondern in Zimmer 201 wohnen zu bleiben, in dem sich traditionell der neu gewählte Papst direkt nach der Wahl umkleidet. In der Regel verbringt er hier die erste Nacht, manchmal einige weitere, bis seine Räume im Palast hergerich-

tet sind. Doch diesmal kommentiert die »Welt«: »Die Fenster im obersten Stock des Apostolischen Palastes im Vatikan bleiben am Abend vorerst weiter dunkel. Papst Franziskus will nicht in den Gebäudekomplex umziehen, den Antonio da Sangallo zwischen 1508 und 1519 neben dem Petersdom für die Nachfolger Petri errichtet hat.«[7]

Der Papstpalast wurde noch vor der Reformation von einigen der verschwenderischsten und unmoralischsten Päpste erbaut. Kann man es einem Papst, der diese Unmoral und Korruption im Vatikan ausmerzen will, verdenken, dass er den Palast mit sehr gemischten Gefühlen betrachtet? Das Gold an der Decke des päpstlichen Palastes stammt aus dem ersten Gold, das Christoph Columbus aus der Neuen Welt an das Königshaus nach Spanien schickte, das es der Kirche spendete. Kann man es da einem Papst aus Lateinamerika verdenken, beim Betreten des Stein gewordenen Denkmals der Ausbeutung seines Kontinents gemischte Gefühle zu hegen?

Jetzt herrschen nicht mehr ehrfürchtige Gänge und Räume, die die Besucher beeindrucken, ja einschüchtern, sondern der Charme eines ärztlichen Wartezimmers im Domus Sanctae Marthae, der Pension, die nach der Schwester von Maria benannt ist. Papst Johannes Paul II. hatte sie zur Unterkunft beim Konklave gemacht, weil er Erbarmen hatte mit den Kardinälen, die immerhin meist im Alter zwischen 60 und 80 Jahren sind und unter den kargen Übernachtungsmöglichkeiten litten. Früher sollten die Enge und die schlechten Bedingungen die Kardinäle wohl zwingen, schnell zu einem Ende zu kommen und nicht Wochen oder gar Monate lang zu verhandeln. Im April 2011 übernachtete ich selbst im Domus Sanctae Marthae und fand die Ausstattung immer noch recht dürftig, insbesondere für Männer jenseits des Pensionsalters, wenn auch sicher ein gewaltiger Fortschritt gegenüber den Feldbetten früherer Konklaven. Ich bekam jedenfalls eine recht gute Vorstellung davon, wie einfach Papst Franziskus lebt. Das gilt übrigens auch für seinen Besitz. Sollte er viel davon haben, und seien es nur Bücher und Erinnerungsstücke, ist in seinem kleinen Domizil jedenfalls kein Platz dafür.

Einmal hätte mich die vatikanische Polizei beinahe im Domus Sanctae Marthae verhaftet. Ich hatte mich dort mit einem Kardinal getroffen und mir anschließend im Kellergeschoss die Hände gewaschen. Als ich die Treppe wieder hinaufging, öffneten sich zufällig die Aufzugstüren und der Papst trat heraus. Er kam auf mich zu und wir unterhielten uns kurz über ein geplantes Treffen. Derweil merkte ich, wie von zwei Seiten Polizisten näher kamen. Kaum war das Gespräch zu Ende, hakten sie mich unter, brachten mich zur Tür und begannen, mich zu befragen. Ich verstand das schnelle und aufgeregte Italienisch nicht. Also rief ich zwei deutschsprachige Schweizer Gardisten hinzu, die mir erklärten, ich stehe nicht auf der Liste der Gesprächspartner des Papstes und habe mich strafbar gemacht. Ich erklärte, dass der Papst selbst mich angesprochen habe. Und so wie ich den Papst kennen würde, komme das doch öfter vor. Nun begannen die Schweizer Gardisten den Polizisten zu erklären, dass ich häufiger hier sei, der Papst oft mit mir spreche und sie notfalls den Heiligen Vater herholen könnten. Schließlich ließen mich die Polizisten frei. Zum Glück war ich im Vatikan, denn in Deutschland hätte mich die Armee (der die Schweizer Garde entspricht) nicht so leicht aus den Händen der Polizei (des vatikanischen Gendarmeriekorps) befreien können. Zudem geht im kleinsten Staat der Erde mit etwas mehr als 800 Einwohnern alles doch etwas persönlicher zu.

Ich kann mir vorstellen, dass das Verhalten des Papstes die Menschen, die ihm zuarbeiten, oft ins Schwitzen bringt. Ich bewundere den Vorsteher des Päpstlichen Hauses und zugleich weiterhin Sekretär von Papst Benedikt XVI., Erzbischof Georg Gänswein, der bei allem die Ruhe behält. Anderseits ist der Papst nicht der erste ungewöhnliche Chef der Geschichte.

Nächtlicher Plausch mit der wachhabenden Schweizer Garde nach einem Besuch im Domus Sanctae Marthae im Dezember 2015

Wenn man auf dem Petersplatz steht und Richtung Petersdom schaut, kann man sich sehr schön den Unterschied beider Wohnsitze veranschaulichen. Der Papstpalast liegt rechts. Er ist von allem abgeschirmt und durch den Petersdom von allem getrennt, was links liegt. Links neben dem Petersdom liegen (von hinten nach vorne betrachtet) das Verwaltungsgebäude, das Domus Sanctae Marthae, die Audienzhalle, darüber die Synodenhalle, davor die Glaubenskongregation. Und wenn man sich dann umdreht und die Linie links weiterverfolgt, findet man dort teils auf exterritorialem, vatikanischem, teils auf italienischem Boden, die Hauptgebäude der Päpstlichen Räte und der Finanzverwaltung, dahinter aber auch das Jesuitenhauptquartier und die Päpstliche Universität Urbaniana. Alle Päpste vor Franziskus waren also vom realen Geschehen ihrer Regierungen abgeschirmt. Weder verirrte sich der Papst mal von der rechten auf die linke Seite, wenn es keinen offiziellen Termin gab – Papst Benedikt wurde in der Regel mit dem Dienstwagen dorthin gefahren –, noch konnte ein Mitarbeiter dem Papst einfach mal vertraulich etwas mitteilen.

Heute ist alles anders. Der Papst wohnt links, mitten im Geschehen. Er taucht öfter ungeplant auf. Er isst in der Mensa, wo alle Mitarbeiter essen können. Wer ihm unter vier Augen etwas mitteilen will, setzt sich einfach zu ihm an den Tisch oder nutzt eine Kaffeepause. Niemand kann mehr sagen, woher der Papst bestimmte Informationen hat (zum Beispiel wo dieser oder jeder Prälat einen italienischen Sportwagen stehen hat). Der Papst hat sogar schon Hinweise aufgegriffen, die am Nebentisch besprochen wurden. Nur so ist es auch möglich, dass der Papst über die Hierarchien hinweg selbst das Heft in der Hand behält. Hatte ein früherer Papst eine Frage zu bestimmten Aspekten des Buddhismus, wurde sie vom Präsidenten des Päpstlichen Rates für den interreligiösen Dialog über Sekretär und Untersekretär an den zuständigen Fachmann gestellt, dessen Bericht dann wieder nach oben und mit dem Präsidenten an den Papst ging. Heute ruft der Papst den Fachmann selbst an und sagt gegebenenfalls: »Kannst du mal schnell rüberkommen?« Der Ärmste muss dann zusehen, wie er das seinen Chefs erklärt bekommt.

Meines Erachtens ist das ein Geheimnis der ökumenischen Beziehungen von Franziskus. Denn erstmals ist es möglich, einfach mal mit einem Papst zu plaudern, wie ich das mit anderen Kirchenführern ganz selbstverständlich tue. Heute kann man mit dem Papst in Kaffeepausen viel erreichen! Früher musste man ein Thema, eine Agenda haben, das meiste wurde vorab formuliert, bei den Treffen durfte man nicht vom Thema abweichen und ein Heer von Mitarbeitern wuselte herum und achtete auf das Protokoll. Heute sagt der Papst: »Lasst uns mal die Tagesordnung beiseitelegen und jeder sagt, was ihn im Moment am meisten bedrückt.« Oder er will Ideen hören, wie man die Bibel unter das Volk bringen oder besser mit muslimischen Theologen ins Gespräch kommen kann. Solche informellen Gespräche bringen die Beziehungen mit Riesenschritten voran. Dabei machen Kardinäle mit dem Papst dieselbe Erfahrung. Die mit ihm enger vertraut sind, sprechen oft und oft auch unangemeldet mit ihm allein. Auch das war früher anders, als selbst Kardinäle ihre Audienzen anmelden mussten und praktisch immer Mitarbeiter des Papstes anwesend waren. Auffällig ist auch: Auf den Fotos von Sitzungen mit dem Papst und dem neuen Rat der acht Kardinäle ist kein weiterer Mitarbeiter zu sehen. Nebenbei: Unter diesen acht Kardinälen ist nur ein einziger Kurienkardinal!

Franziskus allein zu Haus – der Hausvater von Sanctae Marthae
Wir sitzen mit mehreren Personen beim Abendessen in einem Hotel in der Nähe des Vatikans, weil wir am nächsten Morgen mit dem Papst sprechen wollen. Das Telefon klingelt. Ich sage noch spaßeshalber: »Leise, es ist der Papst.« Und er war es wirklich! Er wollte wissen, ob bei uns alles in Ordnung sei, ob wir gut untergebracht seien, ob es bei der Uhrzeit bleibe. Und dann, unvergesslich: »Kann ich sonst noch etwas für euch tun?« Wie jemand, der Freunde in seine Wohnung eingeladen hat und sichergehen will, dass sich alle wohlfühlen. Als gäbe es keine Ein-

lasskontrolle, keine italienische und vatikanische Polizei, keine Schweizer Garde, keine Verwaltung und vor allem so, als hätte er sonst nicht viel zu tun.

Eingangshalle des Domus Sanctae Marthae im Dezember 2015

Diese Atmosphäre setzte sich bei der Begegnung fort. Eigentlich sollten wir uns zu sechst unterhalten, sollten und durften aber die restliche Gruppe aus Beratern und Ehefrauen ins Domus Sanctae Marthae mitbringen. Völlig allein kam der Papst in den Warteraum und begrüßte jeden persönlich, machte einige Scherze und stellte sicher, dass alle gut versorgt waren. Erst dann gingen wir in ein sehr schlichtes Nebenzimmer, bis auf den Übersetzer immer noch ohne weitere Mitarbeiter. Und selbst den Übersetzer schickte er nach einiger Zeit fort, da wir uns ohne ihn verständigen konnten.

Plausch im Flur von Domus Sanctae Marthae mit Bischof Tony Palmer
Mitte 2014

Nach unserem Gespräch sprach er erneut mit allen im Warteraum. Wer noch ein Foto wollte, legte sein Handy auf den Tisch, er rief einen Leibwächter, der Handy für Handy hochnahm und den Besitzer mit Franziskus zur Erinnerung fotografierte. Übrigens typisch: Auf allen diesen Fotos steht Papst Franziskus unter einem Bild seines Vorgängers, nicht unter seinem eigenen! An vielen Stellen hat Franziskus im Vatikan Bilder von Benedikt neben seinen eigenen hängen gelassen und, ohne dass die meisten es merken, stellt er sich mit Vorliebe unter ein Bild von Papst Benedikt (siehe Bild 13 im Innenteil). Anschließend lud er alle zum Essen ein. Eine feste Sitzordnung gab es nicht. Es war nicht einmal klar, wo Franziskus sitzen sollte. Wir überlegten gemeinsam, wer wo am besten Platz nehmen sollte. Während des Essens fiel Franziskus auf, dass sein Gegenüber sein Glas Wasser ausgetrunken hatte. Also nahm er – ganz der gute Hausvater – eine Flasche und goss seinem Gast nach. Zum Schluss stellte sich der Papst an die Tür des Raumes, wartete, bis alle draußen waren, schaltete das Licht aus und schloss die Tür. Weil sich noch einige die Hände waschen wollten, unterhielt ich mich schließlich mit Bischof Tony Palmer und dem Papst noch längere Zeit an der Haustür und wir warteten auf die Nachzügler, als hätte unser Gastgeber uns in sein Urlaubsdomizil eingeladen.

Die US-Botschaft ist beschäftigt ...

Bei einem Pensionär, der auf die 80 zugeht und mal seine alten Freunde einlädt, wäre so etwas vielleicht keine Überraschung. Franziskus aber gehört zu dem einen Dutzend der umtriebigsten Persönlichkeiten der Welt und schon sein Arbeitspensum laut Wochen- und Tagesplan lässt einem den Atem stocken. Er ist Staatsoberhaupt, Oberhaupt einer Weltreligion, Chef der mit Abstand ältesten und größten Organisation der Welt und einer enorm großen Zahl von Mitarbeitern weltweit. Von ihm werden regelmäßig neue Bücher, fast täglich zentrale Reden und Bei-

träge erwartet und er ist der vermutlich begehrteste Gesprächspartner bei Groß und Klein. Ich erinnere mich, dass ich den US-
Botschafter für den Vatikan fragte, ob er nicht lieber mit seinem
Kollegen tauschen wolle, der für Italien zuständig sei, dann wäre
sein Leben etwas ruhiger. Er lachte, bestätigte aber, dass er und
seine Mitarbeiter ein Mehrfaches zu tun hätten als die dortige
US-Botschaft. Zwar kämen Visaerteilungen und Ähnliches bei
ihnen kaum vor, aber da der Vatikan in fast jedes Problem der
Weltpolitik involviert sei und fast jeden Tag ein anderes Land
aktuell sei, halte er sich meist täglich im Vatikan auf.

Mit Thomas K. Johnson, Botschafter der WEA im Vatikan, und Ignatius
Kaigama, Kardinal/Erzbischof von Nigeria, beim US-Botschafter beim
Heiligen Stuhl, Kenneth F. Hackett, in dessen Amtssitz im Dezember
2015 (von rechts)

Annette Schavan, die ich im Rahmen der Familiensynode in der
wunderschönen deutschen Botschaft zum Frühstück besuchte,

macht eine ähnliche Erfahrung. Manche Journalisten glauben, Frau Schavan habe einen Ruhestandsposten angetreten und sei damit gut versorgt worden. Doch da gibt es sicher lauschigere Plätzchen. Man braucht schon eine erfahrene Politikerin, die gerne und viel arbeitet und sich für alle globalen Themen interessiert, um hier zu bestehen. Deutschland kann froh sein, im Vatikan so kompetent vertreten zu werden.

Immer zu päpstlichen Scherzen aufgelegt

Wenn man in der Synodenhalle oder im Domus Sanctae Marthae mit dem Papst in einen der Aufzüge steigt, hört man immer einen Scherz, das ist so sicher wie das Amen in der Kirche. Oft hat der Papst den Schalk im Nacken: Ich habe selbst gesehen, wie er die Schweizergardisten imitiert und die Hand zum Scheitelkäppchen hebt. Anfangs reagierten die Gardisten betreten oder verlegen, inzwischen schmunzeln sie nur noch. Oft folgt dann eine Frage nach dem Ergehen der Familie oder ein persönlicher Dank.

Natürlich gibt es schon ganze Anekdotensammlungen rund um den Papst, denen ich hier weitere Anekdoten hinzufüge. Meist haben die Anekdoten und Scherze aber einen ernsten Hintergrund. Einmal kam der Papst aus einem Gottesdienst in Rom und ein Landsmann reichte ihm einen Becher Mate-Tee, das argentinische Nationalgetränk. Als er ihn trank, fragte ihn ein Journalist vor mehreren Fernsehteams, ob er sich keine Sorgen mache, dass der Tee vergiftet sein könnte. Seine Antwort: »Wieso? Das war doch kein Kardinal.« Einerseits witzig, andererseits eben auch nicht. Denn immerhin sind für alle korrupten und geheimen Operationen in der Kurie hohe Kurienvertreter verantwortlich. Oder zumindest lassen sie diese zu. Und neben der Mafia hat Franziskus niemanden so scharf verurteilt wie die Kurie.

Wenn er sich auf einen Stuhl setzt, hört man von ihm häufig

den Scherz, dass das, was er jetzt sage, nicht »ex cathedra« sei. Man hat das Empfinden, dass er selbst am meisten über seinen Witz lacht, dann die Protestanten lachend folgen, konservativere Katholiken sich aber mit so einem Witz schwertun. Nach katholischer Lehre ist der Papst in seiner Lehre nur dann unfehlbar, wenn er sie »ex cathedra«, »vom Stuhl aus« verkündet – gemeint ist allerdings natürlich der Bischofsstuhl im Petersdom. Papst Franziskus verweist immer wieder darauf, dass der Papst theoretisch unfehlbar sein könnte, die letzten Päpste diese Autorität aber alle nicht in Anspruch genommen hätten. Das Dogma der päpstlichen Unfehlbarkeit »ex cathedra« wurde 1870 vom Ersten Vatikanischen Konzil verkündet – allerdings nachdem 60 Bischöfe bereits abgereist waren, um nicht dagegen stimmen zu müssen, und unter Inkaufnahme der Abspaltung der Altkatholischen Kirche der Utrechter Union. In deren Bonner Bischofskirche, der ehemaligen Jesuitenkirche, musizierte Beethoven als Jugendlicher und ich darf sie jeden Tag aus meinem Arbeitszimmer betrachten.

Das Thema Unfehlbarkeit ist in der Theorie ein gewichtiger Stolperstein in den ökumenischen Beziehungen, und zwar längst nicht mehr nur für Protestanten, sondern fast noch stärker für die Orthodoxen Kirchen, wie bereits kein Geringerer als Papst Johannes Paul II. feststellte. Dabei spielt sie praktisch gar keine Rolle. In den 146 Jahren seit 1870 wurde sie überhaupt nur ein einziges Mal in Anspruch genommen, nämlich 1950, als Papst Pius XII. Marias leibliche Himmelfahrt verkündete.

Wenn Franziskus beim Setzen nun seine Scherze macht, sagt er damit auch, dass ihm der Gedanke fernliegt, eines Tages eine unfehlbare Lehre zu verkündigen. Und er ist damit nicht allein. Papst Johannes XXIII., liebevoll der »Konzilspapst« genannt, weil er das Zweite Vatikanische Konzil einberief, erklärte schon bei seinem Amtsantritt 1958 ausdrücklich, von diesem Recht nie Gebrauch machen zu wollen. Überhaupt hatte er viele Ähnlichkeiten mit Franziskus. Sein viel zu früher Tod während des Konzils verhinderte weitreichende Reformen, die er plante oder dem Konzil zugestand. Sein Nachfolger beziehungsweise dessen Kurie ließ dann viele Dinge während des Konzils zurückfahren oder kassierte sie ganz ein, wie beispielsweise die Abschaffung oder Umformulierung des Ablasses.[8]

Ein ganz »normaler« Mensch kommt am besten mit ganz »normalen« Menschen zurecht

Der Papst geht auch schon einmal selbst einkaufen, lehnt die Bedienung durch Nonnen ab, fährt keinen Mercedes mehr und lässt sich auch nicht von Bodyguards überall beschützen. Termine macht er auch schon mal selbst per Telefon und übergeht dabei den traditionellen Vatikanweg. Ich erinnere mich an ein Gespräch am Ende eines Synodentages im Oktober 2015: Der Papst und ich kamen schlendernd am Ausgang an, als ihm einfiel, dass er seine Papiere oben in der Synodenhalle vergessen hatte. Ein Blick in seine alte schwarze Ledertasche bestätigte es. Sofort sprangen ihm hilfreiche Mitarbeiter bei und boten an, die Papiere zu holen. Aber er bestand darauf, es selbst zu tun. So nahmen wir wieder den Aufzug nach oben, schlenderten plaudernd den Weg zurück, sammelten die Papiere ein und liefen anschließend in Richtung Domus Sanctae Marthae. Zweierlei fällt bei dieser Episode auf: Zu einem, wie völlig »normal« und unkompliziert Franziskus ist, eben so, als hätte ich meine Papiere vergessen, vergesslich, wie ich bin. Zum anderen, wie schwer es seiner Umgebung auch nach drei Jahren immer noch fällt, mit dem neuen Stil klarzukommen.

Einmal fragten wir ihn bei einem langen, vertraulichen Gespräch, warum eigentlich keiner seiner Mitarbeiter in der Nähe sei. Er antwortete wie aus der Pistole geschossen – sprach dabei aber nicht von Vertraulichkeit oder von Misstrauen gegenüber seinen Mitarbeitern, die er im Übrigen oft lobend erwähnt, sondern erwiderte:»Die wollen mir ja nur dauernd helfen.« Marco Politi merkt in seinem Buch»Franziskus unter Wölfen« dazu an: »Franziskus leidet darunter, dass er sich nicht frei bewegen kann.«[9] Eigentlich will er keine protokollarische Abschirmung. Nie und nirgends.

Als er gerade»Evangelii gaudium« veröffentlicht hatte, waren wir zu mehreren bei ihm und er wollte jedem ein eigenes Exemplar schenken. Er suchte in den Regalen, musste dann aber doch einen Mitarbeiter herbeirufen und um die Exemplare bitten. Der Mitarbeiter kam und wollte sie uns geben, aber der Papst nahm sie ihm freundlich ab und verteilte sie selbst. Es verstrich viel Zeit dabei. Obwohl sich immer noch kein Mitarbeiter zeigte, wusste ich, dass sie auf heißen Kohlen saßen, um endlich das normale Arbeitspensum anzugehen. Ich konnte nicht anders, als ihn zu fragen:»Wie viel Arbeit ist denn jetzt liegen geblieben?« Seine trockene Antwort lautete, hier gebe es immer viel zu tun.

Franziskus wurde einmal gefragt, warum er so viel Zeit mit ganz normalen Leuten verbringe. Er erwiderte:»Andernfalls könnte ich die Rechnungen des Psychiaters nicht bezahlen.« Wer öfter mit dem Papst zu tun hat, hört diese Bemerkung in allerlei Varianten und muss meist schmunzeln, denn sie passt genau zu diesem Mann, der von Amts wegen rund um die Uhr arbeiten müsste, der die Wichtigsten der Wichtigen der Menschheit empfängt und doch einen Besuch in der Armenküche von Sant'Egidio in Rom jeder offiziellen Audienz vorzieht. Und er kann auch mit denjenigen Kirchenführern der Welt am besten, die ihn wie einen ganz normalen Menschen behandeln.

Er gibt jedem das Empfinden, ganz allein mit ihm zu sein

Genau das ist übrigens ein Empfinden, das ich von sehr vielen, sehr unterschiedlichen Menschen gehört habe. Man hat einfach das Empfinden, im Moment der einzige Mensch auf der Welt zu sein, für den er Zeit hat und für den er sich interessiert. Das geht

Freund und Feind so, Katholiken wie Nichtkatholiken, Christen wie Nichtchristen, politischen Schwergewichten wie den Ärmsten der Armen. Nie hat man das Gefühl, der Papst müsste jetzt schnell weiter. Seine Umgebung kann das durchaus vermitteln (und hat in der Regel auch Grund dazu), aber Franziskus konzentriert sich unbeirrt auf den einen Menschen vor ihm.

Auf der Vatikansynode 2015 mit dem Generalsekretär der Synode Lorenzo Kardinal Baldisseri (2.v.r.) und dem Präsidenten des Päpstlichen Rates für die Familie, Erzbischof Vincenzo Paglia (r.)

Ich erinnere mich an eine Situation auf der Vatikansynode 2015. Die Synode war in vorbildlicher Weise getaktet, praktisch alle hielten ihre kurzen Sprechzeiten von drei Minuten ein und nur selten in den drei Wochen wurde eine Pause nicht rechtzeitig angetreten. Doch einmal stand ich mit einem anderen ökumenischen Vertreter vor der Stufe zu dem langen Podest und Tisch, an dem die Synodenleitung saß. Der Papst stand oben auf dem

Absatz und unterhielt sich mit uns, während die Synodenväter hereinkamen und sich setzten. Schließlich war die Pause zu Ende, der Papst plauderte weiter. Dann klinkte ich mich aus und ging zum Generalsekretär der Synode, Lorenzo Kardinal Baldisseri. Er überlegte offensichtlich, ob er den Papst unterbrechen sollte oder nicht. Ich witzelte: »Was würde denn der Papst an Ihrer Stelle tun?« Baldisseri antwortete: »Keine Ahnung. Er wird mich aber hinterher fragen, warum ich ihn denn nicht unterbrochen habe.« Derweil plauderte der Papst weiter mit seinem Gesprächspartner, als wären die beiden ganz allein im Raum, während ihnen 300 Augenpaare zuschauten.

Als der Papst am 16. Juni 2014 erstmals die Armenküche von Sant'Egidio besuchte, ließ er es sich nicht nehmen, die Gäste selbst am Tisch zu bedienen. Zudem hatte er vorher alle Armen Roms zur Piazza Santa Maria in Trastevere eingeladen. In der Kirche am Platz finden die regelmäßigen Zentralgottesdienste von Sant'Egidio statt, einer 1968 gegründeten weltweiten katholischen Gemeinschaft, die sich für Ökumene, für den Friedensdialog mit allen Religionen und gegen Armut einsetzen. Der Platz und der ganze Stadtteil waren brechend voll. Der Papst mischte sich unter die Massen und begrüßte stundenlang einen nach dem anderen – Arme, Obdachlose, Kranke, Behinderte, Babys, Kinder, Touristen und viele mehr. Politiker lernen von Beratern, wie man sich bei einem solchen Bad in der Menge verhalten muss, vor allem wenn die Kameras laufen. Aber vielen fällt das ständige Lächeln von Minute zu Minute schwerer und sie sind erleichtert, wenn die Fernsehteams verschwinden. Papst Franziskus scheint jeden Einzelnen begrüßen und ernst nehmen zu können, ohne zu ermüden, und wirkt auch nach hundert Begegnungen immer noch so, als sei es die erste Begegnung des Tages – und das unabhängig davon, ob Kameras laufen oder nicht. Er ist hier wie der Fisch im Wasser, also in seinem Element. Eine Filmaufnahme vom Turm aus, die Besuchern in der

Kirche bis heute vorgeführt wird, beweist die Durchhaltekraft des alten Mannes bis heute anschaulich.

Der Papst im Gewühl vor Santa Maria Trastevere im Juni 2014

Jeder Einzelne verspürt auch, dass der Papst ihm gleichermaßen Respekt entgegenbringt und seine Würde achtet. Über eine Frau, die vor Jahren in ihrer Armut unterstützt worden war, erzählte der Papst 2016 in seinem Interviewbuch mit Andrea Tornielli: »Sie war gekommen, um mir zu danken. Ich glaubte, es gehe ihr um das Lebensmittelpaket, das wir ihr über die Caritas hatten zukommen lassen. ›Haben Sie es bekommen?‹, fragte ich sie. Und sie: ›Ja, ja, ich danke Ihnen auch dafür. Aber vor allem wollte ich mich bedanken, weil Sie nie aufgehört haben, mich respektvoll ›Signora‹ zu nennen.‹«[10]

Respekt vor Georg Ludwig Kardinal Müller
Einmal unterhielt ich mich mit dem Papst über die Kluft, die oft zwischen Glauben und Praxis der Kirchen und Christen ei-

nerseits und der wissenschaftlichen Theologie andererseits herrscht. Als Beispiel erzählte ich ihm, dass ich meine Studenten immer scherzhaft davor warnte, sich Paulus und seinen Römerbrief darin zum Vorbild zu nehmen, nach längeren Abschnitten der intellektuellen Auseinandersetzung einen Lobpreis Gottes (»der gepriesen sei in Ewigkeit, Amen«), ein Gebet oder eine Liedstrophe einzufügen. Das sei zwar zutiefst christlich, könne sie aber die gute Note kosten. Man denke: eine Dissertation, auf der sich alle 20 Seiten ein enthusiastischer Abschnitt über Gott findet! Der Papst schüttelte sich vor Lachen.

Mit Vollbluttheologen und Theologieprofessoren kommt Franziskus nur dann gut aus, wenn sie sich im Alltag der Kirche engagieren, bescheiden sind und ihr Leben nicht nur in Kreisen ihrer Kollegen oder der Wissenschaft verbringen. Und ich kann ihn gut nachvollziehen: Der Elitedünkel mancher akademischer Theologen im Elfenbeinturm ist nicht nur unerträglich, sondern ein Hemmschuh für die frohe Botschaft von der Erlösung in Jesus Christus. Mich hat immer wieder zweierlei daran erinnert, dass Theologie eine elementar praktische Wissenschaft ist: Zum einen mein Engagement für verfolgte Christen, vor allem im Globalen Süden, denn niemand stirbt für Doktortitel und Fußnoten. Zum anderen aber meine Eltern, für die als Naturwissenschaftler der Glaube an den Schöpfer eine Selbstverständlichkeit war. Mein Vater witzelte mir gegenüber immer wieder, dass er ein bedeutender Vertreter der »koinonoutischen Theologie« sei. »Koinos nous«, so hatte er sich sagen lassen, ist Griechisch für »gesunder Menschenstand«.

Franziskus steht inhaltlich eher aufseiten von Walter Kardinal Kasper, der als früherer theologischer Kontrahent Josef Ratzingers seit 2010 im Ruhestand ist. Papst Franziskus hat ihn im hohen Alter von 80 Jahren gewissermaßen reaktiviert. Doch zugleich hat Franziskus auch großen Respekt vor Georg Ludwig Kardinal Müller, dem Präfekten der Glaubenskongregation. Den

»Mäuschen«: Die Kardinäle Kasper und Müller diskutieren auf der Bischofssynode 2015.

Cheftheologen des Vatikans hat er von seinem Vorgänger übernommen und hätte ihn auch auswechseln können. Wer Franziskus kennt, weiß: Wäre Kardinal Müller Teil der italienischen

Gratulation zur Berufung von Erzbischof Georg Ludwig Müller zum Präfekten der Glaubenskongregation 2012

Seilschaften in der Kurie, wäre er sicher abgelöst worden, Theologie hin oder her. Aber Müller hat 14 Jahre lang den Sommer in Armutsvierteln in Lateinamerika, vor allem in Peru, verbracht und ist ein enger Freund des Befreiungstheologen Gustavo Gutiérrez. Er ist eher ein Opfer der Seilschaften im Vatikan. Seine scharfen Auseinandersetzungen führt er biblisch-theologisch, intellektuell und nicht hinten herum. Vor einem solchen Hintergrund hat der Papst gerne einen Mann an seiner Seite, der die Theologie seines Vorgängers repräsentiert und in sein Umfeld einspeist. Müller hat das einmal in einem Interview mit der Wochenzeitung »Die Zeit« sehr schön im Verhältnis zu Kardinal

Kasper erklärt: »Kardinal Kasper und auch meine Wenigkeit sind katholische Theologen, die von der Tatsache der Selbstoffenbarung Gottes in Christus ausgehen. Wir sind aber keine Politiker, die Interessen miteinander ausgleichen. Als Bischöfe sind wir verpflichtet, der Wahrheit Gottes und den Menschen in ihrer Heilssuche gerecht zu werden. Der Glaube ist kein von Menschen gemachtes Parteiprogramm, das man jeweils dem Wählerwillen anpassen muss.«[11] Da ich bei Diskussionen zwischen beiden schon Mäuschen gespielt habe, kann ich das nur bestätigen.

Kardinal Müller lacht beim Ehe-Symposium der Glaubenskongregation im November 2014 über einen Scherz von Rick Warren.

Jürgen Erbacher urteilt in seinem Buch »Ein radikaler Papst«: »Müller gehört sicherlich zu den profiliertesten Theologen im Vatikan. In seinen Jahren als Professor für Dogmatik an der Ludwig-Maximilians-Universität in München (1986–2002) erarbeitete er sich auch international einen Ruf als Theologe.« Weiter erzählt Erbacher: »In seiner Professorenzeit war er jedes Jahr mehrere Wochen in Lateinamerika. Neben der Lehrtätigkeit an Seminaren und Universitäten lernte er bei seinen Aufenthalten in entlegenen Bergdörfern und in den Slums der Städte die Not der Menschen aus nächster Nähe kennen. Diese Erfahrung prägte den Theologen und machte aus ihm einen europäischen Vertreter und Verfechter der Befreiungstheologie.«[12] Die Presse stellt Kardinal Müller häufig als Hardliner dar und dann wird von inhaltlichen Positionen auf den Charakter geschlossen. Im persönlichen Umgang erweist er sich aber als völlig anders. Er setzt keine Machtmittel ein, ist nicht Teil der vom Papst bekämpften, korrupten Seilschaften, sondern setzt sich auch mit Theologen wie mir kompetent, belesen, sachlich und intellektuell auseinander. Und: Niemand kann im Vatikan so herzlich lachen wie der deutsche Kardinal.

Müller war schon unter Benedikt einer der wichtigsten Verbündeten im Kampf gegen den sexuellen Missbrauch von Minderjährigen durch katholische Geistliche. Seit einer Verfügung von Papst Benedikt verhandelt seine Behörde jeden einzelnen Fall – und das mit insgesamt 50 Mitarbeitern und 30 theologischen Beratern (zum Vergleich: Das Erzbistum Köln beschäftigt 1800 Mitarbeiter!). Diese Mitarbeiter müssen neben vielen anderen theologischen Aufgaben und vielen Disziplinarmaßnahmen auch jeden Fall von Kindesmissbrauch durch katholische Geistliche aufarbeiten und der eigentlichen Glaubenskongregation zur Entscheidung vorlegen. Dass Papst Franziskus die Eheannullierung dezentralisiert habe, sei insofern von Vorteil, erzählte mir Müller, als seine viel zu kleine Zahl an Mitarbeitern nun mehr Zeit für die Fälle von sexuellem Missbrauch habe. Vorher sei jede Eheannullierung von Katholiken weltweit mit oft hunderten Seiten von Akten bei der Glaubenskongregation gelandet. Jetzt sind die Ortsbischöfe dafür zuständig.

Sofortige Veränderungen in der Liturgie – dem Herzen des Vatikans

Nachdem nun so viel über Charakter und Lebensstil des Papstes gesagt wurde, wollen wir an den Beginn seiner Amtszeit zurückkehren und einige Veränderungen nachzeichnen. Denn eine ungewöhnliche Persönlichkeit und viele Forderungen bedeuten ja noch nicht, dass sich wirklich etwas ändert. Beginnen wir am Tag nach seiner Wahl. In der FAZ ist einige Tage später zu lesen: »Als die 115 Kardinäle am 14. März die Sixtinische Kapelle betreten, in der sie tags zuvor den ersten Lateinamerikaner zum Oberhaupt der römisch-katholischen Kirche gewählt haben, ist diese wie verwandelt. Über Nacht ist der sogenannte Volksaltar wieder da, den Papst Johannes Paul II. errichtet hatte und den Benedikt XVI. entfernen ließ. Also blickt der neue Papst vom Altar nicht zur Wand und auf Michelangelos Jüngstes Gericht, sondern den Kardinälen ins Gesicht. Verwandelt sind auch die Zeremoniare, die dem Papst nicht von der Seite weichen. Wo in der Ära Benedikt die weißen Obergewänder (Rochetts) nicht genug Brüsseler Spitze haben konnten, ist Schlichtheit eingekehrt. Bleiben die Schuhe. Schwarz und ausgetreten ragen sie unter dem Saum des Unterkleides (Albe) hervor. Franziskus – der Name des ›kleinen Armen‹ aus Assisi, den der Papst sich ausgesucht hat, ist vom ersten Tag an Programm: Der höfische Prunk und zeremonielle Pomp, der sich unter Papst Benedikt wie ein Schwamm im Gebälk des Vatikans ausgebreitet hatte, ist wie weggeblasen ...«[13]

Von den Papstschuhen findet sich im Farbteil ein Bild, das ich von meinem Platz aus gemacht habe. Am deutlichsten waren jedem die Veränderungen der Liturgie bei der Einsetzungsmesse. Sie durfte nicht mehr »Inthronisierung« genannt werden und nur sechs Kardinäle erklärten dem Papst ihre Treue statt wie bislang *alle*, also über 200 oder zumindest über 100 wahlberechtigte Kardinäle. Zudem sang Franziskus nicht wie seine Vorgänger, sondern sprach sie. Besonders offensichtlich aber wurde der neue Kurs, als Papst Franziskus am 26. September 2013 auf einen Schlag fünf Konsultoren des »Amtes für die liturgischen Feiern des Papstes« entließ, darunter den deutschen Oratorianer Pater Uwe Michael Lang. Er hatte die vielleicht bedeutendste Verteidigung für die Zelebrationsrichtung hin zu Gott und weg vom Volk verfasst; das Vorwort stammt von Papst Benedikt. Die neuen Konsultoren sind allesamt Vertreter des Liturgiestils, den Papst Franziskus bevorzugt. Nur einen behielt Franziskus zur Überraschung aller: Guido Marini, den Zeremonienmeister von Papst Benedikt XVI. Ob es zu dem berühmten Wortwechsel direkt nach der Papstwahl zwischen Franziskus und Marini gekommen ist, wird wohl schwer zu klären sein. Als Marini dem neuen Papst die rote Mozetta, einen Samtumhang mit Hermelinbesatz, überziehen wollte, lehnte dieser angeblich mit den Worten ab: »Der Karneval ist vorbei. Das können Sie selbst anziehen«. Aber Marini hat sich sehr schnell auf den neuen Stil des Papstes eingestellt. Im Petersdom oder bei großen Messen ist er immer in der Nähe des Papstes zu sehen.

Wohlgemerkt: Keine der Änderungen der Liturgie durch Franziskus ändert die katholische Lehre. Alle könnten zudem vom nächsten Papst rückgängig gemacht werden. Aber zum einen liegen sie auf einer Linie mit dem, wie der Papst die Kirche ausgerichtet sehen will und wie er selbst sein Amt ausübt, zum anderen ist auffällig, dass es in diesem Fall keine schleichenden Änderungen waren, wie bei einigen anderen Fragen, sondern dass er diese Veränderungen innerhalb von Minuten nach der Wahl recht radikal umsetzte. Oft sind diese Änderungen nur für den Kenner offensichtlich und doch haben sie viele traditionsbewusste Katholiken irritiert oder verärgert – noch bevor sichtbar wurde, welche weiteren heißen Eisen Papst Franziskus anpacken würde, für deren Erkennen man kein theologisches Hintergrundwissen benötigt.

Jean-Louis Kardinal Tauran

An dieser Stelle muss ich einfach den Mann vorstellen, der auf dem Balkon erstmals den Namen des neuen Papstes bekannt gab, zumal er für Papst Franziskus auch heute noch eine wichtige Rolle spielt. 1943 in Frankreich geboren, war Jean-Louis Kardinal Tauran von 1990 bis 2003 Außenminister des Vatikans und anschließend von 2003 bis 2007 als Kardinal der vatikanische Archivar. 2007 ernannte Papst Benedikt ihn trotz seiner Parkinsonerkrankung zum Präsidenten des Päpstlichen Rates für den interreligiösen Dialog und zusätzlich war er von 2011 bis 2014 Protodekan des Kardinalkollegs. Als solcher verkündigte er das Wahlergebnis vom Balkon des Petersdoms und den Namen des neuen Papstes: Franziskus. Seit 2015 ist er Camerlengo der katholischen Kirche, also derjenige, der im Fall von Tod oder Rücktritt des Papstes die Geschäfte bis zur Wahl eines neuen Papstes führt. Nur wenige Kurienkardinäle hatten so viele unterschiedliche höchste Ämter über so lange Zeit inne.

Der bescheidene, freundliche, aber auch versierte und belesene Theologe und Kirchenjurist ist eine Seele von Mensch. Seine Mitarbeiter sprechen nur in höchsten Tönen über ihn. Ich hatte das Vorrecht, mehrere Jahre mit Kardinal Tauran im Rahmen des Entstehungsprozesses des Dokumentes »Christliches Zeugnis in einer multireligiösen Welt« zusammenzuarbeiten. Unvergessen ist mir das Essen in der Zentrale des Ökumenischen Rates der Kirchen bei der öffentlichen Vorstellung dieses Dokumentes, bei dem er aus seinem Leben erzählte, aber auch den Blick in die Zukunft wandte und die Hoffnung formulierte, dass die Weltchristenheit noch viel stärker gemeinsam handeln würde. Seitdem haben wir uns viele Male wiedergesehen.

Vor allem traf ich Kardinal Tauran bei der Amtseinsetzung des Papstes wieder. Schon nach kurzer Zeit war klar, dass die Verkündigung seines Namens nicht die einzige Verbindung zwischen dem Kardinal und dem neuen Papst bleiben würde. Viel-

Mit Kardinal Tauran 2009 im Päpstlichen Rat für den Dialog mit den Religionen und 2013 bei der Amtseinführung des Papstes im Petersdom mehr haben sich hier zwei Gleichgesinnte gefunden. Franziskus bestätigte Tauran als einen der Ersten in seinem Amt und der Kardinal genießt sein höchstes Vertrauen.

Damit sind wir bei der Amtseinführung des Papstes und den ersten Audienzen in den Tagen danach angekommen. Ich beginne mit einer Auswahl von Kommentaren aus Rom.

Meine Pressemeldung vom 21. März 2013[14]

Der Papst hat seine momentan natürlich noch vorwiegend symbolischen Änderungen fortgesetzt, auch und gerade im Verhältnis zu anderen Kirchen. Dass er im Inaugurationsgottesdienst die Vertreter anderer Kirchen begrüßte, bricht mit dem üblichen Sprachgebrauch, auch wenn davon allein die Sicht von »Dominus Jesus« nicht aufgehoben ist. Bei der Audienz der nichtkatholischen Kirchen verzichtete er auf den rotgoldenen Thron, der im Nebenraum stand, und ebenso darauf, den Stuhl dann wenigstens auf ein Plateau mit zwei Stufen zu stellen. Den Ökumenischen Patriarchen nannte er seinen »Bruder«. Sein Bekenntnis zur ökumenischen Zusammenarbeit und zur Notwendigkeit fortgesetzter Gespräche über theologische Gemeinsamkeiten und Unterschiede wurde deutlicher denn je formuliert und kam spürbar von Herzen.

Wie man bei der Liveübertragung sehen kann, war die Begrüßung des Generalsekretärs der Weltweiten Evangelischen Allianz Geoff Tunnicliffe ebenso herzlich wie die meiner Person und der Papst wusste genau Bescheid, mit wem er sprach. Die Evangelikalen irgendwie als eine Sorte Christen zu sehen, die man anders behandeln müsse als andere, war dem Papst völlig fremd.

In meinem kurzen Gespräch bat ich den Papst, das Thema Christenverfolgung verstärkt aufzugreifen und im Vatikan institutionell zu verankern, was auf Sympathie stieß, zumal der

Papst sich als Erzbischof bereits mehrfach hinter evangelikale Aktionen zugunsten inhaftierter Christen gestellt hatte. Hier erhoffe ich mir echte Fortschritte.

Als Weltweite Evangelische Allianz haben wir neben dem Papst eine Vielzahl von Gesprächen geführt. So habe ich mit den zur Papsteinsetzung angereisten deutschen Politikern ebenso gesprochen wie mit anwesenden deutschen Kardinälen und Bischöfen, aber auch mit elf anderen Kardinälen und Dutzenden Mitarbeitern der Päpstlichen Räte. Aber daneben gab es auch inoffizielle und offizielle Gespräche mit vielen Gästen nicht nur der evangelischen Kirchen, sondern auch der orthodoxen, darunter der Ökumenische Patriarch aus Konstantinopel, weiteren Patriarchen, Erzbischöfen und Generalsekretären. Wer nur die deutsche Situation kennt, wo die Freikirchen und die Evangelische Allianz neben den beiden Großkirchen kaum in Erscheinung treten oder ernst genommen werden, kann sich kaum vorstellen, dass die Weltweite Evangelische Allianz in Rom und Genf ganz natürlich als Vertretung von 600 Millionen Christen wahr- und ernst genommen wird. Das ist nicht die Folge irgendeiner theologischen Veränderung der Evangelikalen, die auch niemand von uns erwartet, sondern ganz einfach die Folge unserer Existenz und Größe.

Im Vatikan herrscht Aufbruchstimmung, wie uns die vielen Gespräche gezeigt haben. Natürlich wird der Papst manchen Worten und symbolischen Akten auch Taten folgen lassen müssen, aber man traut ihm zu, die von Benedikt XVI. geforderte »Entweltlichung« in Gang zu setzen, die Probleme der Kurie energisch anzupacken und jeder Art von Doppelmoral, etwa im Umgang mit sexuellem Missbrauch, den Kampf anzusagen.

»Rom« tritt unter Franziskus demütiger auf[15] *(Meldung am Tag nach der Amtseinführung von Papst Franziskus)*

idea, 20.03.2013

Die römisch-katholische Kirche tritt unter dem neuen Papst Franziskus demütiger auf – auch gegenüber den anderen Kirchen. Diesen Eindruck hat der Vorsitzende der Theologischen Kommission der Weltweiten Evangelischen Allianz (WEA), Prof. Thomas Schirrmacher (Bonn), bei der Amtseinführung des katholischen Oberhaupts am 19. März und bei einer Audienz für Vertreter der Kirchen, der evangelikalen Bewegung und der Religionen am 20. März im Vatikan gewonnen. Weitere Teilnehmer der Begegnung waren unter anderen Geoff Tunnicliffe (New York), Internationaler Direktor der WEA – sie repräsentiert rund 600 Millionen Evangelikale – sowie führende Repräsentanten weltweiter kirchlicher Zusammenschlüsse, darunter der Generalsekretär des Weltkirchenrates, Olav Fykse Tveit, der Präsident des Lutherischen Weltbundes, Bischof Munib A. Younan (Jerusalem), und der Generalsekretär der Weltgemeinschaft Reformierter Kirchen, Setri Nyomi (Genf). In seiner Ansprache äußerte sich der Papst zum Wesentlichen des Glaubens: »die persönliche Beziehung zu Jesus Christus, dem Sohn Gottes, gestorben und auferstanden zu unserem Heil«. Franziskus bekräftigte ferner, »nach dem Vorbild meiner Vorgänger weiterzugehen auf dem Weg des ökumenischen Gesprächs.« [...]

Wie Schirrmacher gegenüber der Evangelischen Nachrichtenagentur idea sagte, habe der Papst in einem kurzen Gespräch mit den evangelikalen Vertretern gesagt, dass zwischen beiden Seiten bei den anstehenden Aufgaben mehr Gemeinsamkeiten bestünden als Unterschiede, die trennten. Schirrmacher regte nach eigenen Angaben gegenüber dem Papst an, den Einsatz für verfolgte Christen im Vatikan zu institutionalisieren, etwa in einem Päpstlichen Rat, der sich dem Thema widme. Er bot dabei auch eine Zusammenarbeit mit den Evangelikalen an. [...]

Schirrmacher hat bei den Begegnungen den Eindruck gewonnen, dass Papst Franziskus grundsätzlich in den theologischen und ethischen Fragen auf einer Linie mit seinem Vorgänger Benedikt XVI. liege. Zwar sei die Marienverehrung bei Franziskus präsenter als bei Benedikt, aber längst nicht so massiv wie unter Johannes Paul II. (1920–2005). Bei Gesprächen mit Kardinälen im Vatikan habe er eine »große Aufbruchstimmung« festgestellt, so Schirrmacher. Er äußerte die Erwartung, dass die römisch-katholische Kirche künftig stärker auf andere Kirchen zugehe und es auch zu einer Intensivierung des theologischen Dialogs mit den Evangelikalen komme. [...]

Zu der feierlichen Amtseinführung des Papstes hatten sich am 19. März mehr als 150.000 Menschen auf dem Platz vor dem Petersdom versammelt. Bei der Zeremonie, der Vertreter aus 132 Nationen beiwohnten – darunter Bundeskanzlerin Angela Merkel [...]

Angela Merkel bei der Amtseinführung

Offiziell wurde Deutschland bei der Amtseinführung von Norbert Lammert als Bundestagspräsident und Angela Merkel als Bundeskanzlerin vertreten. Es war ein ungewohnter Anblick, diese beiden lange in einer großen, nach Alphabet der Länder aufgereihten Warteschlange stehen zu sehen, bis sie dem Papst die Hand schütteln durften. Dazu hatte sich Martin Schulz als Präsident des EU-Parlaments gesellt. Die drei waren im Gespräch über den Euro, als Frau Merkel auf ihrem Handy eine Nachricht darüber erhielt, wie es beim Kollaps der Banken in Zypern um die Belastung der privaten Sparer bestellt sein würde. Sofort entspannte sich zwischen Merkel und Schulz eine Diskussion zur Krise in Zypern und zur Eurokrise allgemein, die bis zu dem Moment anhielt, als sie vorne vor dem Papstaltar ankamen und dem Papst unter Blitzlichtgewitter gratulierten.

Beim Ausgang warteten derweil schon andere Vertreter der Bundesregierung und der Länder wie Winfried Kretschmann als Bundesratspräsident, Philipp Rösler als Vizekanzler und Hans-Peter Friedrich als Innenminister. Nie wieder hatte ich so viel Zeit, mit Mitgliedern der Bundesregierung zu plaudern, schon gar nicht, ohne dass sie auf die Uhr schauten oder Mitarbeiter sie an den nächsten Termin erinnerten. Und angesichts des Anlasses erzählten mir praktisch alle wie selbstverständlich von ihrem Verhältnis zum christlichen Glauben oder zur katholischen Kirche. Neu war mir etwa, als Kretschmann erzählte, warum er sich als Ministerpräsident von Baden-Württemberg gegen seine eigene Partei gestellt hatte und eine Neuauflage von Stuttgart 21 ablehnte. Als Christ wisse er, dass Wirtschaft auf »Treu und Glauben« aufbaue und Vertrauen für die Entwicklung von gerechtem Wohlstand unabdingbar sei. Wirtschaft habe immer auch eine religiöse Dimension. Wenn der mit der Zivilgesellschaft ausgehandelte Kompromiss von Stuttgart 21 erneut Makulatur werde, befürchte er einen Vertrauensverlust der Wirtschaft in die Tragfähigkeit von Verträgen. Mir zeigt es, dass die christlichen Wurzeln unseres Landes nicht auszumerzen sind – oft gerade auch bei denen nicht, für die das tägliche Praktizieren ihrer Gottesbeziehung vielleicht nicht im Vordergrund steht.

Ehrung des Ökumenischen Patriarchen

Ob man es glaubt oder nicht, 2013 hat zum ersten Mal ein Ökumenischer Patriarch an der Einführung eines Papstes teilgenommen. Bartholomäus, der amtierende Ökumenische Patriarch von Konstantinopel, ist das Ehrenoberhaupt der orthodoxen Kirchen mit weltweit etwa 300 Millionen Anhängern. Er hat den Ehrenvorrang vor allen anderen orthodoxen Patriarchen inne, ist aber in seinem Wirken durch die türkische Regierung stark einge-

Gespräch mit Patriarch Bartholomäus in dessen Arbeitszimmer 2007

Essen mit Patriarch Bartholomäus 2010

engt. Sie betrachtet ihn lediglich als Oberhaupt der etwa 3 000 griechisch-orthodoxen Christen in Istanbul. Papst Franziskus wies ihm bei der Messe zu seiner Einführung einen etwas größeren Stuhl als allen anderen ökumenischen Vertretern zu. Beim Empfang der Kirchenvertreter zwei Tage später derselbe Anblick: Der Patriarch saß zwischen dem Papst und allen anderen Kirchenvertretern auf einem größeren Stuhl. Zu Ehren des Patriarchen wurde die Lesung des Evangelientextes der Einsetzungsmesse nicht auf Latein, sondern auf Griechisch gesungen. Immerhin ist die Lesung des Evangelientextes im katholischen Gottesdienst neben der Einsetzung der Abendmahlselemente der bedeutendste Akt. Und das alles geschah nicht nach Jahren der allmählichen Veränderung, sondern auf einen Schlag bei der Amtseinführung. Ich habe mich von Herzen für Bartholomäus gefreut. Ich bin bisher acht Mal mit ihm zusammengetroffen. Er steht an Ungewöhnlichkeit und Gradlinigkeit Papst Franziskus in nichts nach. Sein langer beharrlicher Einsatz für die Ökumene, zum Teil gegen großen Widerstand in den eigenen Reihen, zeichnete sich aus.

Bereits Papst Benedikt XVI. begegnete Patriarch Bartholomäus sehr freundschaftlich, besuchte 2006 auf dessen Einladung die Türkei und lud Bartholomäus 2008 zum Gegenbesuch nach Rom ein. Franziskus erntete, was Benedikt gesät hatte. Ganz deutlich wurde das bei der Feier des 50-jährigen Jubiläums der ersten Begegnung der beiden Oberhäupter der katholischen Kirche und der orthodoxen Kirchen. Am 5. Januar 1964 waren Papst Paul VI. und Patriarch Athenagoras 910 Jahre nach der Trennung zwischen der Westkirche und der Ostkirche in Jerusalem zusammengekommen, um eine gemeinsame Erklärung abzugeben und für die Einheit zu beten. Zum 50. Jubiläum dieses historischen Ereignisses trafen sich nun Franziskus und Bartholomäus wieder in Jerusalem. Vorgeschlagen hatte Bartholomäus

es bereits Benedikt. Der aber kündigte ihm an, dass sein Nachfolger kommen werde!

Papst Franziskus mit dem Ökumenischen Patriarch Bartholomäus in der
Grabeskirche in Jerusalem

Da wir bei der Amtseinführung von Papst Franziskus alle sehr
frühzeitig zu unseren Plätzen in der Nähe des Altars gebracht
wurden, weil wir später nicht mehr durch die Menschenmassen
gekommen wären, hatten wir viel Zeit, uns miteinander zu unterhalten. Ich stellte dem Patriarchen verschiedene andere Gäste
vor, etwa WEA-Generalsekretär Geoff Tunnicliffe und den Vorsitzenden der Weltpfingstgemeinschaft, Prince Guneratnam aus
Malaysia. Ich fragte Patriarch Bartholomäus, wie es sich anfühle,
plötzlich gewissermaßen alle nichtkatholischen Christen anzu-
führen. Er schmunzelte und meinte, dass einige seiner orthodoxen Mitpatriarchen davon weniger hielten als manche Evangelikalen.

Als Patriarch Bartholomäus bei der Generalversammlung von »Religions for Peace« in Wien im November 2013 die Abschlussrede zur Religionsfreiheit halten sollte, kam es zu einer Verzögerung, die ich nutzte, um erneut mit ihm zu sprechen. Neben ihm saß Erzbischof Anastasios, das Oberhaupt der Albanisch-Orthodoxen Kirche. Ich hatte ihm bei einem meiner Besuche beim Präsidenten von Albanien einen Dienst erweisen können, indem ich bei der Rückgabe einer ihrer Kirchen vermittelte, die die Kommunisten enteignet hatte. Als ich während der Versammlung nun zu ihm kam, bedankte sich Bartholomäus für diese Hilfe. Das Programm verzögerte sich immer weiter und so sprach ich vorne in der Hocke eine halbe Stunde mit den beiden, während 700 religiöse Führer zuschauten. Dutzende von ihnen sprachen mich anschließend an und baten, dass ich dem Patriar-

Im Gespräch mit Patriarch Bartholomäus, links daneben Erzbischof Anastasios, Wien

chen etwas ausrichte oder eine Information, einen Brief oder ein Geschenk übergebe.

Franziskus baute die gute Beziehung zu Bartholomäus aus. 2014 verneigte er sich zum Entsetzen mancher katholischer Traditionalisten vor Bartholomäus in Istanbul. Als er den israelischen und den palästinensischen Präsidenten zum Friedensgebet in den Vatikan einlud, war Bartholomäus mit dabei. Und jüngst lud er den Patriarchen ein, mit ihm zusammen die Flüchtlingslager auf der Insel Lesbos zu besuchen.

In seiner Umweltenzyklika ehrt Franziskus gleich am Anfang zu Recht Bartholomäus als Vorgänger in diesen Fragen[16], denn Bartholomäus galt schon lange als »der grüne Patriarch«. Franziskus verfügte auch, dass der von Bartholomäus initiierte Umweltsonntag in den katholischen Kalender aufgenommen wurde. Die Weltweite Evangelische Allianz teilte Franziskus und Bartholomäus kurz darauf mit, dass sie sich dieser Praxis anschließe.

Wie als Erzbischof der Armen, so auch als Papst
Ich erinnere mich an den Moment auf dem Balkon, als Kardinal Tauran die Wahl von Franziskus bekannt gab. Ich war mir verhältnismäßig sicher, dass der neue Papst aus Lateinamerika kommen würde, wo die katholische Kirche zahlenmäßig am stärksten ist. Infrage kamen Odilo Pedro Kardinal Scherer, Erzbischof von São Paulo in Brasilien, und Kardinal Bergoglio aus Argentinien. Das Verhältnis zwischen katholischer Kirche und den Evangelikalen samt Pfingstlern (die dort die große Mehrheit der Protestanten stellen) könnten in den beiden Ländern unterschiedlicher nicht sein. In Brasilien herrscht – man entschuldige den Ausdruck, aber ich bin oft genug dort gewesen – »Krieg«. In Argentinien kommt es dagegen oft zur Zusammenarbeit, auf jeden Fall zum fruchtbaren Dialog. Das lag nicht nur, aber auch und gerade an Bergoglio, als Erzbischof von Buenos Aires und Vorsitzendem der argentinischen Bischofskonferenz. Ich hoffte,

dass nicht das Modell Brasilien zum Zuge käme, auch wenn ich den deutschstämmigen Kardinal Odilo Kardinal Scherer in Wien bei der Weltversammlung der »Religions for Peace« persönlich als warmherzigen Mann kennengelernt hatte. Aber er hätte nicht wie Franziskus über eine konkrete Erfahrung der Zusammenarbeit und des langfristig angelegten theologischen Gespräches mit den Evangelikalen verfügt.

Als die Wahl von Franziskus bekannt gegeben wurde, war ich ehrlich gesagt erleichtert. Bergoglio hatte übrigens im Konklave dem Vernehmen nach sofort die Stimmen aller Kardinäle aus den USA.[17] Dort war man die lange Bevormundung aus Europa beziehungsweise Italien leid und traute wohl einem lateinamerikanischen Kardinal mehr Respekt gegenüber der Kirche in den USA zu als einem Kardinal aus Europa. Mein Gedanke war: Wenn dieser Mann nur die Hälfte von dem beibehält, was er in Argentinien vertreten und getan hat, wird sich manch einer im Vatikan umgewöhnen müssen, vor allem aber wird für das Verhältnis des Vatikans zu den Evangelikalen ein neues Zeitalter beginnen.

Franziskus hat nicht nur die Hälfte beibehalten, sondern so ziemlich alles. Es ist aus meiner Sicht eine einmalige Stunde und Herausforderung für uns Hunderte Millionen Evangelikalen weltweit, ob wir in traditionellen Schützengräben verharren oder die Gunst der uns von Gott geschenkten Stunde nutzen, die Kirchengeschichte in neue Bahnen der Verständigung zu lenken – und zwar ohne die DNA der Evangelikalen, die persönliche Beziehung zu Jesus Christus, einen vertrauensvollen Umgang mit der Bibel auch im persönlichen Leben, eine zentrale Rolle von Evangelisation und Mission und ein unbedingtes Eintreten für Religionsfreiheit aufgeben zu müssen.

Am Vorabend der Abstimmung über das Gesetz zur gleichgeschlechtlichen Ehe 2010 organisierte Bergoglio als Erzbischof von Buenos Aires eine Kundgebung, an der 60 000 Evangelikale und Katholiken Arm in Arm teilnahmen. Er hat in evangelikalen Kirchen gepredigt, echte Freunde unter den evangelikalen Pastoren gewonnen (Kontakte, die er heute noch pflegt), hat bei evangelikalen Großveranstaltungen das Eröffnungsgebet gesprochen und hatte nichts gegen Fotos einzuwenden, die evangelikale Pastoren dabei zeigen, wie sie ihm im Gebet die Hände auflegen. Beim Weltjugendtag 2013 in Brasilien soll Franziskus seinen Leibwächtern »ausgebüxt« sein (so bezeichneten das Schweizer Gardisten mir gegenüber) und einen evangelikalen Baptistenpastor für eine kleine Kaffeepause besucht haben – einen offiziellen Anlass gab es nicht. Das ist Franziskus, wie er auch vorher immer war. Papst Franziskus hat konsequent seine Positionen, seine Arbeitsweise, ja seine Vorlieben mit in den Vatikan gebracht. Er hat auch seine eher radikalen Positionen zu bestimmten Fragen unverändert weitervertreten. Noch hat er nicht alles umgesetzt. Aber in allen Fragen und Themen hat er deutlich gemacht, dass er die Auffassungen weiterhin vertritt.

Ich muss hinzufügen, dass dem wohl erst seit 1992 so ist. Denn seinen Kurswechsel verlegen fast alle Biografen auf die Jahre vor 1992, als er nach seinem Leitungsamt bei den Jesuiten 1986 weit zurückgestuft und 1990 gewissermaßen ins Exil verbannt, überraschend von dort als Weihbischof nach Buenos Aires zurückberufen wurde.[18] Aus dem vormals bestimmenden und wenig beherrschten Mann war ein bescheidener Mann geworden, der für alle da sein wollte. Papst Franziskus sagt selbst, dass er zu früh provinzial wurde und dass er vorher zu autoritär war. Jedenfalls wurde die Abgeschiedenheit in Córdoba 1990 bis 1992 der Wendepunkt seines Lebens.

Aber bereits als Rektor des Colegio Máximo 1979–1985 war Bergoglio unkonventionell. Er wusch, kochte, erntete und fütterte die Schweine.[19] 1985 organisierte er zum Ende seiner Zeit im Colegio einen Internationalen Kongress zur Evangelisation und Inkulturation des Evangeliums.

Zurück dazu, dass Franziskus seine vielerlei Forderungen von vor 2013 nicht aufgegeben hat, sondern Stück für Stück umsetzt. Man mag fragen: Na und? Nun vergessen Menschen, die die oberste Stufe der Leiter erreichen, häufig vieles von dem, was sie vorher lautstark vertreten haben. Man denke etwa an Präsident Barak Obama und seine vielen Versprechen, alles anders zu machen. Tatsächlich blieb das meiste beim Alten, und am Ende war die Zahl der US-Soldaten und der Drohnenangriffe im weltweiten Einsatz noch gestiegen. Einmal an der Macht werden Leitwölfe oft konservativer oder liberaler oder beides gleichzeitig. Das gilt auch für Päpste, bei denen man oft nur bedingt von ihrer Theologie und Amtsführung vorher auf ihr Verhalten als Papst schließen konnte. Benedikt war darin schon eine Ausnahme, aber bei Franziskus ist der Ausnahmecharakter noch auffälliger.

Hören wir auf jemanden, der Bergoglio gut kannte: Victor Hirch von den Steyler Missionaren, einer römisch-katholischen Ordensgemeinschaft. Er hatte jahrelang mit Jorge Mario Bergoglio zusammengearbeitet und verfolgte die Papstwahl in Buenos Aires vor dem Fernseher. Eine Redakteurin der Katholischen Nachrichten-Agentur, Severina Bartonitschek, hat ihn kurz danach interviewt:

Bruder Hirch, als Verantwortlicher für die Caritas in der Region Buenos Aires haben Sie Erzbischof Jorge Bergoglio oft getroffen. [...] Wie haben Sie ihn erlebt?

Anfangs überraschend. Er hat eine sehr ruhige Art: Wenn er spricht, ist auch seine Stimme leise – trotzdem hört ihm jeder zu. Ich habe mich sehr oft mit ihm über viele Dinge ausgetauscht und war jedes Mal wieder beeindruckt von der Ausstrahlung dieses bescheidenen, ruhigen Mannes. Aber gerade das begeistert die Menschen – er ist offen für sie, hört ihnen zu, ist ihnen nah. Und obwohl er einen eher stillen Eindruck macht, ist seine Energie und Entscheidungskraft nicht zu unterschätzen. Damit hat er allgemein wesentlich mehr Nähe im kirchlichen Leben von Buenos Aires geschaffen.

Wie zeigte sich denn diese Nähe?

Oh, die zeigte sich in ganz unterschiedlichen Dingen. Persönlich hat er erst einmal für ein komplett anderes Bild des Erzbischofes gesorgt: Direkt nach seiner Ernennung zog er, statt in das schicke Palais, in das einfache Gebäude der Verwaltung. Limousinen und Chauffeur lehnte er ab und fuhr stattdessen mit Bus und Bahn. Aber er verzichtete nicht nur, er hat auch von Anfang an angepackt. Er kümmerte sich darum, dass auch die Armen in den Favelas von Buenos Aires Seelsorge erhalten, genauso wie Gefangene, und brachte unzählige weitere Initiativen zum Wohl der Menschen ins Rollen. [...]

Wenn Sie von Veränderung sprechen, dabei an seine Persönlichkeit und sein bisheriges Wirken denken, welche Erwartungen haben Sie dann an sein Papstamt?

Es wäre toll, wenn er es schafft, etwas von unserer südamerikanische[n] Offen- und Schlichtheit, die Frische, mit der er und wir den Glauben leben, mit nach Rom zu bringen. Es sollte wieder eine Kirche entstehen, die bescheiden ist und den Menschen dient, statt andersherum. Wenn er das hinbekommt, kann er das Bild einer verschlossenen, dekadenten und als krank empfundenen Kirche positiv verändern.«[20]

Kein deutscher, aber ein deutschsprachiger Papst

Im August 2014 hielt der Papst zum ersten Mal eine kurze Predigt auf Deutsch. 50 000 Ministranten aus Deutschland hörten ihm zu. Wer öfter in Rom ist, weiß, dass er deutschsprachige Gruppen gerne einmal mit ein paar deutschen Sätzen überrascht. Bei der Bischofssynode 2015 trug ich meinen Plenarbeitrag absichtlich auf Deutsch vor, da der Papst dafür die Kopfhörer mit der Übersetzung abnahm und direkt zuhörte. Wieso kann der Papst Deutsch? Im März 1986 kam Bergoglio zur Philosophisch-Theologischen Hochschule St. Georgen nach Frankfurt, um seine Dissertation zu schreiben. Zwei Monate lang lernte er im Goethe-Institut in Boppard Deutsch. Ein zweiter Kurs folgte. Doch ehe er richtig mit seiner Dissertation beginnen konnte, wurde ihm die Rückkehr nach Argentinien befohlen. Aus der Traum – bis heute trauert er seiner Dissertation nach.

Der Aufenthalt in Deutschland war kurz, aber seitdem spricht der Papst neben Spanisch und Italienisch auch Deutsch, was nichts anderes heißt, als dass er die Sprache 27 Jahre lang warmgehalten hat, bevor er sie im Vatikan wieder gebrauchen konnte. Für ihn, der wenig Englisch kann und nur ungern über einen Dolmetscher kommuniziert, ist Deutsch immer wieder eine Hilfe. Denn nicht erst seit Papst Benedikt finden sich im Vatikan erstaunlich viele Deutschsprachige. Das hat geschichtliche sowie finanzielle Gründe: Vom Mittelalter bis heute gehören deutsche Diözesen wie die Kölner zu den wohlhabendsten der Welt und finanzieren den Vatikan wesentlich mit. Aber es gibt auch theologische Gründe: Deutschsprachige Theologen spielen sowohl bei den Katholiken wie auch bei den liberalen und weniger liberalen Protestanten wie auch bei den Evangelikalen eine dominierende Rolle, die mit der tatsächlichen Zahl der Christen deutscher Zunge wenig zu tun hat. Es ist vielleicht kein Zufall, dass sowohl im Vatikan als auch bei der Weltweiten Evangelischen Allianz deutsche Theologen die theologischen Kommissionen moderieren.

Deutschsprachige Kardinäle sind im Übrigen unter den Vertrauten des Papstes eindeutig überrepräsentiert. Da sind aus Deutschland vor allem die Kardinäle Reinhard Marx, Walter Kasper und Georg Ludwig Müller zu nennen, aus der Schweiz und Österreich die Kardinäle Kurt Koch und Christoph Schönborn. Marx, Vorsitzender der Deutschen Bischofskonferenz, ist als Mitglied des Rates der acht Kardinäle und als Kardinal-Koordinator des neu geschaffenen Päpstlichen Wirtschaftsratssekretariats, das erstmals zentral alle Finanzaktivitäten des Vatikans zugleich erfasst, einer der einflussreichsten Männer im Vatikan.

Immer im Einsatz: Reinhard Kardinal Marx telefoniert während einer Sitzungspause der Synode 2015.

Traditionsgemäß ernennt der Papst die Bischöfe gewisser Erzbistümer automatisch zu Kardinälen. Für Turin und Venedig setzte der Papst diese Regel zum Schrecken der Italiener kurzerhand außer Kraft. Durch seine Neuberufungen ins Kardinalsamt will er eindeutig die zahlenmäßige Stärke der Italiener reduzieren. Seine beiden Vorgänger, beide ebenfalls die ersten Nichtitaliener unter den Päpsten neuerer Zeit, hatten damit bereits begonnen. Doch der neue Kölner Erzbischof Woelki wurde trotzdem sehr früh zum Kardinal ernannt. Dass der Papst die Tradition für Deutschland beibehielt, für Italien aber nicht, irritierte oder verärgerte die Traditionalisten umso mehr. Dass er dann noch den ausgewiesenen Kurienkritiker aus Brasilien, João Braz de Aviz, zum Kardinal ernannte, löste ebenfalls keine Freude aus.

Der neue koptische Papst und
der neue syrisch-orthodoxe Patriarch

Bevor ich das Kapitel beende, in dem der Charakter und das Verhalten des Papstes im Vordergrund stehen, möchte ich die Gelegenheit nutzen, dem Verdacht entgegenzuwirken, ich sei Papst-fixiert. Denn natürlich gibt es auch andernorts beeindruckende Christen und es gehört zu meinen Aufgaben, engen Kontakt zu den Leitern aller Konfessionen zu halten. Darf ich mir anmaßen, die Oberhäupter der verschiedenen Konfessionen und Kirchen zu bewerten, auch und gerade hinsichtlich ihrer Charakterstärke? Oder, da das vermutlich jeder tut, der mit ihnen Umgang hat, etwas anders formuliert: Ist es angemessen, das, was ich über sie denke, auch der Öffentlichkeit anzuvertrauen? Ich erlaube es mir insofern, als ich mich darauf beschränke, vier aus meiner Sicht vorbildliche Leitungspersönlichkeiten der nicht-evangelischen Kirchen zu nennen und damit vier Konfessionen zur Wahl ihres höchsten Repräsentanten zu gratulieren. Denn alle vier halte ich für charakterlich vorbildlich, für persönlich sehr umgänglich und für nicht korrumpierbar. Im Kern des Glaubens sind sie aber auch ungewöhnlich mutig und standhaft und treten zudem alle für einen freundschaftlichen Dialog mit den Evangelikalen ein: Papst Franziskus seit 2013. Patriarch Bartholomäus, der schon seit 1991 im Amt ist. Der neue koptische Papst Tawadros II., berufen 2012. Und seit 2014 der neue Syrisch-Orthodoxe Patriarch Ephräm II. Karim.

Der »Patriarch von Alexandrien und Papst des Stuhls des heiligen Markus« – so der offizielle Titel des neuen koptischen Papstes Tawadros II., – ist eine wirklich ausgezeichnete Wahl! Ich habe ihn in mehreren Gesprächen sehr schätzen gelernt. Da die Kopten nur unverheiratete Priester, also in der Regel Klosterbewohner, zu Bischöfen wählen, kann es schnell passieren, dass ein neuer Papst wenig vom Alltag der Gemeindeglieder versteht. Die Kirchengemeinden dagegen werden meist von verheirateten Priestern geleitet, die keine Bischöfe werden können. Der neue Papst war aber über längere Zeit Pfarrer und Bischof im Süden Ägyptens, wo nur verstreut Kopten leben, etwa aus beruflichen Gründen. Hier müssen oft neue Gemeinden gesammelt und aufgebaut werden; der Islam dominiert dort noch stärker als ohnehin schon. Man spürt dem Papst diese Erfahrung ab.

Gespräch mit dem koptischen Papst Tawadros II., 2014

Der neue Syrisch-Orthodoxe Patriarch S.H. Moran Mor Ignatius Ephräm II. Karim ist ebenfalls eine ungewöhnliche Wahl. 1965 in Syrien geboren, wurde er 1989 Priester in Großbritannien und war von 1996 bis 2014 Metropolit in den USA. Er hat also 25 Jahre lang syrisch-orthodoxe Christen im Westen betreut. Die Kirche hat also bewusst einen weltoffenen Patriarchen gewählt,

Im Gespräch mit dem syrisch-orthodoxen Patriarchen S. H. Moran Mor Ignatius Ephräm II. Karim, links Bischof Hanna Aydin

niemanden, der etwa sein ganzes Leben in einem syrischen Kloster verbracht hat. Im Mai 2015 kam Ephräm II. Karim zum Kirchentag der Syrisch-Orthodoxen Kirche von Antiochien nach Warburg/Westfalen. Im Kloster St. Jakob von Sarug dankte der Patriarch der Weltweiten Evangelischen Allianz (WEA) herzlich dafür, dass sie sich im Gebet, bei anderen Kirchen, in den Medien, in der Politik und bei der UNO intensiv für die Angehörigen seiner Kirche eingesetzt hatten. Der derzeitige Generalsekretär der WEA, der philippinische Bischof Efraim Tendero, hatte sich kurz zuvor mit dem Generalsekretär der Vereinten Nationen getroffen und darauf gedrängt, die Lage der Christen im Nahen Osten ganz oben auf die Agenda zu setzen. (Siehe Bild 25 im Bildinnenteil.)

2   Die Säuberung der Kurie

Die »Rache des Benedikt«

Alle Veränderungen, die Papst Franziskus einleitet, werden
überlagert von seinem Kampf gegen den korrupten Teil der Kurie. Oder anders gesagt: Alle sonstigen Veränderungen zum Guten wären wertlos und Schein, wenn Franziskus der Fäulnis im
eigenen Haus nicht den Fehdehandschuh hingeworfen hätte.
Die Weltchristenheit muss ihm dankbar sein, dass er die jahr-
hundertealte Verquickung von Geldsucht und Geltungssucht
ebenso beenden will wie Ämterschachern, Schlendrian und das
fehlende Unrechtsbewusstsein bei der Kumpanei mit politischer
Macht, ja, bisweilen sogar mit der Mafia. Denn alle Christen
leiden unter der Doppelmoral im Vatikan und wo auch immer
sonst sie in den oberen christlichen Etagen zu finden ist, weil sie
den Namen Gottes dem Spott aussetzt. Gott sagt: »Um euretwillen wird mein Name verlästert unter den Heiden« (Jes 52,5 =
Röm 2,24). Ich nenne Papst Franziskus »die Rache des Benedikt« gegenüber der Kurie. Nun mag Rache für Christen nicht
ganz der richtige Begriff sein, doch aus Sicht der eigenmächtigen
und erst recht der korrupten Kardinäle und Prälaten verhält es
sich so. Offensichtlich hatte es die große Mehrheit der Kardinäle
satt, wie sich die Kurie aufführte. Sie wählten einen eisernen
Besen, um den Stall auszukehren! Denn der Papst macht global
nahtlos dort weiter, wo er in Argentinien aufgehört hat. Immerhin hatte er schärfer als jeder andere die Kurie 15 Jahre lang
kritisiert und Versuche ausgeschlagen, ihn durch Posten in der
Kurie einzubinden und zum Schweigen zu bringen. All das
wussten die Kardinäle, als sie ihm zum Papst wählten – und
das, obwohl die Mehrheit der Kardinäle ebenjenen Männern
ihre Ernennung verdankt, denen es nun an den Kragen geht.
Jeder konnte im Fernsehen sehen, wie Papst Benedikt Papst

Franziskus die Ermittlungsergebnisse seiner Untersuchungskommissionen übergab, schön ordentlich mit verschiedenen Farbklebern gekennzeichnet. Natürlich hat Papst Franziskus längst ein Mehrfaches ans Tageslicht gebracht. Das ändert aber nichts daran, dass er die Marschrichtung verfolgt, die Benedikts Untersuchungsberichte vorgegeben haben. Benedikt war ein Kritiker der Befreiungstheologie, hat aber dennoch den Regensburger Bischof Gerhard Ludwig Müller, einen Freund des Befreiungstheologen Gustavo Gutiérrez, zu seinem Nachfolger als Präfekt der Glaubenskongregation berufen. Und er war schon vor seinem Rücktritt ein Bewunderer Bergoglios und seines Einsatzes für die Armen. Sollte Benedikt bei der Wahl seines Nachfolgers seine Hand im Spiel gehabt haben, wusste er genau, für wen er sich einsetzte.

Wer übrigens meine drastische Sprache zur Korruption im Vatikan kritisiert oder meint, hier arbeite sich ein Protestant an Rom ab, dem sei versichert, dass meine Wortwahl noch zahm ist gegenüber der, die Franziskus immer wieder verwendet, intern ebenso wie in Interviews mit Journalisten. Ein Auszug aus seiner Ansprache an die Kurienkardinäle und Kurienmitarbeiter, als jeder eine nette Weihnachtsansprache an die Mitarbeiter erwartete, mag das beweisen. Darin listet er »Die 15 Krankheiten der Kurie« auf, wobei ich mich aus Platzgründen auf eine Auswahl beschränke. Die Ansprache zeigt auch in Details, wie der Papst wirklich denkt.

Die 15 Krankheiten der Kurie[21]

Liebe Brüder, [...] Die Kurie ist gerufen, sich zu bessern, immer zu verbessern und in Gemeinschaft, Heiligkeit und Weisheit zu wachsen, um ihre Aufgabe ganz und gar erfüllen zu können [...]. Die 15 Krankheiten:
   1. Die Krankheit, sich »unsterblich«, »immun« oder gera-

dezu »unersetzlich« zu fühlen, indem die nötigen und gewohnheitsmäßigen Kontrollen außer Acht gelassen werden. Eine Kurie, die sich selbst nicht kritisiert, die sich nicht erneuert, die nicht besser werden will, ist ein kranker Körper. [...] Sie rührt oft von der Sucht nach Macht und vom »Komplex der Erwählten«, vom Narzissmus, der leidenschaftlich das eigene Ebenbild betrachtet und nicht das Abbild Gottes, das sichtbar ist im Antlitz der anderen, vor allem der Schwächsten und Bedürftigsten [...].

4. Die Krankheit der ausufernden Planung und des Funktionalismus. [...] Gute Vorbereitung ist notwendig, aber immer ohne der Versuchung zu erliegen, die Freiheit des Heiligen Geistes einschränken und steuern zu wollen; er bleibt immer größer, großzügiger als alles menschliche Planen (Joh 3:8). [...]

6. Es gibt auch die Krankheit des »geistlichen Alzheimer«, der Vergessenheit der Geschichte des Heils, der persönlichen Geschichte mit dem Herrn, der »ersten Liebe« (Apg 2:4). [...]

7. Die Krankheit der Rivalität und der Ruhmsucht [...] – wenn das Äußere, die Farben der Kleidung und Zeichen der Ehre zum vorrangigen Lebensziel werden und man das Wort des heiligen Paulus vergisst: »Tut nichts aus Ehrgeiz und nichts aus Prahlerei. Sondern in Demut schätze einer den andern höher ein als sich selbst [...]« (Phil 2:1-4). [...] Paulus nennt sie »Feinde des Kreuzes Christi« [...].

8. Die Krankheit der schizophrenen Existenz. Es ist die Krankheit derer, die ein Doppelleben führen, Ergebnis der typischen Heuchelei des Mittelmaßes und einer fortschreitenden geistlichen Leere, die akademische Abschlüsse und Titel nicht befriedigen können. Eine Krankheit, die oft diejenigen trifft, die den pastoralen Dienst aufgegeben haben und sich auf bürokratische Aufgaben beschränken; dabei verlieren sie den Kontakt mit der Realität, mit den konkreten Menschen. Sie schaffen eine Parallelwelt, in dem sie selber alles das ablegen, was

sie anderen streng beibringen, und beginnen, ein verborgenes und oft ausschweifendes Leben zu führen. Für diese äußerst schwere Krankheit ist die Bekehrung dringend und unverzichtbar (Lk 15:11-32).

9. Die Krankheit des Geschwätzes, des Gemurmels, des Tratschens. Von dieser Krankheit habe ich schon oft gesprochen, aber noch nicht genug. [...] Brüder, hüten wir uns vor dem Terrorismus des Geschwätzes!

10. Die Krankheit der Vergötterung der Vorgesetzten: Das ist die Krankheit derer, die Oberen schmeicheln, weil sie hoffen, ihr Wohlwollen zu erhalten. Sie sind Opfer des Karrierismus und des Opportunismus, sie ehren die Menschen und nicht Gott (vgl. Mt 23:8-12). [...]

13. Die Krankheit des Sammelns. Das ist, wenn der Apostel eine existenzielle Leere in seinem Herzen auffüllen will, indem er Dinge anhäuft, nicht weil er sie braucht, sondern um sich sicher zu fühlen. [...]

14. Die Krankheit der geschlossenen Kreise – wo die Zugehörigkeit zum Grüppchen stärker wird als die zum Leib und, in manchen Fällen, zu Christus selbst. [...]

15. Und die letzte: die des weltlichen Profits, der Zurschaustellung – wenn der Apostel seinen Dienst zu Macht umgestaltet und seine Macht zu einer Ware, um weltlichen Nutzen oder mehr Befugnisse zu erhalten. Es ist die Krankheit der Menschen, die unersättlich Befugnisse zu vervielfachen suchen und dafür imstande sind, zu verleumden, zu diffamieren und andere in Misskredit zu bringen, selbst in Zeitungen und Zeitschriften, natürlich um sich zur Schau zu stellen und sich als fähiger als die anderen zu präsentieren. [...]

Ich muss klarstellen: Nur der Heilige Geist [...] kann jede dieser Krankheiten heilen. Es ist der Heilige Geist, der jede echte Anstrengung zur Reinigung und jeden guten Willen zur Umkehr stützt. Er ist es, der uns verstehen lässt, dass jedes

Glied sowohl an der Heiligung des Leibes wie auch an seiner Schwächung mitwirkt. Er ist es, der die Eintracht fördert [...].

Der Papst krempelt alles professionell um

Der Papst hat aufgrund seiner Haltung und seines Auftretens viele Feinde im vatikanischen Klerus. Dazu gibt er immer wieder ganz unterschiedliche Anlässe: Im Juli 2014 empfing Franziskus erstmals Opfer sexuellen Missbrauchs durch katholische Geistliche. Sechs Betroffene aus Deutschland, Großbritannien und Irland nahmen an der Morgenmesse in seiner Kapelle teil. Er bat sie stellvertretend um Vergebung. Benedikt hatte sich als erster Papst mit Geschädigten getroffen, aber immer außerhalb des Vatikans. Solche Ereignisse sind keine Zufallstreffen, sondern gezielte Schritte des Papstes, um die Kirche in Selbstkritik und Buße aus alten Sünden und Fehlern herauszuführen.

Der Papst wird sicher nicht die Frauenordination diskutieren, geschweige denn zulassen, aber er beruft immer mehr Frauen in zentrale Leitungsaufgaben auch im Vatikan. Er schreibt: »Ich sehe mit Freude, wie viele Frauen pastorale Verantwortungen gemeinsam mit den Priestern ausüben, ihren Beitrag zur Begleitung von Einzelnen, von Familien oder Gruppen leisten und neue Anstöße zur theologischen Reflexion geben. Doch müssen die Räume für eine wirksamere weibliche Gegenwart in der Kirche noch erweitert werden. Denn ›das weibliche Talent ist unentbehrlich in allen Ausdrucksformen des Gesellschaftslebens; aus diesem Grund muss die Gegenwart der Frauen auch im Bereich der Arbeit garantiert werden‹ und an den verschiedenen Stellen, wo die wichtigen Entscheidungen getroffen werden, in der Kirche ebenso wie in den sozialen Strukturen.«[22]

Seit 1929 dürfen die Ostkirchen, die in Gemeinschaft mit dem Papst stehen, verheiratete Priester nur noch in ihren Stammlanden ordinieren, nicht aber in den Gebieten der römisch-katholischen Kirche mit lateinischem Ritus. Das bedeutete etwa, dass die vielen Auswandererkirchen in den USA nur unverheiratete Priester ordinieren konnten, obwohl das orientalisch-katholische Kirchenrecht verheiratete Priester prinzipiell vorsieht. Papst Franziskus hat das Verbot 2014 kurzerhand aufgehoben. Damit werden jetzt vermehrt verheiratete katholische Priester (mit ostkirchlichem Ritus) im Blickfeld von römisch-katholischen Kirchengemeinden auftauchen, was natürlich viel unmittelbarer die Frage aufwirft, warum das für römisch-katholische Priester nicht auch möglich werden soll.

Solcherlei Beispielen ließen sich leicht weitere hinzufügen. Ich kann dem kompetenten Urteil von Christoph Kardinal Schönborn nur zustimmen: »Papst Franziskus redet nicht nur von den Reformen der Kurie, er ist entschieden, sie durchzuziehen, und er macht es sehr professionell, mit besten Experten, mit viel Beratung und mit Entschiedenheit.«[23] Kardinal Schönborn, enger Vertrauter beider lebender Päpste, wurde von Papst Franziskus die Ehre zuteil, den Festvortrag zum 50-jährigen Jubiläum der Bischofssynode im Vatikan zu halten. Darin maß er die Kirche an Apostelgeschichte 15 und Galater 2,1-10. Nach seiner Rede sprach ich mit ihm und merkte an, es sei ja fast wie bei Luther, die Struktur der Kirche an der Bibel zu messen, und deshalb habe ihn der Papst wohl auch ausgesucht. Der Kardinal, der seit Jahr und Tag im Radio und Web einen Bibeltext auslegt und dabei auch viele evangelikale Zuhörer hat, erwiderte: »Mit der Heiligen Schrift steht und fällt nun mal die heilige Kirche.« Andere Autoren stimmen der Sichtweise zu, dass der Papst eine radikale Wende eingeleitet hat und professionell umsetzt. Marco Politi etwa schreibt in seinem Buch »Franziskus unter Wölfen«: »Franziskus packt das Problem an der Wurzel. Er verflacht die übertrieben pyramidale Form der Kirche.«[24] Die katholische Kirche ist keine schnittige und wendige Yacht, die der Papst mal eben wendet, sondern ein riesiger Tanker, der nur behäbig und mit gewaltiger Anstrengung seinen Kurs halten oder ändern kann. Doch wenn der Kapitän dieses Tankers Kurskorrekturen anmahnt, muss man aufhorchen, auch wenn man realistisch wissen muss, dass niemand genau weiß, welche Konsequenzen das im Einzelnen haben wird.

Als im Zweiten Vatikanischen Konzil der Tanker den Kurs korrigierte und das Bibellesen für Laien förderte, die Messe in der Muttersprache einführte und für Religionsfreiheit und Menschenrechte eintrat, veränderten die Bugwellen Kirche und Politik weltweit. Man darf dabei nicht vergessen, dass die Veränderungen überraschend kamen und in enormer Radikalität umgesetzt wurden, was beispielsweise bedeutete, dass praktisch von einem Tag auf den anderen Hunderte Millionen von Katholiken heute in Latein und am nächsten Tag in ihrer Muttersprache Gottesdienst feierten.

750 Jahre Kölner Dom – und kein Evangelium

Wie hoch in der Hierarchie die Probleme des Vatikans reichen, möchte ich an einer Erfahrung aus dem letzten Jahrhundert illustrieren. Am 15. August 1998 wurde der Kölner Dom 750 Jahre alt. Zum Jubiläumsgottesdienst kamen Michael Gorbatschow und viele andere Staatsgäste. Unvergessen ist das Bild, wie Helmut Kohl mit einem einfachen Bundeswehrbus vorfuhr, in dem die Kardinäle aus aller Welt als Staatsgäste saßen, Kohl vorne wie ein Reiseführer auf zwei Sitzen. Typisch Kohl, der – wie Angela Merkel – wenig für Pomp übrighatte. Demgegenüber wirkte die Vorfahrt des Ministerpräsidenten von Nordrhein-Westfalen wie die eines Königs.

Die Predigt hielt der »Päpstliche Legat für die Feier zum 750. Jahrestages des Baubeginns des Kölner Domes«, Angelo Kardinal Sodano. Er war von 1991 bis 2006 Kardinalstaatssekretär. Seine live im Fernsehen übertragene Ansprache enthielt viele Grußworte an Politiker und behandelte thematisch – nicht sehr zuvorkommend für die vielen ökumenischen Gäste – die Himmelfahrt Marias und warum man nicht verstehen könne, wer der Mensch eigentlich sei, wenn man nicht an sie glaube. Die Millionen Zuschauenden (und damals auch noch Zuhörenden) erfuhren dagegen nicht, worum es im christlichen Glauben eigentlich geht. Da ich in der ersten Reihe saß, konnte ich mir nach Abschluss des Gottesdienstes direkt hinter Kohl den langen Weg nach draußen bahnen, von ihm nur durch zwei bullige Leibwächter getrennt. Draußen auf dem Platz warteten Hunderttausende und die Fernsehreporter stürzten sich auf Kohl. Ich stand immer noch einen halben Meter hinter ihm und bekam alles mit: Kohl sagte damals in wenigen Minuten mehr über den Glauben als der Kardinalstaatssekretär in einer ganzen Predigt. Der Dom sei nicht nur ein Symbol für Frieden und Neubeginn, sondern dafür, dass Menschen von Gott Vergebung ihrer Schuld erhielten und neu anfangen können. Generationen von Menschen hätten hier ihre Anliegen vor Gott gebracht und Vergebung, Versöhnung und Trost empfangen und die Auferstehungskraft des christlichen Glaubens erlebt; aus Feinden seien hier Freunde geworden. Der Kardinalstaatssekretär als Politiker, der Politiker als Missionar: Der Kardinalstaatssekretär sagte als Politiker mit vielen Worten fast nichts, der Politiker als Missionar mit wenigen Worten fast alles Wesentliche. Verkehrte Welt! Aber eben auch die Welt, die Benedikt und Franziskus wieder vom Kopf auf die Füße stellen wollten und wollen.

Unvergessen ist auch: Die ersten Nachrichten von ARD und ZDF berichteten morgens, dass sich irgendein Mitglied einer Rockband den Fuß gebrochen hatte – das Jubiläum des Doms wurde dagegen nicht erwähnt. Es gab dann aber eine stundenlange Liveübertragung. Auch wenn Sodano die Chance vertat, den Millionen von Zuschauenden das Evangelium, also die frohe Botschaft von der Vergebung durch das Leiden Jesu Christi, in Kurzform nahezubringen: Nie wieder war der Dom so schön ausgeleuchtet, das Zeremoniell – wie von der katholischen Kirche nicht anders gewohnt – perfekt geplant und farbenfroh ausgeführt.

Vom alten zum neuen Kardinalstaatssekretär

Ein halbes Jahr ließ Papst Franziskus sich Zeit, um den Kardinalstaatssekretär von Papst Benedikt, Tarcisio Kardinal Bertone, abzulösen. Der Kardinalstaatssekretär ist gewissermaßen der Ministerpräsident des Vatikans. Er leitet den Staat »Vatikanstadt« (offiziell »Heiliger Stuhl«) und vertritt den Papst rechtlich nach außen. Ihm ist der gesamte diplomatische Apparat unterstellt.

Beschlossen hatte der Papst Bertones Ablösung samt der Personalie seines Nachfolgers gleich in den ersten Tagen nach seiner Wahl, zu sehr war Bertone mit den Gründen für den Rücktritt Benedikts verbunden. Man erlaube mir die persönliche Einschätzung: Obwohl Bertone wusste, dass er nur noch übergangsweise im Amt war, hat er die Uhr nicht schlagen gehört, sondern bis zur letzten Minute versucht, das Alte zu retten, samt seinem Einfluss und seinem Lebensstil. Neuerdings droht ihm, dem einst zweitmächtigsten Mann im Vatikan, ein Verfahren vor einem Vatikangericht. Ihm wird vorgeworfen, den Umbau seiner angeblich 700 Quadratmeter großen Penthousewohnung mit Dachterrasse im Palast des heiligen Karls – direkt neben dem Domus Sanctae Marthae, wo der Papst wohnt – unter anderem mit 200 000 Euro aus Spenden des päpstlichen Kinderkrankenhauses Bambino Gesù finanziert zu haben. Gleich, ob das nun erwiesen wird oder nicht, auch der höchste Kardinal im Vatikan kann sich bei so etwas nicht wie in früheren Zeiten auf den Schutz des Papstes verlassen, dem eine solche Riesenwohnung zu solch hohen Kosten an sich zuwider wäre, gleich, wo das Geld genau hergekommen ist. Ich war zufällig an dem Tag beim Papst, als ihm dieser Fall gerade bekannt wurde. Er war fassungslos, erschüttert, aber auch irgendwie erbost, wie man sich im Herzen des Vatikans heimlich einen solchen Palast erschleichen kann, nicht weit von seinem eigenen Zimmer im Nachbarhaus entfernt.

Daraufhin übernahm mit Erzbischof Pietro Parolin im Herbst 2013 ein italienischer Kirchendiplomat mit langjähriger Erfahrung das Amt des Kardinalstaatssekretärs, also des Ministerpräsidenten des Vatikans. Franziskus hat sich für einen Mann entschieden, der zwar grundsätzlich für seine Linie steht, aber die politische Diplomatentradition der Kurie verkörpert und fortsetzt. Nur tut Parolin es wesentlich geräuschloser als sein Vorgänger und zieht nicht, wie dieser, die Fäden vom Papst weg an sich.

Exkommunikation der Mafia: »Dann sterbe ich für die Wahrheit ...«

Zwischen Papst und Mafia herrscht ein Kampf auf Leben und Tod.[25] Nachdem er das erste Mal öffentlich die Mafiamitglieder exkommuniziert hat und Priestern und Bischöfen verbot, kirchliche Zeremonien für Mafiafamilien abzuhalten und dies auch radikal durchsetzte, facht der Papst das Thema auch weiterhin stetig an. So nahm er etwa an einer Mahnwache für Opfer der Mafia in der römischen Kirche San Gregorio VII teil, bei der die Namen von 842 Mafiaopfern, jedes zehnte von ihnen ein Kind, verlesen wurden. Stefanie Heckl beschreibt die klare Haltung des Papstes: »Bei seinem Pastoralbesuch in Pompeji und Neapel am 21. März 2015 zieht Franziskus erneut gegen das organisierte Verbrechen zu Felde. In der Mafia-Hochburg vergleicht er die Camorra mit einem verwesenden Tierkadaver, der nicht nur hässlich aussieht, sondern auch stinkt. ›Die Korruption stinkt! Die korrupte Gesellschaft stinkt! Ein Christ, der Korruption bei sich zulässt, stinkt!‹«[26] Was Franziskus hier bekämpft, gehört zum Selbstverständnis der Mafia, denn die Verquickung mit dem italienischen Klerus und die pompösen kirchlichen Mafia-Hochzeiten sind so alt wie die Mafia selbst.

Der Papst weiß, dass seine unorthodoxe Art und die entsprechenden Entscheidungen dazu, etwa der kirchliche Ausschluss der Mafia und das Durchgreifen in der Vatikanbank, sein Leben gefährden können. In einem Gespräch über dieses Thema sagte er zu uns einmal:»Dann sterbe ich eben für die Wahrheit!« Der Papst macht sich scheinbar keine Sorgen, obwohl er sich mit mir und natürlich anderen offen über die Gefahren unterhält. Dass der Papst im Domus Sanctae Marthae wohnt, ist dabei wohl eher Schutz als Gefahr für ihn. So könne man ihn schwerer vergiften, scherzen die argentinischen Zeitungen. 130 Gendarmen, 20 davon zur Terrorabwehr an automatischen Waffen geschult, und 110 Schweizer Gardisten arbeiten im Vatikan. Viele von ihnen kenne ich inzwischen recht gut. Sie leisten eine professionelle Arbeit, aber für das riesige verwinkelte Gelände sind sie zu wenige – und gegen die spontanen Einfälle des Papstes sind sie ohnehin machtlos. Nur dadurch, dass die italienische Polizei teilweise auch auf vatikanischem Boden aktiv ist und auf Abruf bereitsteht, ist die Aufgabe zu bewältigen.

Korrupte Hierarchie
Am 20. März 2013 traf ich den Papst. Man konnte an diesem Tag (wie im gesamten Zeitraum vom 1. Januar bis 22. März 2013) im Vatikan weder mit Kreditkarte bezahlen noch Geld am Automaten abheben. Die italienische Zentralbank hatte das dem Automatenbetreiber, der Deutschen Bank, untersagt, weil der Vatikan Transparenzvorschriften nicht eingehalten hatte. Insgesamt machte der Vatikan dadurch 25 Millionen Euro Verlust. Sicher, die Bilanzsumme der Vatikanbank beträgt gerade einmal sechs Milliarden Euro, da gäbe es in Italien Größeres anzupacken. Aber der christliche Glaube wird eben nicht in Misskredit gezogen, wenn Silvio Berlusconi als Milliardär der Korruption mit Gesetzen in eigener Sache Vorschub leistet, sondern wenn die Kirche, die zu Armut und Ehrlichkeit aufruft, an oberster Spitze

das Gegenteil zum Normalfall macht – äußeres Symbol einer Realität, die der Papst am 15. Mai 2013 in seiner Morgenmesse wie folgt beschrieb:»Wenn die Hirten zu Wölfen werden: Bischöfe und Priester, die der Versuchung des Geldes und des eitlen Karrierestrebens nachgeben, verwandeln sich von Hirten in Wölfe, ›die das Fleisch ihrer eigenen Schafe fressen‹.«[27]

Ob man nun allen Details vertraut, die Gianluigi Nuzzi in seinem 2015 erschienenen Buch»Alles muss ans Licht: Das geheime Dossier über den Kreuzweg des Papstes« veröffentlicht, ist eine Sache. Aber es ist keine Frage, dass er viele authentische Dokumente und Tonmitschnitte wichtiger Sitzungen rund um die Finanzen des Vatikans verwendet. Stammen sie vom Papst selbst? Von einem seiner Vertrauten? Oder wer aus dem inneren Zirkel lässt Aufnahmen mitlaufen? Eins ist klar: Es herrscht ein harter Kampf im Vatikan. Auf der einen Seite stehen Papst Franziskus, seine kleine, mit Laien besetzte Untersuchungskommission und viele Würdenträger, die die Kurie von Korruption, Pomp, Misswirtschaft und Schlendrian befreien wollen. Auf der anderen Seite stehen Vertreter der alten Garde, die sich nicht vorstellen können, dass der Papst wirklich bis zum Letzten durchgreift. Dabei ist eines klar: Es geht hier nicht nur um innerkirchliches Gezerre. Spätestens seit dem 30. März 2014 weiß das jeder. Damals brachen Profis im Palast der Kongregationen ein, schweißten Dutzende von Safes auf und stahlen große Teile der Geheimpapiere der päpstlichen Untersuchungskommission (»Cosea-Kommission«). Inzwischen wohnen die Untersuchungskommissionsmitglieder aus Sicherheitsgründen in den Zimmern neben dem Papst. Auch etliche bekannt gewordene Drohbriefe sprechen eine deutliche Sprache. Mich erschüttert am meisten, dass Teile des Vatikans immer noch Ausgaben erhöhen und Finanzströme nicht offenlegen – trotz neuen Kardinalstaatssekretärs und drastischer Maßnahmen des Papstes, wie etwa Interviews dazu in großen italienischen Tageszeitungen.

Ich will aber nicht die ganze Geschichte der Tragödie wiederholen, sondern mich vor allem auf das beschränken, was ich von Papst Franziskus selbst weiß. Es ist für ihn zutiefst erschütternd, dass an jeder Unregelmäßigkeit, an jedem unnötigen Pomp Kurienkardinäle oder zumindest hochrangige Würdenträger des Vatikans beteiligt sind: Da werden private Ferraris gekauft und für Hunderttausende Euro ein Weihnachtsbaum auf dem Petersdom aufgestellt – und das auch noch drei Jahre nachdem Kommission nach Kommission ermittelt und Dutzende kompromittierte Mitarbeiter entlassen und neue Kardinalsgremien geschaffen wurden. Doch was soll man machen, wenn einige Kurienkardinäle zwischen 350 und 524 Quadratmeter bewohnen[28], von Bertones angeblichen 700 Quadratmetern gar nicht zu sprechen? Man kann diese Wohnungen in alten Palazzi ja nicht einfach über Nacht halbieren.

Am 1. Juli 2013 gerieten der Generaldirektor der Vatikanbank und sein Stellvertreter, teils noch aufgrund der von Benedikt in Gang gesetzten Untersuchungen, wegen unerklärlicher Währungsverschiebungen ins Visier des Staatsanwalts. Sie mussten zurücktreten – ein Glücksfall für Franziskus, der neue Leute einsetzen konnte. Immerhin hat Franziskus erreicht, dass die Vatikanbank den internationalen Transparenzstandards angepasst und die Bank als Ganzes aus dem Visier der Ermittler gekommen wurde. Jetzt geht es noch um einzelne Kunden und Prälaten sowie um Altfälle, die spannend genug werden können. Ein weiterer unerwarteter Glücksfall: Durch die Säuberungen steigt der Nettogewinn der Vatikanbank um Zigmillionen Euro, obwohl – oder gerade weil – unsaubere Bereiche geschlossen werden. Dem Papst ist egal, wie reich die Bank ist, und seinetwegen müssen Hunderte Kunden die Bank verlassen. Doch zugleich erreicht er damit eine Konsolidierung der Vatikanfinanzen. Aber klar ist auch: Filz und unsaubere Netzwerke zwischen vatikanischen Kirchenmännern und mafiösen Geschäftsleuten und Politikern in Rom und Italien sind seit Staatsgründung 1929 so tief in den Strukturen verwurzelt, dass ein einzelner Papst kaum ausreichen wird, um sie endgültig auszuradieren.

Der Chef einer vatikanischen Kongregation erzählte mir beispielsweise, wie eine Stellenneubesetzung häufig verläuft. Eine Stelle wird ausgeschrieben und Bewerber melden sich. Aber die meisten ziehen sich zurück, weil ihnen kostenlose Wohnungen, andere Posten oder Sonstiges zugesagt werden für den Fall, dass sie ihre Bewerbung überdenken. Übrig bleiben ein oder zwei Kandidaten nach Wunsch des Netzwerkes. Es sei ungeheuer schwer zu erkennen, wer dahinterstecke und welche Kandidaten zu keinem dieser Netzwerke gehörten und am besten geeignet seien. Zudem würden Personalakten frisiert. Bei gewünschten Kandidaten seien hinderliche Einträge einfach verschwunden.

Die letzte öffentliche Auseinandersetzung zwischen einem Papst und der Kurie ist 500 Jahre her. Sie endete mit der Wahl des letzten Gegenpapstes der Geschichte. Seitdem ist es eine eiserne Regel der Kurie, dass derartige Auseinandersetzungen nicht an die Öffentlichkeit geraten. Diese Regel brach Kardinalstaatssekretär Bertone in der Schlussphase von Papst Benedikts Amtszeit, als er nach dessen Rückkehr von seiner Brasilienreise erklärte, der Papst habe Journalisten eine falsche Antwort gegeben.

Eine weitere solche Regel besagt seit Jahrhunderten, dass jeder Papst seine Vorgänger bewundernd zitiert und nicht kritisiert, gleich, um welche Fehler es geht. Papst Franziskus hat zwar seinen Vorgänger im Eiltempo heiliggesprochen, dann aber doch die Säuberung des Vatikans über die Regel der Tradition gestellt. Zudem kritisiert er seine Vorgänger dafür, dass sie Pfingstkirchen als Sekten bezeichnet haben, wie etliche Beispiele in diesem Buch zeigen, oder dafür, dass sie die Kollegialität der Bischöfe nicht vorangebracht haben.

Das Ende einer Epoche

All das kommt dem Ende einer Epoche gleich, in der die Kurie über dem Gesetz stand und vom Vatikanstaat vor dem Gesetz geschützt war.[29] Es galt das Motto: Lieber Verbrechen vertuschen, als einen öffentlichen Skandal zu riskieren. Dabei hat die Heimlichtuerei den Geruch der Doppelmoral viel mehr befördert als die offene Aufarbeitung und Selbstkritik unter Franziskus. Er nimmt seit 2013 den Kurienkardinälen und leitenden Mitarbeitern der Kurie das wichtigste Privileg, das sie hatten: die Immunität gegenüber Strafverfolgung auch außerhalb des Vatikans. Einst schützte der Vatikanpass Paul Casimir Marcinkus anlässlich seiner Skandale um die Vatikanbank oder Bernard Francis Kardinal Law aus den USA vor Ermittlungen wegen des Verdachts auf Missbrauch von Kindern und Jugendlichen. Der Vatikan lieferte Marcinkus trotz internationalen Haftbefehls und des Verdachts, an zwei Mordaufträgen beteiligt gewesen zu sein, nicht aus. So etwas ist für immer vorbei. Als die italienische Polizei am 28. Juni 2013 den Prälaten und (ausgerechnet) Finanzprüfer des Vatikans Nunzio Scarano mit 20 Millionen Euro in bar verhaftete, ging man in der Kurie trotz seiner ungeheuren Vergehen von seiner schnellen Freilassung aus. Doch Papst Franziskus untersagte, auf seiner Immunität zu bestehen. Der nächste Fall war Bischof Józef Wesołowski, langjähriger Nuntius im Dienst des Vatikans, dem der Generalstaatsanwalt der Dominikanischen Republik vorwarf, sieben minderjährige Jungen für sexuelle Dienstleistungen bezahlt und missbraucht zu haben. Papst Benedikt enthob den Bischof aller Ämter, Papst Franziskus genehmigte seine Versetzung in den Laienstand. Auch hier pochte der Papst nicht auf Immunität, vielmehr stellte er den Bischof wegen Fluchtgefahr unter Hausarrest. Die vatikanischen Ermittler fanden über 100 000 kinderpornografische Fotos auf seinem Computer, der Staatsanwalt forderte zehn Jahre Haft.

Doch der Bischof verstarb im Vatikan, bevor das Urteil gesprochen werden konnte.

Keine Nonnen zur Bedienung

Bergoglio hat sich immer vehement dagegen ausgesprochen, als Kirchenmänner von Nonnen bedienen zu lassen. Sie seien berufen, die frohe Botschaft von Jesus Christus zu verkündigen, Kinder zu beschützen, Alten beizustehen, Kranke zu versorgen, Sterbende zu begleiten und allgemein Gottes Liebe weiterzugeben, nicht aber unentgeltlich für Kardinäle und Bischöfe zu waschen, zu putzen, aufzuräumen, zu kochen oder den Einkauf zu erledigen. Immer wieder spricht der Papst über die Armee der fast 10 000 Frauen, die Bischöfen fälschlicherweise als Gratis-Dienstboten zur Verfügung stehen. Andreas Englisch hält das sogar für einen der Hauptgründe dafür, dass so viele Kardinäle gegen den Papst aufgebracht seien.[30]

Es sei angemerkt, dass Franziskus damit nicht das aufopferungsvolle Wirken vieler Ordensfrauen kleinredet. Ganz im Gegenteil. So sagte er am 20. September 2015 bei einer Feier für Ordens- und andere Frauen in Havanna: »Wie viele Ordensfrauen und -männer ›verbrennen‹ – und ich wiederhole das Verb: ›verbrennen‹ – ihr Leben, indem sie Wegwerf-›Material‹ liebkosen, indem sie die liebkosen, die die Welt aussortiert, die die Welt verachtet, von denen die Welt lieber hätte, wenn es sie nicht gäbe; [...] Danke all diesen Frauen und den vielen gottgeweihten Frauen, die im Dienst des ›Nutzlosen‹ stehen, denn mit diesen unseren Brüdern und Schwestern, den Kleinen, den Geringsten kann man kein Geschäft machen, kein Geld verdienen, absolut nichts ›Konstruktives‹ voranbringen.«[31]

Schlafsäcke für Obdachlose

Was ist ein Geburtstagsgeschenk für Franziskus? Dass er anderen etwas schenken kann! An seinem 78. Geburtstag am 17. Dezember 2014 verschenkte Franziskus 400 Schlafsäcke an Obdachlose. Er bezahlte sie gewissermaßen von seinem »Taschengeld«, also nicht über die offiziellen Kanäle der Sozialwerke des Vatikans. Die Schweizergardisten und andere Helfer verteilten die Schlafsäcke, die Presse wusste nichts davon. Für mich ist es faszinierend, wenn der Papst nach solch einer Aktion davon erzählt: Er freut sich wie ein kleines Kind, dass er so viel Gutes tun kann und es keiner mitbekommt – zumindest nicht vor und während der Aktion. Denn es passt ihm gar nicht, dass jede seiner guten Taten von der Weltpresse herausposaunt wird.

Prostitution prangerte der Erzbischof von Buenos Aires sein Leben lang als »moderne Sklaverei« an und setzte sich gegen jede Form von Menschenhandel ein. 2009 sagte er: »Wir haben verdeckte Formen von Sklaverei, die ebenso grausam sind wie die früheren.«[32] Korruption bezeichnet Franziskus in »Evangelii gaudium« als eine Last[33], ebenso wie »Menschenhandel«[34], zu dem er schreibt: »Immer hat mich die Situation derer mit Schmerz erfüllt, die Opfer der verschiedenen Formen von Menschenhandel sind. Ich würde mir wünschen, dass man den Ruf Gottes hörte, der uns alle fragt: ›Wo ist dein Bruder?‹ (Gen 4,9). Wo ist dein Bruder, der Sklave? Wo ist der, den du jeden Tag umbringst in der kleinen illegalen Fabrik, im Netz der Prostitution, in den Kindern, die du zum Betteln gebrauchst, in dem, der heimlich arbeiten muss, weil er nicht legalisiert ist? Tun wir nicht, als sei alles in Ordnung! Es gibt viele Arten von Mittäterschaft. Die Frage geht alle an! Dieses mafiöse und perverse Verbrechen hat sich in unseren Städten eingenistet, und die Hände vieler triefen von Blut aufgrund einer bequemen, schweigenden Komplizenschaft.«[35] Menschenhandel überschneide sich oft mit der Unterdrückung von Frauen: »Doppelt arm sind die Frauen, die Situationen der Ausschließung, der Misshandlung und der Gewalt erleiden, denn oft haben sie geringere Möglichkeiten, ihre Rechte zu verteidigen.«[36] Die falsche Wirtschaftspolitik seines Landes kommentierte Bergoglio schon 2009 mit den Worten: »Ich meine, im Grunde genommen ist es ein Problem der Sünde.«[37] Auch er als Bischof trage Mitverantwortung, dass in Argentinien Menschen nichts zu essen hätten. »Manche könnten behaupten: ›das ist doch ein kommunistischer Priester!‹ Nein: Das, was ich sage, ist Evangelium pur.«[38] Es sei noch angemerkt: Was den Papst von seinen Vorgängern und von vielen Theologen unterscheidet, wenn er über Armut spricht, ist »der Stempel der persönlichen Erfahrung«[39]. Die Erfahrung hat er aber selbst gewählt, er hätte sie bequem vermeiden können.

3 »Eine Neuausrichtung des Papstamtes«

Das Ende des Kaiserpapsttums

»Dieser Papst will kein Kaiserpapsttum mehr.«[40] So formulierte es der deutsch-italienische Vatikankorrespondent Marco Politi. Somit durfte die Einführungsmesse des Papstes nicht »Inthronisierung« heißen, da es im Vatikan schließlich keinen König gebe.»Vor allem aber steht dieser informelle Stil im Dienst eines hellsichtigen Plans: den imperialen Charakter des Papsttums, den cäsarischen, halbgöttlichen, von der Aura der Unfehlbarkeit umgebenen Absolutismus zu demontieren, der sich im Laufe der Jahrhunderte am päpstlichen Hof abgelagert hat und sogar im heidnischen Titel der Nachfolger Petri zum Ausdruck kommt: *Pontifex Maximus.*«[41]

Diese Veränderungen will der Papst nicht nur für sich selbst gelten sehen, sondern für die ganze Kirche. In einer seiner Morgenmessen predigte er:»›Der Triumphalismus in der Kirche bringt die Kirche zum Stillstand‹, fuhr der Papst fort. ›Der Triumphalismus von uns Christen blockiert die Christen. Eine triumphalistische Kirche ist eine Kirche, die auf halbem Wege stehen bleibt.‹ Eine Kirche, die sich damit begnügt, ›gut eingerichtet zu sein, mit allen erforderlichen Büros, alles in schöner Ordnung, alles schön, effizient‹, die aber die Märtyrer verleugnet, wäre eine Kirche, die ausschließlich an die Triumphe, an die Erfolge denkt; eine Kirche, die sich nicht jene Regel Jesu zu eigen gemacht hat: die Regel des Triumphs, der auf dem Weg über das Scheitern erfolgt. Das menschliche Scheitern, das Scheitern des Kreuzes. Und das ist eine Versuchung, der wir alle ausgesetzt sind.«[42] In seiner Umweltenzyklika »Laudato si'« bringt Franziskus das Kunststück fertig, sich kein einziges Mal als Papst zu bezeichnen, er beschränkt sich auf den Titel »Bischof von Rom«[43]. Oft sind es die ganz kleinen Gesten, die etwas deutlich

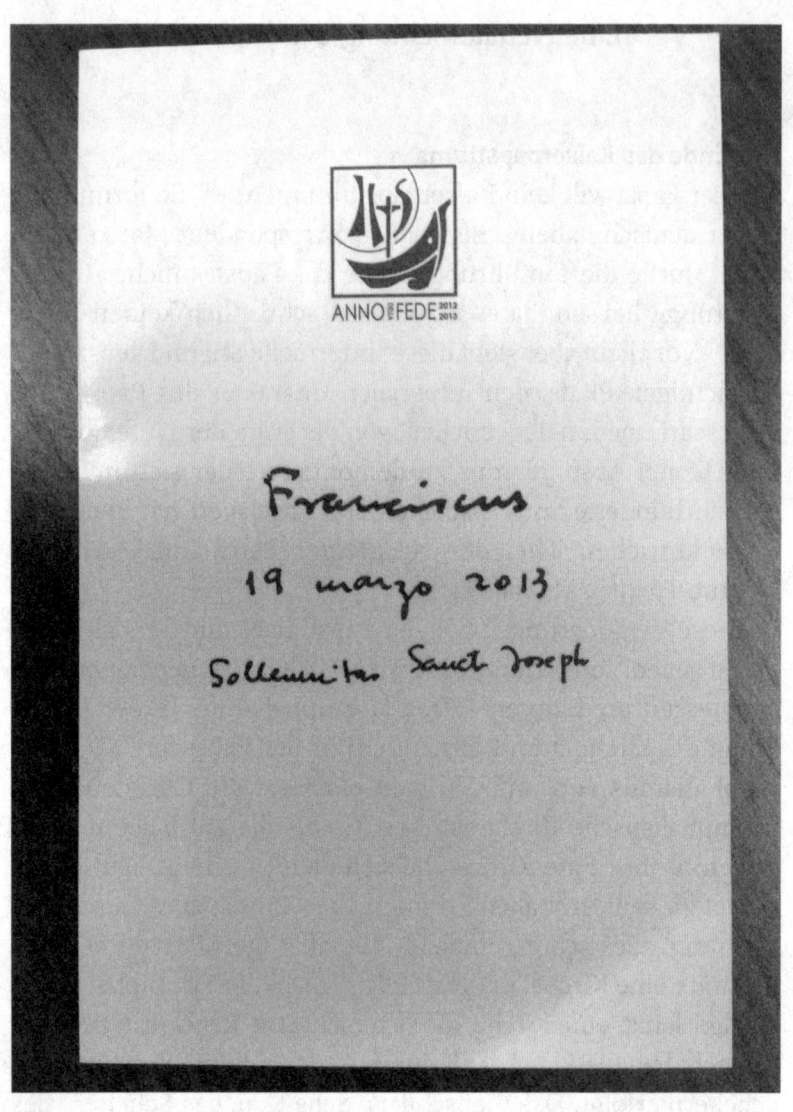

Die schlichte Unterschrift des Papstes auf seinem Foto anlässlich der Messe zu seiner Amtseinführung 2013

machen. So unterschreibt der Papst beispielsweise seit seiner Einführung nur mit »Franciscus«, ohne eine Amtsbezeichnung dazuzusetzen. Wenigstens ein »PP« (= Papa = Papst) wäre normal.

Einmal fragte ich den persönlichen Fotografen des Papstes, Francesco Sforza, mit dem ich mich leider nur ganz langsam und mit Zeichensprache auf Italienisch unterhalten konnte, ob der Papst auch Fotos signiere. Nein, niemals, erwiderte er. Ich sagte: Das wollen wir doch mal sehen. Er versprach mir eine weitere schöne Aufnahme mit dem Papst, wenn dies mir gelänge, und druckte für mich als Testobjekt ein Foto in DIN A4 aus. Ich ging zum Papst, der zwar lachend, aber ohne zu Zögern unterschrieb. Aber eben, wie immer, ohne »PP« oder irgendeinen Hinweis, dass er der Papst sei. Das Ergebnis findet sich in Farbteil. Als Dank erhielt ich von Sforza zwei Fotos von Kaffeepausen mit dem Papst. Eines ziert jetzt das Titelbild des Buches. Danke, Francesco, für das Foto mit deinem Namensvetter! (Siehe Bild 19 im Bildinnenteil).

»Eine Neuausrichtung des Papsttums«

Franziskus beschreibt sein Programm und damit sein Papstverständnis in seinem ersten eigenständigen Apostolischen Schreiben vom 24. November 2013. Nicht zufällig geht es in »Evangelii gaudium« um Evangelisation. Die dort geforderte »Neuausrichtung des Papsttums« muss sich darin am Anliegen der Evangelisation orientieren. Auffällig ist der völlig andere Stil des Schreibens gegenüber denen seiner Vorgänger. Es finden sich keine dogmatischen Festlegungen, keine Anordnungen, Bestimmungen oder endgültige Aussagen. Vielmehr macht der Papst Vorschläge, fordert auf, Lösungen zu suchen, und fordert *alle* Christen und die große Masse der Laien in immer neuen Formulierungen und Zusammenhängen auf zu evangelisieren. Im Abschnitt »Anliegen und Grenzen dieses Schreibens« erklärt der Papst sogar, es sei nicht angebracht, wenn der Papst die Antworten gebe anstelle der örtlichen Bischöfe, die die Situation vor Ort viel besser kennten. Vielmehr sieht er »die Notwendigkeit, in einer heilsamen ›Dezentralisierung‹ voranzuschreiten«[44].

Papst Franziskus schlägt einen für ein päpstliches Schreiben ganz neuen Ton an. Er will »vorschlagen«, »anregen« und dezentralisieren. Nirgends gibt er etwas unter Berufung auf sein Amt vor. Er bemängelt sogar, die »kollegiale Gesinnung« unter seinen beiden Vorgängern sei »wenig vorangekommen«[45], und wolle das nun ändern. Es ist völlig ungewöhnlich, dass ein Papst seine Vorgänger in einem amtlichen Dokument kritisiert. Die Kollegialität der Bischöfe will er von den orthodoxen Kirchen lernen.[46] Dazu muss man sagen, dass die Kollegialität der Bischöfe im Zweiten Vatikanischen Konzil festgeschrieben und gefordert wurde. Im Kirchenrecht, das Papst Johannes Paul II. 1983 verkündete, wurde es zwar häufig erwähnt, de facto aber weiter reduziert. Denn der Papst erhielt gegen alle Entscheidungen der Bischöfe, auch gegen die Entscheidung eines Konzils, nicht etwa ein Vetorecht, sondern eine Abstimmung ohne die positive Stimme des Papstes ist hinfällig. Auch die Autorität der Ortsbischöfe und der Nationalen Bischofskonferenzen wurde gegenüber dem Vatikan geschwächt. Nun aber schreibt der Papst: »Ich glaube auch nicht, dass man vom päpstlichen Lehramt eine endgültige oder vollständige Aussage zu allen Fragen erwarten muss, welche die Kirche und die Welt betreffen. Es ist nicht angebracht, dass der Papst die örtlichen Bischöfe in der Bewertung aller Problemkreise ersetzt, die in ihren Gebieten auftauchen. In diesem Sinn spüre ich die Notwendigkeit, in einer heilsamen ›Dezentralisierung‹ voranzuschreiten.«[47]

Diese erwünschte Dezentralisierung wird auch an einem Umstand deutlich, den bisher meines Wissens außer Bernd Hagenkord SJ noch niemand thematisiert hat. Apostolische Schreiben sind üblicherweise mit Zitaten gespickt, aus der Bibel, von Konzilien, Päpsten, Lehrdokumenten usw. Franziskus zitiert vor allem, wie bereits Papst Benedikt, die Bibel. Gegenüber seinen

Vorgängern hat Franziskus dagegen die Zitate von Päpsten stark reduziert (die Hälfte der Zitate stammt von Papst Benedikt XVI.). Stattdessen zitiert er sehr viel aus Texten und Berichten regionaler Bischofskonferenzen. Interessant ist seine Begründung für die Dezentralisierung. Er argumentiert, dass Zentralisierung Evangelisierung behindere: »Eine übertriebene Zentralisierung kompliziert das Leben der Kirche und ihre missionarische Dynamik, anstatt ihr zu helfen.«[48] Sie Struktur sollte – und das habe ich selbst aus dem Mund des Papstes gehört – mehr von der Evangelisation bestimmt sein als vom Streben nach dem Erhalt des Status quo oder nach dem Einfluss der katholischen Kirche. Denn, so der Papst, ohne Evangelisierung sei die Kirche sowieso am Ende.

Insgesamt geht es um nicht weniger als um »eine Neuausrichtung des Papsttums«. Im Zusammenhang liest sich das so: »Da ich berufen bin, selbst zu leben, was ich von den anderen verlange, muss ich auch an eine Neuausrichtung des Papsttums denken. Meine Aufgabe als Bischof von Rom ist es, offen zu bleiben für die Vorschläge, die darauf ausgerichtet sind, dass eine Ausübung meines Amtes der Bedeutung, die Jesus Christus ihm geben wollte, treuer ist und mehr den gegenwärtigen Notwendigkeiten der Evangelisierung entspricht. Johannes Paul II. bat um Hilfe, um ›eine Form der Primatsausübung zu finden, die zwar keineswegs auf das Wesentliche ihrer Sendung verzichtet, sich aber einer neuen Situation öffnet‹. In diesem Sinn sind wir wenig vorangekommen. Auch das Papsttum und die zentralen Strukturen der Universalkirche haben es nötig, dem Aufruf zu einer pastoralen Neuausrichtung zu folgen. Das Zweite Vatikanische Konzil sagte, dass in ähnlicher Weise wie die alten Patriarchatskirchen ›die Bischofskonferenzen vielfältige und fruchtbare Hilfe leisten können, um die kollegiale Gesinnung zu konkreter Verwirklichung zu führen‹. Aber dieser Wunsch hat sich nicht völlig erfüllt, denn es ist noch nicht deutlich genug eine Satzung der Bischofskonferenzen formuliert worden, die sie als Subjekte mit konkreten Kompetenzbereichen versteht, auch einschließlich einer gewissen authentischen Lehrautorität. Eine übertriebene Zentralisierung kompliziert das Leben der Kirche und ihre missionarische Dynamik, anstatt ihr zu helfen.«[49]

Das alles wird von der unglaublichsten Aussage im Dokument unterstrichen, die den Papst sogar noch nicht einmal namentlich nennt:»In allen Getauften, vom ersten bis zum letzten, wirkt die heiligende Kraft des Geistes, die zur Evangelisierung drängt. Das Volk Gottes ist heilig in Entsprechung zu dieser Salbung, die es ›in credendo‹ unfehlbar macht. Das bedeutet, dass es, wenn es glaubt, sich nicht irrt, auch wenn es keine Worte findet, um seinen Glauben auszudrücken. Der Geist leitet es in der Wahrheit und führt es zum Heil.«[50] Hier wird es nun radikal. Der Papst, der nach katholischer Lehre unfehlbar ist, sofern er diese Autorität in Anspruch nimmt, sagt, das gesamte Volk Gottes, ja, jeder Christ werde vom Geist Gottes zum Evangelisieren gedrängt und sei in seinem Glauben »unfehlbar«, wenn er glaubend das Evangelium verkündige, selbst wenn ihm die rechten Worte fehlen. Der Papst interpretiert die Unfehlbarkeit der Kirche neu – um der Evangelisierung willen. Hätte ich das geschrieben, hätte jeder einen Seitenhieb auf die katholische Lehre darin vermutet. Ich sehe den Papst schmunzelnd vor mir, als er das schrieb. Es gibt nichts Unfehlbareres als das Evangelium von Jesus Christus, wenn wir es recht glauben und anderen bezeugen. Der Papst schränkt seine Aussage nicht sofort mit einem Verweis auf die Unfehlbarkeit des Papstes ein. Nicht, dass er sie damit leugnet. Aber der Reflex seiner Vorgänger entfällt und damit gewinnt die Aussage, dass der Heilige Geist in allen Christen und damit eben auch in allen Laien wirkt und die Wahrheit des Glaubens garantiert, besonderes Gewicht. Die Evangelisation wird von den Bischöfen hin zu den Laien verschoben, ganz so, wie es schon im ersten Satz des Dokumentes »Christliches Zeugnis in einer multireligiösen Welt« steht: »Darum ist es für jeden Christen und jede Christin unverzichtbar, Gottes Wort zu verkünden und seinen/ihren Glauben in der Welt zu bezeugen«[51].

Und noch einmal nachgelegt: »Ein doktrinelles Erdbeben«

Von »Evangelii gaudium«, wo Franziskus zum ersten Mal »eine Neuausrichtung des Papsttums« fordert, zieht sich ein roter Faden zu seiner Rede zum 50-jährigen Jubiläum der Bischofssynode in Rom. Reinhard Kardinal Marx nannte die Rede eine »historische Rede«, die italienische Tageszeitung Il Giornale sprach von einem »doktrinellen Erdbeben«. Die Papstrede wurde von einem Vortrag von Christoph Kardinal Schönborn begleitet, auf die ich oben schon eingegangen bin. Bei der Rede von Franziskus traute ich bisweilen meinen Ohren nicht und schob es schon auf mein zu mangelhaftes Italienisch.

Auszug aus der Ansprache des Papstes zur 50-Jahr-Feier der Errichtung der Bischofssynode[52]

Audienzhalle des Vatikans, 17.10.2015

Im Apostolischen Schreiben Evangelii gaudium habe ich das noch einmal unterstrichen: »Das Volk Gottes ist heilig in Entsprechung zu dieser Salbung, die es *in credendo* unfehlbar macht.« Und ich habe hinzugefügt: »Jeder Getaufte ist, unabhängig von seiner Funktion in der Kirche und dem Bildungsniveau seines Glaubens, aktiver Träger der Evangelisierung, und es wäre unangemessen, an einen Evangelisierungsplan zu denken, der von qualifizierten Mitarbeitern umgesetzt würde, wobei der Rest des gläubigen Volkes nur Empfänger ihres Handelns wäre.« Der Sensus fidei [der Glaubenssinn] verbietet, starr zwischen Ecclesia docens [der lehrenden Kirche] und Ecclesia discens [der lernenden Kirche] zu unterscheiden, weil auch die Herde einen eigenen »Spürsinn« besitzt, um neue Wege zu erkennen, die der Herr für die Kirche erschließt. [...] Eine synodale Kirche ist eine Kirche des Zuhörens, in dem Bewusstsein, dass das Zuhören »mehr ist als Hören«. Es ist ein wechselseitiges Anhören, bei dem jeder etwas zu lernen hat: das gläubige Volk, das Bischofskollegium, der Bischof von Rom – jeder im Hinhören auf die anderen und alle im Hinhören auf den Heiligen Geist, den »Geist der Wahrheit« (Joh 14,17), um zu erkennen, was er »den Kirchen sagt« (vgl. Offb 2,7). [...]

Ich bin überzeugt, dass in einer synodalen Kirche auch die Ausübung des petrinischen Primats besser geklärt werden kann. Der Papst steht nicht allein über der Kirche, sondern er steht in ihr als Getaufter unter den Getauften, im Bischofskollegium als Bischof unter den Bischöfen und ist – als Nachfolger des Apostels Petrus – zugleich berufen, die Kirche von Rom zu leiten, die in der Liebe allen Kirchen vorsteht. [...]

Während ich erneut die Notwendigkeit und die Dringlichkeit betone, an »eine Neuausrichtung des Papsttums« zu denken. [...]

»Kollegialität« ist ein Begriff aus der Sprache des Zweiten Vatikanischen Konzils, war aber lange eine Worthülse. Der von Papst Franziskus zu Beginn seiner Amtszeit geprägte Begriff »Synodalität« ist nun die organisatorische Umsetzung der »Kollegialität« und fasst den Sinn der vom Zweiten Vatikanischen Konzil geschaffenen Bischofssynode in einem Begriff zusammen. Da macht ein Papst ernst mit Dingen, die vor 50 Jahren beschlossen wurden, und schon fällt ausgerechnet denen, die das Papstamt verteidigen wollen, nichts anderes ein, als die konfessionelle Karte *gegen* den Papst zu zücken. Die spanische katholische Nachrichtenseite »Secretum meum mihi« etwa fragt, ob der Papst eine »Protestantisierung« der Kirche wolle. Dieselben Katholi-

Der Papst bei seiner Ansprache während des Jubiläums der Vatikansynode von meinem Platz aus

ken, die verhindern wollen, dass das Papstamt irgendetwas von seiner Absolutheit verliert, demontieren dafür den derzeitigen Papst. Dabei ist doch aus protestantischer Sicht offensichtlich, dass der Papst in seiner Rede das Papstamt zwar einordnet und relativiert, aber die Kirche nicht nur »cum Petro«, also mit dem Papst, sondern »sub Petro«, also unter dem Papst existiert. Der Papst sichert weiterhin die Einheit der Kirche: »Die Tatsache, dass die Synode immer cum Petro et sub Petro handelt – also nicht nur cum Petro, sondern auch sub Petro – ist keine Begrenzung der Freiheit, sondern eine Garantie für die Einheit. Der Papst ist nämlich nach dem Willen des Herrn ›das immerwährende, sichtbare Prinzip und Fundament für die Einheit der Vielheit von Bischöfen und Gläubigen‹«.

»Herr, sei mir Sünder gnädig«

Hintergrund für seine Sicht vom Papstamt ist, dass Franziskus sich klar als Mensch und Sünder betrachtet. Im Interviewbuch »Mein Leben, mein Weg« sagt er 2009: »Ich möchte mir nichts einbilden, denn ich bin wirklich ein Sünder, den die Barmherzigkeit Gottes in einer privilegierten Weise geliebt hat. [...] Ich musste alles an Ort und Stelle lernen, anhand meiner Fehler. Denn eines stimmt, Fehler habe ich haufenweise begangen. Fehler und Sünden.«[53] Zwar war sich auch Papst Benedikt seiner Unzulänglichkeit bewusst, übrigens auch schon seit seinen ersten Worten auf dem Balkon des Petersdoms, aber er zog die Linie nicht direkt bis zum Lehramt des Papstes. 2016 sagte Papst Franziskus in seinem Interviewbuch mit Andrea Tornielli: »Ich habe mir angewöhnt, nie der ersten Reaktion zu folgen, wenn mir eine Idee kommt oder mir jemand einen Verschlag macht. Ich bleibe hier immer auf der Hut, denn gewöhnlich ist diese erste Reaktion falsch.«[54] Auf die Frage, ob jemand, der es zum Kardinal bringt, die Dinge klar sieht, antwortete er 2009: »Das stimmt nicht. Ich habe nicht alle Antworten. Nicht einmal alle Fragen.«[55] Diese Sicht hat er als Papst nicht geändert.

Papst Benedikt war der Erste, der wegen Altersschwäche den Rücktritt vom Papstamt erklärte. Franziskus sagte mehrfach so und ähnlich, er werde, wenn er spüre, dass es nicht mehr weitergehe, dasselbe tun. Benedikts Weg sei keine »Ausnahme«[56]. Mehrmals erwähnte er, wohl fünf Jahre im Amt zu bleiben. Mir gegenüber spricht der Papst ganz natürlich über seinen Rücktritt – oder auch seinen Abtritt von der Bühne: Gott werde ihm so viel Zeit geben, wie er brauche. Sollte er gesundheitlich zu schwach werden oder aber auch sterben oder einem Anschlag zum Opfer fallen, werde das der Zeitpunkt sein, an dem er seinen gottgegebenen Auftrag beendet habe und andere ihn fortführen müssten.

Ist der Papst Protestant?

Andreas Englisch zitiert in seinem Buch »Der Kämpfer im Vatikan« einen 60-jährigen katholischen Priester mit dem Kommentar: »der ist ein Protestant«[57]. Dieser Vorwurf ist auf vielen katholischen Webseiten zu finden. Wenn der Papst am Reformationstag 2016 in Lund das Reformationsjahr mit eröffnen wird, wird dieser Chor wohl noch lauter zu hören sein. Als Protestant kann man natürlich sofort einwenden: Der Papst betet zu Maria und den Heiligen, der Papst sieht sein Amt als Garantie für die Einheit der Kirche, der Papst hat seine Vorgänger heiliggesprochen – alles undenkbar für Protestanten. Doch ich gehöre zu denen, die schon jetzt gewaltige Fortschritte in der lehrmäßigen Einheit aller Kirchen sehen. Mit nominell evangelischen Verkündern eines Wohlstandsevangeliums oder mit liberalen, evangelischen Theologen, die die Historizität von Auferstehung und Jungfrauengeburt leugnen, habe ich jedenfalls dogmatisch weniger gemeinsam als mit Papst Franziskus oder altorientalischen Kirchen. Ich freue mich, dass neben anderen evangelischen Kirchen und Konfessionen auch die Theologen der Weltweiten Evangelischen Allianz jahrelang minutiös ein theologisches Thema nach dem anderen zusammen mit den Theologen des Päpstlichen Rates für die Einheit der Kirchen bearbeiten. Der Papst hat dies in seiner Ansprache im November 2014 ausdrücklich gewürdigt. Das neueste Dokument beweist deutlich, wie offen und ehrlich beide Seiten sowohl ihre Annäherung als auch die verbliebenen, teils schwerwiegenden Themen benennen, die uns unterscheiden, ja, bisweilen auch trennen. Es zeigt somit auch deutlich, dass der Papst so schnell kein »Protestant« wird.

Für Evangelische ist es ohnehin schwer nachzuvollziehen, wie man als überzeugter Katholik dem Papst vorwerfen kann, Protestant zu sein. Zum einen müsste er dann ja sein Amt aufgeben. Zum anderen träte er als Papst im Sinne der kirchlichen Lehre doch auch dann als Hirte der Kirche auf, wenn er Änderungen anmahnt. Erst recht, wenn er mit Korruption und schwerer Schuld aufräumen will. Müsste man nicht eher denjenigen einen Protestanten nennen, der den Papst scharf kritisiert? Immerhin geht er davon aus, dass es Wahrheiten oberhalb des Papstes gibt, aufgrund derer jeder Gläubige jeden Kirchenfürsten, sogar den Papst, kritisieren kann. Und nichts anderes vertraten doch die Reformatoren, oder? Eine Generalkritik seiner Marschrichtung bedeutet doch immer, den Papst ganz »protestantisch« als den Lehren der Heiligen Schrift oder den von seinen Vorgängern erlassenen Lehren und Kirchenrechten untergeordnet anzusehen und gewissermaßen über dem Papst stehend eine Beurteilung des Papstes vorzunehmen.

Allerdings kann der Vorwurf »protestantisch« zwei ganz verschiedene Dinge bedeuten. Und beide sind mir von Mitarbeitern der vatikanischen Glaubenskongregation bekannt. Zum einen kann er sich auf den traditionellen konfessionellen Unterschied beziehen. Es wäre also ein Vorwurf, der auch vor 200 Jahren hätte zutreffen können und der auch diejenigen konservativen Lutheraner oder Evangelikale trifft, die in Fragen der Ethik aus Sicht der westlichen Welt sehr nahe bei katholischen Positionen liegen, etwa in Fragen der Abtreibung oder der gleichgeschlechtlichen Ehe.

Viel häufiger ist aber mit »protestantisch« nicht der traditionelle konfessionelle Vorwurf gemeint, sondern eine ethische und oft auch theologische Beliebigkeit, die vor allem in den protestantischen Traditionskirchen des Westens zu finden ist. In Gesprächen werde ich persönlich meist ausdrücklich von dem Vorwurf ausgenommen, aber generell gehört oft unterschwellig die Annahme dazu, es gebe einen fast zwangsläufigen Weg von Luther zur Verteidigung der Abtreibung als Menschenrecht durch liberale Kirchen.

Im diesem Fall ist daran zu erinnern, dass die Liberalität der evangelischen Kirchen zwar im Westen das Bild des Protestantismus prägt, nicht aber im Globalen Süden, im größten Teil der Welt. Sei es, weil es im Globalen Süden immer schon eine andere Ausrichtung gab, sei es, weil die dortigen Ableger der europäischen Kirchen längst wieder – wie soll ich sagen? – den Rückwärtsgang eingelegt haben. Desmond Tutu, der anglikanische Erzbischof von Südafrika, stand einst für die anglikanischen Kirchen in Afrika: liberal, links, politisch, reich – und wurde dann auch noch wegen schwerer Korruption verurteilt. Heute sind die anglikanischen Kirchen in Afrika allesamt wieder konservativ, missionarisch, zählen sich zum evangelikalen Spektrum und/oder sind charismatisch geprägt.

Katholische Kritiker des Papstes

Das Internet ist voll von Webseiten von Katholiken, auch Priestern, die den Papst als Häretiker brandmarken. »Das Trommelfeuer der Kritik ist unerbittlich«[58], formuliert es Marco Politi. Franziskus' Entlassungen werden »Säuberungsaktionen« genannt. Dabei hat doch jeder Papst das Recht, alle Mitarbeiter seines Vorgängers auszutauschen, und jeder Papst hat Mitarbeitern den Vorrang gegeben, die seine Linie teilten. Und kein Papst vor Franziskus hat die Ämter so theologisch breit besetzt wie er. Er will die Inklusion aller Flügel der katholischen Kirche, sofern sie sich nicht gegenseitig den Krieg erklären. Diese »Strategie der Inklusion«[59] führt dazu, dass bisher kein Papst eine solche Bandbreite an theologischen und anderen Auffassungen unter den führenden Kurienvertretern und auch sonst geduldet hat. Nur deswegen sind überhaupt noch so viele Kritiker des Papstes im Amt. Der australische Kardinal George Pell etwa ist Präfekt des neuen Wirtschaftssekretariats des Vatikans und Mitglied des Rates der acht Kardinäle, obwohl er sich an die Spitze der Kritiker der päpstlichen Linie bei der Bischofssynode 2015 setzte. Bischöfe agieren nicht ganz so offensiv, aber bisweilen offensichtlich. So hat die polnische Bischofskonferenz erklärt, sie werde der Aufforderung des Papstes nicht folgen und die Fußwaschung weiterhin nur an katholischen Männern vollziehen, nicht aber an Frauen oder an Nichtchristen, zum Beispiel Muslimen. Denn die Kongregation für den Gottesdienst und die Sakramentenordnung habe das zwar ermöglicht, aber nicht befohlen, da folge man lieber der Tradition.

Das zeigt das Dilemma: Jetzt wird die Tradition gegen den Papst in Stellung gebracht. Den Papst aber an etwas Übergeordnetem zu messen, ist kein Kennzeichen katholischer Tradition, sondern gut protestantisch. »Unter Benedikt XVI. gaben sich die Ultrakonservativen in der Kurie papsttreu. Doch seitdem dessen Nachfolger das Dogma nicht mehr so wichtig ist, begehren die Verteidiger der reinen Lehre gegen Franziskus auf.«[60] Der italienische, katholische Historiker und Autor einer Geschichte des Zweiten Vatikanischen Konzils Roberto de Mattei schrieb: »Heute aber muss sich der Widerstand der höchsten kirchlichen Autorität widersetzen, sollte sie von der immer gültigen Lehre der Kirche abweichen.«[61] Gegen das nachsynodale Schreiben macht er in einer Schärfe Front, wie es sich kein Protestant erlauben würde.[62]

Welchen Sinn aber hat das Reden von der absoluten kirchenrechtlichen Autorität des Papstes oder von der Lehrautorität des Papstes, wenn sie nur gilt, solange ein Papst bestimmte Positionen festhält, die man teilt, die Autorität aber grundsätzlich infrage gestellt wird, sobald der Papst kleine Korrekturen vornimmt? Zudem verstehen die meisten Konservativen meines Erachtens nicht, das Franziskus' Revolution einen klaren Namen hat: »Missionarische Umgestaltung der Kirche«[63].

Auffällig für mich ist, dass die vielen Webseiten, die ich studiert habe, in der Regel Korruption und Geldgier und den Hang zu Luxus und Macht im Vatikan nicht als Verrat am Christentum sehen und Franziskus nicht dafür loben, dass er hier reinen Tisch macht. Ja, manche Konservative scheinen ihre Korruption geradezu hinter dem Deckmantel der Tradition verstecken zu wollen. Diese himmelschreiende Sünde der Gier, Korruption, Machtanmaßung und sexueller Ausbeutung in der Kirchenleitung gehört *überall* angepackt, wo sie stattfindet. Aber im Vatikan, im Herzen der katholischen Kirche, unter denen, deren Lebenszweck es ist, Gott zu dienen und den Papst zu beraten? Da darf es doch erst recht kein Pardon geben!

Die Reformation hatte tiefgreifende theologische Gründe. Aber die Offenheit für den Bruch hatte auch etwas mit den moralischen Zuständen und der Korruption im Vatikan und bei vielen Kirchenfürsten zu tun. Sie entstand auch, weil der Vatikan gegen theologische Anfragen sofort seine Machtpolitik bis hin zu Todesdrohungen in Stellung brachte. Dazu kam die völlige Verquickung der Kirche mit den ersten Banken der Welt (Stichwort: Fugger), der Politik und der Weltpolitik. Auch der Kleinkrieg zwischen europäischen Städten, Fürstentümern und Staaten spielte eine Rolle. Wer eine Armee unterhält und sie im ständigen Wechsel der Parteiungen in Europa in Stellung bringt, hat eben auch schnell militärische Gegner.

Wäre der Ablasshandel zur Zeit Luthers nicht die wichtigste Einnahmequelle des Vatikans gewesen, sondern eine rein theologische Frage, hätten Luthers ursprünglich zaghafte Anfragen zu einem ernsthaften Gespräch geführt – immerhin waren praktisch alle der damaligen Kardinäle 1513 der Meinung, dass der Ablass abgeschafft gehört. Aber weil es um gewaltige Summen und viel Macht ging, versprach der Papst 1513 vor seiner Wahl die Abschaffung, blockte danach aber jede Kritik gegen die noch größeren Ablässe ab, die er verhängte, und machte die ganze

Sache zu einer reinen Machtfrage: Gehorchst du dem Papst oder nicht?

Mein historisches Vorbild Martin Bucer kam im 16. Jahrhundert sehr weit in seinem Bemühen, die theologische Einigung zwischen »Altgläubigen«, den Katholiken, und den Evangelischen zu erarbeiten und schriftlich zu fixieren. Er scheiterte am Ende nicht in erster Linie am Kaiser oder an Deutschland, sondern an den politischen Machtgelüsten des Papstes und an Italien. Als der Papst schließlich das Konzil nach Trient einberief, blieb der Ruf des Kaisers nach echten Reformen weitgehend ungehört. Die Verurteilung der Protestanten war ihm wichtiger als eine Reform. Am Ende bewirkte Trient doch viele Verbesserungen, löste zugleich aber die Gegenreformation aus, die eine Verbindung von Politik und Kirche auf lange Zeit festschrieb.

Wenn man bedenkt, dass auf dem 18. Konzil nach katholischer Rechnung, dem 5. Laterankonzil 1512–1517, die etwa 100 beteiligten Bischöfe weitreichende Reformen forderten, klingt es nach einer Tragödie, dass Papst Leo X. harte Beschlüsse verhinderte. Während die Bischöfe sowohl die Korruption unter den Bischöfen als auch unter den Fürstbischöfen im Blick hatten, erteilte der Papst den weichen Beschlüssen sofort im Dutzend Dispense. Sieben Monate später begann die Reformation. Im Juni 2016 habe ich Franziskus bei einem Besuch von amerikanischen Evangelikalen beim Papst gefragt, ob ihm eigentlich klar ist, wie anders die Geschichte verlaufen wäre, wenn er von 1515 bis 1525 Papst gewesen wäre ... Wenige Tage später hat Papst Franziskus in Armenien Martin Luther gewürdigt: Bei aller Meinungsverschiedenheit müsse man sagen, er habe zu Recht gegen eine korrupte Kirche gekämpft. Ob der Papst nun dazu von mir angeregt wurde oder nicht, es unterstreicht, dass der Papst Korruptionsbekämpfung als reformatorische Leistung sieht.

Raymond Leo Kardinal Burke

Der bedeutendste Kritiker des Papstes ist Raymond Leo Kardinal Burke, Jahrgang 1948 und damit für einen Kardinal ungewöhnlich jung. Er meinte, die Kirche sei unter Papst Franziskus »füh-

Mit Raymond Leo Kardinal Burke beim Symposium des DHI im Vatikan 2013

Mit Raymond Leo Kardinal Burke beim Besuch von Lebensrechtlern
beim Papst, Weihnachten 2013

rerlos«. Ich habe Burke mehrfach getroffen, weil er gewissermaßen der vatikanische Schirmherr der Lebensrechtler war und ist.

So begleitete er einmal den Papst, als wir ihn als Lebensrechtler trafen, und präsidierte Symposien des Dignitatis Humanae Institute (DHI), bei denen ich mehrmals Referent war.

Julius Müller-Meinigen schrieb im Oktober 2014 in »Christ & Welt«: »Kardinal Burke, eine heroische Figur in seinem Lager, kritisierte ausdrücklich das Apostolische Schreiben ›Evangelii gaudium‹ von Franziskus und behauptete, das Dokument könne kaum Teil des päpstlichen Lehramtes sein. [...] Franziskus berief Burke schon im Dezember 2013 aus den wichtigen Kongregationen für die Bischöfe [...] und aus der Kongregation für die Selig- und Heiligungssprechungsprozesse ab. Nun bestätigte Burke auch seine Degradierung vom Chef des höchsten Vatikangerichts zum Kardinalpatron des klerikal unbedeutenden Malteserordens.«[64] Burke gehört auch zu den entschiedensten Gegnern der Thesen von Kardinal Walter Kasper zum Ehesakrament und dessen Bereitschaft, in Ausnahmefällen wiederverheiratete Geschiedene zur Kommunion zuzulassen. Franziskus hatte Kasper mit der Rolle beauftragt, die Kirche mit einem Vortrag auf die beiden kommenden Familiensynoden im Vatikan einzustimmen.

Ich gebe offen zu, dass ich den Kardinal nicht so ganz verstanden habe und verstehe. Als Protestant könnte ich die Kritik und Auseinandersetzung nachvollziehen. Aber als Hüter der katholischen Identität? Hat Burke da nicht selbst die Rolle des Papstes übernommen, eines Gegenpapstes sozusagen?

»Päpstlicher Rat für die christliche Einheit ... in der katholischen Kirche«

Die Einheit der katholischen Kirche schien mir immer schon mehr eine Theorie als Wirklichkeit zu sein. Denn was nützt die Theorie, wenn die Mehrheit der Katholiken in grundsätzlichen Fragen im Alltag nicht auf »Rom« hört oder nationale Katholische Bischofskonferenzen etwa in Polen und in Deutschland ganz offensichtlich völlig unterschiedlich ausgerichtet sind? Papst Franziskus scheint es nichts auszumachen, dass die Auseinandersetzungen an der Spitze der katholischen Kirche nun viel offensichtlicher werden.

Mit Andrea Riccardi, dem Gründer der weltweiten Gemeinschaft Sant'Egidio, saß ich in der ersten Reihe der Konferenz zum Thema Christenverfolgung in Tirana. Der Vatikan, der Weltkirchenrat (ÖRK), die Weltweite Evangelische Allianz, die Weltpfingstgemeinschaft und andere hatten sie unter dem Dach des Global Christian Forums im Herbst 2015 ausgerichtet. Die Allianz hatte Riccardi als Eröffnungsredner vorgeschlagen. Vorne wurde gerade Kurt Kardinal Koch vom Päpstlichen Rat für die Einheit der Christen (Pontifical Council for Christian Unity) vorgestellt. Der etwas unerfahrene Moderator sagte stockend und zögernd auf Englisch, Koch käme »vom päpstlichen Rat für die christliche Einheit … in der katholischen Kirche«. Lachend rätselten Riccardi und ich: Ist dieser Rat für die Einheit in der katholischen Kirche zuständig – oder ist das so zu verstehen, dass es in der katholischen Kirche zwar Einheit gibt, der Rat sich aber für eine *christliche* Einheit in der katholischen Kirche einsetzen soll? Jedenfalls war und ist Riccardi nie nur für die Einheit jenseits der katholischen Kirche aktiv gewesen, sondern hat nüchtern gesehen, dass auch die Kirche in sich dringend der Geist-gewirkten Einheit bedarf.

4   Papst Franziskus und die Evangelikalen

Der Papst geht auf seinen größten Konkurrenten zu und umarmt ihn

Der Papst geht auf die Evangelikalen einschließlich der Pfingstler zu, wie wir noch an etlichen Beispielen sehen werden. In gewissem Sinne sind sie die größten »Konkurrenten« auf dem weltweiten christlichen Markt. Während es aber in Brasilien tatsächlich meist – von beiden Seiten – um unfeine Konkurrenz geht, hat Bergoglio als Erzbischof in Argentinien vorgemacht, wie es auch anders geht. Die Evangelikalen haben es ihm gedankt – und sind zudem ganz anders »gestrickt« als in Brasilien.
Doch ist das Verhalten des Papstes nur eine neue Umarmungsstrategie? Oder auch eine inhaltliche Annäherung an evangelische und evangelikale Positionen? Wer das Apostolische Schreiben »Evangelii gaudium« liest, wird feststellen, dass hier in Inhalt und Tonfall tatsächlich Neues zu hören ist. Vieles begann sich allerdings schon bei Papst Benedikt XVI. abzuzeichnen und der eigentliche Unterschied zeigt sich erst Papst Johannes Paul II. gegenüber. In einem langen Gespräch mit dem Papst kurz nach der Veröffentlichung konnten wir uns als Vertreter der Weltweiten Evangelischen Allianz persönlich davon überzeugen, dass der Papst nicht nur so schreibt, nicht nur so spricht, sondern auch mit ganzem Herzen persönlich hinter dem steht, was er da schreibt, und sich über die möglichen Konsequenzen völlig im Klaren ist. Im Folgenden möchte ich deswegen einige der Lieblingsthemen der Evangelikalen ansprechen und aufzeigen, wie der Papst dazu steht.

Franziskus und die Bibel

In dem für den Atheismus eintretenden Blog »Brights – Die Natur des Zweifels« fand sich kurz nach meinem ersten Privatgespräch mit Franziskus ein Bild vom Papst und mir unter der Überschrift »Bibelfundamentalisten unter sich«[65]. Es folgten später »Jammern der Bibelfundis«[66] und »Evangelikale Bibel-Fundis auf der Apostel-Synode«[67]. Tja, von außen gesehen ist es die Bibel, die uns zu Christen macht – auch wenn wir eher sagen würden, dass es Jesus Christus ist, von dem die Bibel spricht und der ihre Bedeutung ausmacht.

Hans Waldenfels, weit gereister Bonner Theologieprofessor und Kenner der Weltreligionen, mit dem ich erstmals vor 25 Jahren in einer ARD-Talkshow diskutiert habe, schreibt über Franziskus: »Die tiefste Quelle, aus der der Jesuit Bergoglio schöpft, ist die Heilige Schrift, in der er in einer Weise lebt, wie sie bei heutigen geistlichen Schriftstellern selten geworden ist. Da herrscht nicht an erster Stelle der historisch-kritische Blick, zu dem wir heute vielfach angeleitet sind, sondern das einfache Eintauchen in das, was einen [...] anspricht. Bergoglio hört ganz offensichtlich in der Schrift [...] das ›Wort des lebendigen Gottes‹. Schriftbetrachtung ist für ihn eindeutig Begegnung mit dem lebendigen Gott.«[68] Das kann ich aus eigener Anschauung nur bestätigen.

Über den Umgang mit der Bibel schrieb Bergoglio 2001 selbst in einem Brief an Katecheten: »Es besteht allerdings die Gefahr einer unterkühlten Exegese oder einer distanzierten Anwendung der biblischen Texte, wenn die persönliche Begegnung fehlt, die unerlässliche Beschäftigung mit der Heiligen Schrift, die jeder Gläubige und jede Gemeinde regelmäßig pflegen muss, damit ›das Hören des Wortes zu einer lebendigen Begegnung in der alten und noch immer gültigen Tradition der *lectio divina* wird‹.«[69] Am besten lernt man den Papst aber durch sein 2012 kurz vor der Papstwahl in Argentinien erschienenes Buch »Offener Geist und gläubiges Herz« kennen. Im Vorwort zu den 300 Seiten Auslegungen und Meditationen zu Texten des Neuen Testamentes schreibt Bergoglios Kollege, der argentinische Erzbischof José María Arancedo: »Ein weiteres Merkmal, auf das ich hier hinweisen möchte, ist die Vertrautheit mit den biblischen Texten. Sie verrät eine solide bibeltheologische Grundlegung und einen sozusagen weisheitlichen Blickwinkel, der diese Texte insofern bereichert, als er sie auf das Leben anwendet. Wir haben es hier nicht mit einer exegetischen Studie zu tun, obwohl der Umgang mit den Texten theologische Schulung und Sorgfalt erkennen lässt.«[70]

Man erkennt den roten Faden im Leben von Franziskus, wenn man diese Bibelauslegungen mit den »Predigten aus den Morgenmessen in Santa Marta«, die 2014 erschienen, vergleicht. Der Papst geht seiner Lieblingsbeschäftigung nach: Bibeltexte auslegen. Das hat er in »Evangelii gaudium« nicht nur allen Priestern nahegelegt, sondern lebt es selbst vor. Und das hat er mit der Mehrheit der Evangelikalen gemeinsam. Auch sie begegnen einem allzu kritischen Umgang mit der Heiligen Schrift nicht in erster Linie mit apologetischer Argumentation, sondern damit, die Heilige Schrift zu sich sprechen zu lassen. Auch sie bringen ihr bei der historischen Erforschung ihres Inhaltes prinzipiell erst einmal einen Vertrauensvorschuss entgegen.

Die Wende der Päpstlichen Bibelkommission

Im 1993 veröffentlichten Dokument der Päpstlichen Bibelkommission zum Thema Hermeneutik war das »fundamentalistische« Bibelverständnis ihr größter Feind. Selbst die feministische Exegese kam viel besser weg.[71] Völlig offen blieb damals, wer genau mit »fundamentalistisch« gemeint war. Die evangelikale Theologie (die ansonsten nicht vorkam)? Die Zeugen Jehovas? Dann erschien – neben anderen Entwicklungen – ab 2007 die Jesus-Trilogie von Papst Benedikt XVI. Von dort führt eine direkte Linie zum neuen Dokument der Päpstlichen Bibelkommission »Inspiration und Autorität der Bibel«[72], das 2014 veröffentlicht wurde. Darin verteidigt die Kommission die historisch-kritische Methode nicht mehr ohne Einschränkung und betrachtet ihre Ergebnisse nicht länger als feststehende Wahrheiten, sondern bezeichnet sie als »Meinung vieler Experten«. Die Theologen der Bibelkommission haben sogar typisch evangelikale Positionen übernommen, etwa dass Johannes das gleichnamige Evangelium und die Offenbarung verfasst hat und Lukas die Apostelgeschichte und dass die Zehn Gebote tatsächlich von Moses empfangen wurden. Das alles wird weitreichende Folgen haben. Die Ära der Bibelkritik nähert sich in der Weltchristenheit ihrem Ende. Viele evangelikale Autoren sind sich noch gar nicht bewusst, welche positiven Auswirkungen ihre jahrzehntelange Verteidigung der Glaubwürdigkeit der Bibel bei gleichzeitiger Würdigung historischer Forschung rund um die Bibel auf die katholische Kirche hat.

Die Päpstliche Bibelkommission hat sehr bescheidene Büros. Geht man in der Glaubenskongregation die breite Treppe hinauf, findet sich rechts eine Tür auf halber Höhe, hinter der sich gleich unter den Büros von Kardinal Müller die einfachen Räume befinden. Hier arbeiten bedeutende katholische Theologen aus aller Welt halb unabhängig an grundsätzlichen Fragen rund um die Bibel. »Halb« sage ich, weil sie zum einen als Mitglieder berufen werden, dann aber ihren Leiter selbst wählen können und eigenständig arbeiten und veröffentlichen.

Im Bibelstudium Gott begegnen – Evangelisation und Bibel

In »Evangelii gaudium« geht Franziskus sehr ausführlich auf das Verhältnis zur Bibel ein. Das Eintreten für die Armen und die Kritik an der Vergötzung des Wohlstandes wird vom Papst bewusst aus der Bibel und im christlichen Geist begründet. Deswegen ist sie von Evangelikalen sehr gut nachzuvollziehen und könnte genauso auch von der Micha-Initiative der Evangelischen Allianz formuliert sein. Überhaupt ist das ganze Apostolische

Schreiben – bis auf den letzten Abschnitt über Maria – im Wesentlichen eine längere Bibelarbeit.

Die Bibel wird darin für den Papst zum Jungbrunnen der Evangelisation: »Die Kirche, die eine missionarische Jüngerin ist, muss in ihrer Interpretation des offenbarten Wortes und in ihrem Verständnis der Wahrheit wachsen.«[73] Deswegen plädiert der Papst vehement für eine bibeltextbasierte Predigt, im katholischen Sprachgebrauch (und auch sonst oft) »Homilie« genannt: »Dabei kann die Homilie wirklich eine intensive und glückliche Erfahrung des Heiligen Geistes sein, eine stärkende Begegnung mit dem Wort Gottes, eine ständige Quelle der Erneuerung und des Wachstums.«[74] Dabei sieht er die eigentliche Stärke der Homilie nicht in der Verkündigung an die Gemeinde, sondern darin, dass der Vorbereitende sich intensiv mit der Bibel auseinandersetzen muss. Detailliert beschreibt der Papst, wie man eine Homilie vorbereitet. Der Prediger muss »zuallererst selber eine große persönliche Vertrautheit mit dem Wort Gottes entwickeln: Für ihn genügt es nicht, dessen sprachlichen oder exegetischen Aspekt zu kennen, der sicher auch notwendig ist; er muss sich dem Wort mit bereitem und betendem Herzen nähern, damit es tief in seine Gedanken und Gefühle eindringt und in ihm eine neue Gesinnung erzeugt.«[75] Weiter hinten schreibt er zur konkreten Umsetzung: »Nachdem man den Heiligen Geist angerufen hat, ist der erste Schritt, die ganze Aufmerksamkeit dem biblischen Text zu widmen, der die Grundlage der Predigt sein muss. Wenn jemand innehält und zu verstehen versucht, was die Botschaft eines Textes ist, übt er den ›Dienst der Wahrheit‹ aus. Es ist die Demut des Herzens, die anerkennt, dass das Wort Gottes uns immer übersteigt, dass wir ›weder ihre Besitzer noch ihre Herren sind, sondern nur ihre Hüter, ihre Herolde, ihre Diener‹. Diese Haltung einer demütigen und staunenden Verehrung des Wortes Gottes äußert sich darin, dabei zu verweilen, es sehr sorgfältig zu studieren, in heiliger Furcht davor, es zu manipulieren.«[76]

So könnte auch ein Evangelikaler formulieren. Wenn viele Diener der Kirche auch in dieser Hinsicht auf den Papst hören, sind die Auswirkungen kaum auszudenken. Wie sagt es der Papst? »Das Wort Gottes trägt in sich Anlagen, die wir nicht voraussehen können. Das Evangelium spricht von einem Samen, der, wenn er einmal ausgesät ist, von sich aus wächst, auch wenn der Bauer schläft.«[77] Nach solchen Worten wundert es nicht, dass für ihn die Rolle der Bibel für die Evangelisierung und für die Wiedergewinnung der Evangelisationsbegeisterung zentral ist: »Die gesamte Evangelisierung beruht auf dem Wort, das vernommen, betrachtet, gelebt, gefeiert und bezeugt wird. Die Heilige Schrift ist Quelle der Evangelisierung. Es ist daher notwendig, sich unentwegt durch das Hören des Wortes zu bilden. Die Kirche evangelisiert nicht, wenn sie sich nicht ständig evangelisieren lässt. Es ist unerlässlich, dass das Wort Gottes ›immer mehr zum Mittelpunkt allen kirchlichen Handelns werde‹. Das vernommene und – vor allem in der Eucharistie – gefeierte Wort Gottes nährt und kräftigt die Christen innerlich und befähigt sie zu einem echten Zeugnis des Evangeliums im Alltag.«[78]

Demnach fordert der Papst dasselbe wie die Weltweite Evangelische Allianz unter dem Stichwort »Biblical Engagement«: Dem Aufbruch zur Evangelisierung muss ein Aufbruch der gesamten Christenheit hin zum persönlichen Bibelstudium sowohl vorausgehen als auch ihn ständig begleiten! In »Evangelii gaudium« liest sich das so: »Das Studium der Heiligen Schrift muss ein Tor sein, das allen Gläubigen offensteht. Es ist grundlegend, dass das geoffenbarte Wort die Katechese und alle Bemühungen zur Weitergabe des Glaubens tiefgreifend befruchtet. Die Evangelisierung braucht die Vertrautheit mit dem Wort Gottes. Das verlangt von den Diözesen, den Pfarreien und allen katholischen Gruppierungen das Angebot eines ernsten und beharrlichen Studiums der Bibel sowie die Förderung ihrer persönlichen und gemeinschaftlichen Lektüre im Gebet. Wir tappen nicht in der Finsternis und müssen nicht darauf warten, dass Gott sein Wort an uns richtet, denn ›Gott hat gesprochen, er ist nicht mehr der große Unbekannte, sondern er hat sich gezeigt‹. Nehmen wir den erhabenen Schatz des geoffenbarten Wortes in uns auf.«[79]

Eines der vielen Belege dafür, dass er all das auch ganz praktisch meint, ist die eigene Miniausgabe der vier Evangelien, die er drucken ließ und bei den Angelusgebeten und öffentlichen Audienzen unter den Besuchern verteilen lässt. Wenn der Papst sich selbst nicht mehr als Mittelpunkt der Welt sieht, wenn er Dezentralisierung predigt, Bibeln in Massen an die Vatikanbesucher und Laien verteilt und die Priester auffordert, täglich die Bibel zu lesen und in ihr zu leben und sie nicht nur für die Predigtvorbereitung aufzuschlagen, wird das Konsequenzen haben.

Exkurs: Maria, der Wermutstropfen für Evangelische?

Schon bei Papst Benedikt war es oft so, dass seine Apostolischen Schreiben und Enzykliken sehr bibelzentriert wirkten und nur wenige Äußerungen nicht von Evangelikalen unterschrieben werden konnten. Immer aber gab es ein Schlusskapitel mit einer Anrufung Marias, dessen Stil belegte, dass es nicht zum ursprünglichen Text gehörte. Erst dieses Schlusskapitel machte das jeweilige Dokument zu einem rein katholischen. Denn selbst wenn man die Aussagen über Maria teilen könnte und die neueren Mariendogmen nicht verwerfen würde: Zu Maria zu beten und sie zum Schutz von Kirche und Evangelisation anzurufen, ist einem Protestanten und auch etlichen anderen christlichen Kirchen unmöglich. Evangelikale glauben an die tatsächliche, biologische Jungfrauengeburt, an die göttliche Berufung Marias durch einen Engel und vieles mehr. Mit dem Neuen Testament und im Gefolge Martin Luthers ist ihnen Maria zentrales Vorbild des Glaubens und auch der Beweis, dass Gott keine Geschlechts- und Standesunterschiede macht, wenn er Menschen erwählt. Doch die letzten beiden großen Mariendogmen der katholischen Kirche biblisch zu verankern, fällt schwer.

Auch in »Evangelii gaudium« wird zwar schon vorher kurz die »Beziehung« zu Maria und den Heiligen[80] erwähnt, das Schlusskapitel aber wirkt wie angehängt und ist für Orthodoxe und Protestanten nicht nachvollziehbar. Es ist überschrieben »Maria, die Mutter der Evangelisierung«[81] und enthält ein langes Gebet zu Maria[82]. Der Papst beschreibt ihre Rolle in der Entstehung der Kirche folgendermaßen: »Zusammen mit dem Heiligen Geist ist mitten im Volk immer Maria. Sie versammelt die Jünger, um ihn anzurufen (Apg 1,14), und so hat sie die missionarische Explosion zu Pfingsten möglich gemacht. Maria ist die Mutter der missionarischen Kirche, und ohne sie können wir den Geist der neuen Evangelisierung nie ganz verstehen.« [...] Als wahre Mutter geht sie mit uns, streitet für uns und verbreitet unermüdlich die Nähe der Liebe Gottes. Durch die verschiedenen marianischen Anrufungen, die gewöhnlich mit den Heiligtümern verbunden sind, teilt sie die Geschichte jedes Volkes, das das Evangelium angenommen hat, und wird zu einem Teil seiner geschichtlichen Identität.«[83] Und schließlich fügt er hinzu, es gebe »einen marianischen Stil bei der missionarischen Tätigkeit der Kirche.«[84] Diese Schlussabschnitte zeigen, dass es neben den neuen Gemeinsamkeiten auch weiterhin die alten theologischen Unterschiede gibt, die es mit der Bibel in der Hand aufzuarbeiten gilt.

Die persönliche Beziehung zu Jesus – Jesus in der Mitte

Wie schon die Bischofssynode 2012 und Papst Benedikt XVI. und jeder Evangelikale und im Grunde jeder Christ sieht Papst Franziskus in der persönlichen Begegnung mit und der Beziehung zu Jesus das Eigentliche am christlichen Glauben. Bei Generalaudienzen im Vatikan lädt Franziskus stets zu Jesus Christus ein und nicht in die katholische Kirche, was einzelnen Kurienkardinälen immer wieder sauer aufstößt. Sehr deutlich wird das »Evangelii gaudium«. Dort schreibt er:»Ich werde nicht müde, jene Worte Benedikts XVI. zu wiederholen, die uns zum Zentrum des Evangeliums führen: ›Am Anfang des Christseins steht nicht ein ethischer Entschluss oder eine große Idee, sondern die Begegnung mit einem Ereignis, mit einer Person, die unserem Leben einen neuen Horizont und damit seine entscheidende Richtung gibt.‹«[85] In dem Schreiben geht es ihm um eine Gewinnung von solchen, die eben »Jesus Christus nicht kennen oder ihn immer abgelehnt haben«[86]. Das führt dazu, dass er die Erneuerung der Kirche so beschreibt, wie es auch bei Evangelikalen Tradition ist:»Ich lade jeden Christen ein, gleich an welchem Ort und in welcher Lage er sich befindet, noch heute seine persönliche Begegnung mit Jesus Christus zu erneuern oder zumindest den Entschluss zu fassen, sich von ihm finden zu lassen, ihn jeden Tag ohne Unterlass zu suchen.«[87]

Bei öffentlichen Anlässen werden dem Papst oft Zigtausende Handys entgegengestreckt, um ihn zu fotografieren. In der Messe am 24. April 2016 sagte der Papst über Handy-Apps:»Nicht einmal die zuletzt aktualisierte Version wird euch helfen können, frei und groß zu werden in der Liebe. [...] Denkt daran, wenn Jesus nicht Teil eures Lebens ist, ist das genauso, wie wenn ihr keinen Empfang habt.« Natürlich transportieren gleiche Worte nicht immer gleiche Inhalte. Aber es kann auch nicht einfach als Belanglosigkeit gelten, wenn der Papst plötzlich wie Billy Graham spricht. Und dies 2009 noch mit dem Hinweis auf seine Bekehrung unterstreicht, wenn er schreibt:»Ich glaube an meine Geschichte, die von dem Blick eines liebenden Gottes durchdrungen ist, der an einem 21. September mich traf und mich einlud, ihm nachzufolgen.«[88]

Diese Haltung schlägt auch voll auf das Thema Evangelisation durch, wenn er in »Evangelii gaudium« schreibt, Jesus sei »der Evangelisierende schlechthin und das Evangelium in Person« und er »identifiziert sich speziell mit den Geringsten (vgl. Mt 25,40)[89]«. Ziel der Evangelisierung sei genau die »persönliche Begegnung mit der rettenden Liebe Jesu«[90]. Hier noch einige weitere Aussagen von 2005 bis heute:

2005: »Wir verkündigen vor allem eine Person, ein Ereignis: Christus liebt uns und hat sein Leben für uns hingegeben (vgl. Eph 2,1-9).«[91]

2007 in einem Brief an Katecheten: »›Neubeginn in Christus‹ heißt, sich jederzeit bewusst zu sein, dass er unser einziger Hirte und unsere einzige Mitte ist. Zentrierung auf Christus heißt deshalb ›mit Christus hinausgehen‹. Und deshalb wird unser Weg an die Peripherie uns auch nicht von unserer Mitte entfernen, im Gegenteil: Wir bleiben mit dem Rebstock verbunden und bringen daher reiche Frucht in seiner Liebe (vgl. Joh 15,4). Die christliche Paradoxie verlangt, dass der Weg seines Herzens den Jünger hinausführen muss, damit er bleiben kann, ihn verändern muss, damit er treu sein kann.«[92]

2013: »Es gibt keine Christen ohne Jesus. Und Jesus fehlt dann, wenn ein Christ Geboten gehorcht, die nicht zu Christus führen bzw. nicht von Christus kommen.«[93]

2015: »Unser Glaube ist keine abstrakte Lehre oder eine Philosophie, sondern er ist die lebendige und volle Beziehung zu einer Person: zu Jesus Christus, dem eingeborenen Sohn Gottes, der Mensch geworden, gestorben und auferstanden ist, um uns zu retten, und der in unserer Mitte lebendig ist. Wo können wir ihm begegnen?«[94]

All das hat auch eine ökumenische Dimension. Der Papst ruft getaufte Katholiken zur Begegnung mit Jesus. Menschen in anderen Kirchen, die Jesus wirklich begegnet sind, haben das Entscheidende schon und »pilgern [...] gemeinsam«[95] mit den glaubenden Katholiken. Das gemeinsame Ziel aller Christen sei zuallererst, dass Menschen Jesus begegnen, nicht zuerst, dass sie der eigenen Kirche beitreten. Ich trete seit Langem für ein internationales Gespräch aller Kirchen über Proselytismus ein. Es ist vermutlich das derzeit heißeste Eisen der Ökumene. Im Rahmen des Global Christian Forum haben nun der Vatikan, der Ökumenische Rat der Kirchen, die Weltweite Evangelische Allianz, die Pentecostal World Fellowship und andere Kirchen und Konfessionen einen solchen offiziellen Diskussionsprozess begonnen. Der Papst ermöglicht dieses Gespräch mit einer unglaublichen Steilvorlage. Als ich Papst Franziskus das Projekt vorstellte, sagte er, die Sache sei doch ganz einfach: Ein getaufter Katholik, der nicht an Jesus Christus als seinen Erlöser glaube, sei kein Christ. Ein getaufter Nichtkatholik, der an Jesus Christus als seinen Erlöser glaube, sei Christ. Zwar sei es gut, die verschiedenen Probleme ausführlich zu diskutieren, aber das sei nun mal der Ausgangspunkt.

Noch nie waren die Chancen auf offene Gespräche zu diesem Thema so groß. Es geht dabei um ein offenes Aufarbeiten, was die einzelnen Kirchen und Konfessionen übereinander wirklich denken, aber auch darum, was jeder selbstkritisch aus seinem eigenen Bereich zu berichten hat. Es geht dabei nicht nur um Evangelikale und Pfingstler. Das Verhältnis der Russisch-Orthodoxen Kirche zum Vatikan ist stark angespannt, weil die russische Kirche der katholischen Proselytismus vorwirft. Evangelikalerseits sprechen wir offen darüber, dass wir keine aktiven Kirchenmitglieder abwerben – jedenfalls in der Regel nicht –, sondern beim Evangelisieren auf »Karteileichen« anderer Kirchen stoßen, die entweder säkularisiert sind oder den Kontakt zu ihrer Kirche völlig verloren haben. Wir kritisieren, dass manche Kirchen sich um diese Menschen nicht kümmern, aber plötzlich protestieren, wenn sie durch uns zum Glauben an Gott finden. Dazu gehören etwa russische Jugendliche, die in Discos zum Glauben finden und noch nie einen Gottesdienst besucht haben, aber plötzlich wegen ihrer Kindertaufe als russisch-orthodox reklamiert werden. Darüber kann man aber nur offen sprechen, wenn wir gleichzeitig auch selbstkritisch unsere Fehler betrachten.

Der Papst vor dem Kardinalskollegium:
Die evangelisierende Kirche

Kardinal Jorge Mario Bergoglio sprach Anfang März 2013 im Vor-Konklave zum Kardinalskollegium in Rom und forderte die Kirche zu einem radikalen Richtungswechsel in Richtung Evangelisation auf. Der kubanische Kardinal Jaime Ortega bat ihn daraufhin, ob er die Rede schriftlich bekommen könne. Bergoglio schrieb die Rede handschriftlich in seiner Muttersprache Spanisch nieder und gab Ortega das Manuskript. Die Kardinäle wussten also, wen sie mit welchen Folgen wählten! Hier die übersetzte Skizze der Rede des Noch-nicht-Papstes:

»Über die Evangelisierung ist bereits gesprochen worden. Die Kirche ist dazu da zu evangelisieren. [...] Jesus Christus selbst drängt uns innerlich dazu.

1. Evangelisieren hat apostolische Leidenschaft zur Voraussetzung. Evangelisieren setzt voraus, dass die Kirche freimütig aus sich selbst herausgeht. Die Kirche ist dazu aufgerufen, aus sich selber heraus und an die Peripherien zu gehen, nicht nur an die geographischen, sondern auch an die existentiellen Peripherien: jene des Mysteriums der Sünde, des Leidens, der Ungerechtigkeit, der Unkenntnis bzw. der Missachtung des Glaubens, an die Peripherie des Denkens und allen Elends.

2. Wenn die Kirche nicht aus sich selbst herausgeht, um zu evangelisieren, bleibt sie nur bei sich selbst und wird krank (vgl. die gekrümmte Frau im Evangelium). Die Missstände, die sich im Laufe der Zeit in den Institutionen der Kirche gezeigt haben, haben ihren Grund in dieser Selbstbezüglichkeit, in einer Art theologischem Narzissmus. [...]

3. [...] Es gibt zwei Ansichten von der Kirche: die evangelisierende Kirche, die aus sich herausgeht ›Gottes Wort voll Ehrfurcht hörend und voll Zuversicht verkündigend‹ [...] und die verweltlichte Kirche, die in sich, aus sich und für sich selber lebt. Diese Erkenntnis kann uns die Augen öffnen für mögliche Veränderungen und Reformen, die notwendig sind, um die Seelen zu retten.«[96]

Die Inhalte entsprechen ganz dem, was er auch vorher schon immer gesagt hat, zum Beispiel 2009:»Die Kirche, die aus einer Epoche stammt, in der sie von der sie umgebenden Kultur begünstigt war, hatte sich daran gewöhnt, dass ihre Einrichtungen für alle Interessenten offenstehen. Dies hat funktioniert in einer Gemeinde, die bereits vom Evangelium durchdrungen war. In der gegenwärtigen Situation hingegen muss die Kirche ihre Strukturen und pastoralen Vorgehensweisen verändern und auf ein missionarisches Wirken hin orientieren. Wir können nicht in einem ›Kundenschema‹ verharren, das passiv darauf wartet, dass ›der Kunde‹, der Gläubige, bei uns erscheint. Wir müssen vielmehr Strukturen haben, die es erlauben, dass wir dorthin gehen, wo man uns braucht, wo die Menschen sind. [...] [Frage:] Dies alles setzt aber einen Mentalitätswandel voraus ... [Antwort:] Es setzt eine missionarische Kirche voraus. [...]«[97]

Was der Papst vor seiner Wahl skizzierte, hat er anschließend ungezählte Male in immer neuen Formulierungen unterstrichen. Im Juni 2014 sagte er auf dem Petersplatz:»Ich wiederhole es oft: Bei der Alternative zwischen einer Kirche, die auf die Straße geht und dabei Probleme bekommt, und einer Kirche, die an Selbstbezogenheit krank ist, habe ich keine Zweifel, der ersten den Vorzug zu geben.«[98] Die Konsequenz daraus ist eindeutig: Ein Christ kann nicht anders, als missionarisch zu leben: »Christ sein und Missionar sein, das ist dasselbe. Das Evangelium verkünden mit Worten und, allem voran, mit dem Leben – das ist der wichtigste Daseinsgrund der christlichen Gemeinschaft und jedes Einzelnen ihrer Mitglieder.«[99] In seiner Botschaft zur Fastenzeit 2014 unterstrich er: »Der Christ ist aufgerufen, überallhin die befreiende Botschaft zu bringen, dass es die Vergebung des verübten Unrechts gibt, dass Gott größer als unsere Sünde ist und uns bedingungslos liebt, immer, und dass wir für die Gemeinschaft und für das ewige Leben bestimmt sind.«[100]

»Evangelii gaudium«: Der Papst zur Evangelisation

An dieser Stelle muss ich auf das erste eigenständige Apostolische Schreiben des Papstes, in dem er im November 2013 sein Programm beschreibt, noch einmal etwas ausführlicher eingehen. Denn nicht zufällig geht es dabei um Evangelisation. »Evangelii gaudium« (»Freude des Evangeliums«) sind die beiden Anfangsworte. Der eigentliche Titel lautet: »Über die Verkündigung des Evangeliums in der Welt von heute«. Das Schreiben beendete das Jahr des Glaubens, das mit der römischen Bischofssynode zur Reevangelisierung ein Jahr zuvor begonnen hatte. Im Abschiedsdokument war der Papst – wie üblich – in Proposition 1 aufgefordert worden, die Ergebnisse der Synode aufzugreifen und ihnen ein Schreiben zu widmen. Da Papst Benedikt inzwischen zurückgetreten war, fiel die Aufgabe Papst Franziskus zu.[101]

Papst Franziskus behandelt erstaunlicherweise gar nicht direkt das Thema der Synode, der Rückgewinnung christlicher Gebiete und getaufter Katholiken, die kein Verhältnis zum Glauben haben. Er schreibt dagegen schlicht und einfach über die Evangelisierung *aller* Menschen. Darum ging es auch im Wortbeitrag der Weltweiten Evangelischen Allianz auf dieser Synode, den wir als Theologische Kommission der WEA erarbeitet hatten und den unser Generalsekretär Geoff Tunnicliffe vortrug. Ich wusste schon vorher, dass Franziskus, der zum Zeitpunkt der Synode noch Erzbischof von Buenos Aires war, das Thema für viel zu

eng hielt und eigentlich über das sprechen wollte, was andernorts Weltmission genannt wird.

Evangelisation: Die ganze Gemeinde für alle Menschen

Erfreulich ist, dass der Papst durchgängig das Evangelisieren in
den Mittelpunkt stellt und über die auslösende Synode zum
Thema hinaus viel stärker als bisher betont, dass es um die »Verkündigung des Evangeliums an diejenigen« geht, »die Jesus
Christus nicht kennen oder ihn immer abgelehnt haben«[102]. Das
Gebet der Christenheit solle das besonders im Blick haben.[103] In
seiner Priorisierung der Evangeliumsverkündigung macht er
auch vor der Struktur der Kirche nicht halt. Zentral sind dabei
vor allem die Abschnitte »Die missionarische Umgestaltung der
Kirche« und »Das ganze Volk verkündigt das Evangelium«.[104] Er
schreibt: »Ich träume von einer missionarischen Entscheidung,
die fähig ist, alles zu verwandeln, damit die Gewohnheiten, die
Stile, die Zeitpläne, der Sprachgebrauch und jede kirchliche
Struktur ein Kanal werden, der mehr der Evangelisierung der
heutigen Welt als der Selbstbewahrung dient. Die Reform der
Strukturen, die für die pastorale Neuausrichtung erforderlich
ist, kann nur in diesem Sinn verstanden werden: dafür zu sorgen, dass sie alle missionarischer werden, dass die gewöhnliche
Seelsorge in all ihren Bereichen expansiver und offener ist, dass
sie die in der Seelsorge Tätigen in eine ständige Haltung des
›Aufbruchs‹ versetzt und so die positive Antwort all derer begünstigt, denen Jesus seine Freundschaft anbietet.«[105]

Unter Evangelisieren versteht der Papst vor allem, dass jeder
Christ, also vor allem die große Menge der »Laien«[106], seine ge-
lebte Beziehung zu Jesus anderen bezeugt, denn Evangelisation
lebe von Beziehungen. Wirkt schon das verblüffend evangelikal
formuliert, so gilt das erst recht für das Ziel der Evangelisation,
das er als »persönliche Begegnung mit der rettenden Liebe Jesu«[107] beschreibt. Dass der Papst dabei ausdrücklich die persön-

lichen Gaben des Geistes[108] anspricht, Offenheit gegenüber der Pfingstbewegung signalisiert[109] und allen Christen empfiehlt, ständig unmittelbar das Wort Gottes zu studieren[110], wundert da nicht mehr. Und es folgt jeweils keine Qualifizierung oder Einschränkung durch Vorschalten kirchlicher Autoritäten!

Bereits auf der Bischofssynode stand unausgesprochen im Raum, geriet aber gegenüber Fragen von Hierarchie und Sakramenten immer wieder ins Hintertreffen, dass es fast ausnahmslos die Laien sind, die andere Menschen für den Glauben an Jesus Christus gewinnen. Genau diese Einsicht macht der Papst jetzt, vor allem in zwei langen Abschnitten, zum Ausgangspunkt und Zentrum seiner Botschaft: »Das ganze Volk Gottes verkündet das Evangelium«[111] und »Alle sind wir missionarische Jünger«[112]. Denn: »Die Laien sind schlicht die riesige Mehrheit des Gottesvolkes. In ihrem Dienst steht eine Minderheit: die geweihten Amtsträger. Das Bewusstsein der Identität und des Auftrags der Laien in der Kirche ist gewachsen.«[113]

Daraus ergibt sich eine große Offenheit für immer neue Wege, das Evangelium, also die zentrale Botschaft des christlichen Glaubens von der Versöhnung mit Gott, weiterzugeben. »Jedes Mal, wenn wir versuchen, zur Quelle zurückzukehren und die ursprüngliche Frische des Evangeliums wiederzugewinnen, tauchen neue Wege, kreative Methoden, andere Ausdrucksformen, aussagekräftigere Zeichen und Worte reich an neuer Bedeutung für die Welt von heute auf. In der Tat, jedes echte missionarische Handeln ist immer ›neu‹.«[114]

Zudem erkennt er an, begrüßt, ja, fordert, was auch evangelikaler DNA entspricht: dass jeder ständig, gerade in seinem Alltag, sprechend oder nicht schweigend, Zeuge des Evangeliums ist: »Nun, da die Kirche eine tiefe missionarische Erneuerung vollziehen möchte, gibt es eine Form der Verkündigung, die uns allen als tägliche Pflicht zukommt. Es geht darum, das Evangelium zu den Menschen zu bringen, mit denen jeder zu tun hat, zu den Nächsten wie zu den Unbekannten. Es ist die informelle Verkündigung, die man in einem Gespräch verwirklichen kann, und es ist auch die, welche ein Missionar handhabt, wenn er ein Haus besucht. Jünger sein bedeutet, ständig bereit zu sein, den anderen die Liebe Jesu zu bringen, und das geschieht spontan an jedem beliebigen Ort, am Weg, auf dem Platz, bei der Arbeit, auf einer Straße.«[115]

Das geht so weit, dass er jeden Christen mit Mission identifiziert: »Die Mission im Herzen des Volkes ist nicht ein Teil meines Lebens oder ein Schmuck, den ich auch wegnehmen kann; sie ist kein Anhang oder ein zusätzlicher Belang des Lebens. Sie ist etwas, das ich nicht aus meinem Sein ausreißen kann, außer ich will mich zerstören. *Ich bin eine Mission* auf dieser Erde, und ihretwegen bin ich auf dieser Welt. Man muss erkennen, dass man selber ›gebrandmarkt‹ ist für diese Mission, Licht zu bringen, zu segnen, zu beleben, aufzurichten, zu heilen, zu befreien.«[116] Amen, kann man da nur sagen!

Das Priesteramt wird zwar nach wie vor weitgehend sakramental bestimmt, aber daraus leitet sich keine Herrschaft ab: »Ihr Dreh- und Angelpunkt ist nicht ihre als Herrschaft verstandene Macht, sondern ihre Vollmacht, das Sakrament der Eucharistie zu spenden; darauf beruht ihre Autorität, die immer ein Dienst am Volk ist.«[117] Oder, in der typisch drastischen Sprache des Papstes: »Die Priester erinnere ich daran, dass der Beichtstuhl keine Folterkammer sein darf, sondern ein Ort der Barmherzigkeit des Herrn [...]«[118].

Evangelisierung und Heiliger Geist

Daraus ergibt sich auch eine starke Betonung der Rolle des Heiligen Geistes in jedem Christen und eine Betonung der Vielfalt, ja, Kreativität für die Evangeliumsverkündigung, wie die folgenden fünf Zitate belegen sollen:

»Um den missionarischen Eifer lebendig zu halten, ist ein

entschiedenes Vertrauen auf den Heiligen Geist vonnöten, denn er ›nimmt sich unserer Schwachheit an‹ (*Röm 8,26*).«[119]

»Was ich vorzulegen gedenke, geht vielmehr in die Richtung einer *Unterscheidung anhand des Evangeliums*. Es ist die Sicht des missionarischen Jüngers, die ›lebt vom Licht und von der Kraft des Heiligen Geistes‹.«[120]

»Die Evangelisierung erkennt freudig diesen vielfältigen Reichtum, den der Heilige Geist in der Kirche erzeugt. Es würde der Logik der Inkarnation nicht gerecht, an ein monokulturelles und eintöniges Christentum zu denken. Obwohl es zutrifft, dass einige Kulturen eng mit der Verkündigung des Evangeliums und mit der Entwicklung des christlichen Denkens verbunden waren, identifiziert sich die offenbarte Botschaft mit keiner von ihnen und besitzt einen transkulturellen Inhalt. Darum kann man bei der Evangelisierung neuer Kulturen oder solcher, die die christliche Verkündigung noch nicht aufgenommen haben, darauf verzichten, zusammen mit dem Angebot des Evangeliums eine bestimmte Kulturform durchsetzen zu wollen, so schön und alt sie auch sein mag. Die Botschaft, die wir verkünden, weist immer irgendeine kulturelle Einkleidung vor, doch manchmal verfallen wir in der Kirche der selbstgefälligen Sakralisierung der eigenen Kultur, und damit können wir mehr Fanatismus als echten Missionseifer erkennen lassen.«[121]

»Der Heilige Geist bereichert die ganze evangelisierende Kirche auch mit verschiedenen Charismen. Diese Gaben erneuern die Kirche und bauen sie auf. Sie sind kein verschlossener Schatz, der einer Gruppe anvertraut wird, damit sie ihn hütet; es handelt sich vielmehr um Geschenke des Geistes, die in den Leib der Kirche eingegliedert und zur Mitte, die Christus ist, hingezogen werden, von wo aus sie in einen Evangelisierungsimpuls einfließen.«[122]

Evangelisierung und soziales Engagement

Interessant: Wie die Evangelikalen – etwa in der Lausanner Erklärung oder der Kapstädter Erklärung – betont Papst Franziskus Evangeliumsverkündigung und soziales Engagement gleichermaßen und doch begründet er Letzteres aus Ersterem und lässt nie einen Zweifel daran, dass wortloses Handeln und Zeugnis nie die verbale Verkündigung des Evangeliums verdrängen darf. Dass der Papst die Evangelisierung als Grundlage für alles soziale und politische Engagement betrachtet, zeigt folgendes Beispiel sehr schön: »Die Kirche verkündet das Evangelium vom Frieden (*Eph* 6,15) und ist für die Zusammenarbeit mit allen nationalen und internationalen Autoritäten offen, um für dieses so große universale Gut Sorge zu tragen. Mit der Verkündigung Jesu Christi, der der Friede selbst ist (vgl. *Eph* 2,14), spornt die neue Evangelisierung jeden Getauften an, ein Werkzeug der Befriedung und ein glaubwürdiges Zeugnis eines versöhnten Lebens zu sein.«[123]

Der katholischen Kirche stehen mit diesem Dokument tiefgreifende Änderungen bevor, wo immer sie es ernst nimmt. Für nicht katholische Christen wird es spannend sein, ob die gewaltige Zahl katholischer Christen auf diesen Weckruf hört oder nicht.

Der »Primat der Gnade«

Evangelikale werden fragen, ob denn der Papst mit »Evangelium« und damit auch mit Evangelisieren dasselbe meint wie Protestanten. Das sei hier einmal nicht im Lichte der offiziellen katholischen Lehre, die ja weiterhin gilt, betrachtet, sondern konkret in ›Evangelii gaudium‹. Wer genau hinschaut, stellt fest, dass er das Handeln Gottes als Voraussetzung für Evangelisierung und Bekehrung bisweilen stärker betont, als die eher »arminianisch« orientierten Evangelikalen es tun, wie man die Position nennt, dass der Glaube des Menschen von seiner eigenen

Entscheidung abhängt. Da es hier um ein für Evangelische so wichtiges Thema geht, möchte ich vier Belege anführen:

1. »In jeglicher Form von Evangelisierung liegt der Vorrang immer bei Gott, der uns zur Mitarbeit mit ihm gerufen und uns mit der Kraft seines Geistes angespornt hat.«[124]

2. »Durch ihr evangelisierendes Tun arbeitet sie mit als Werkzeug der göttlichen Gnade, die unaufhörlich und jenseits jeder möglichen Kontrolle wirkt. Benedikt XVI. hat dies treffend zum Ausdruck gebracht, als er die Überlegungen der Synode eröffnete: ›Daher ist es wichtig, immer zu wissen, dass das erste Wort, die wahre Initiative, das wahre Tun von Gott kommt, und nur indem wir uns in diese göttliche Initiative einfügen, nur indem wir diese göttliche Initiative erbitten, können auch wir – mit ihm und in ihm – zu Evangelisierern werden.‹ Das Prinzip des *Primats der Gnade* muss ein Leuchtfeuer sein, das unsere Überlegungen zur Evangelisierung ständig erhellt.«[125] Man bedenke: »Primat« ist in der katholischen Sprache eigentlich eine Beschreibung der Vorrangstellung des Papstes!

3. »Die Evangelisierung ist Aufgabe der Kirche. Aber dieses Subjekt der Evangelisierung ist weit mehr als eine organische und hierarchische Institution, da es vor allem ein Volk auf dem Weg zu Gott ist. Gewiss handelt es sich um ein *Geheimnis*, das in der Heiligsten Dreifaltigkeit verwurzelt ist, dessen historisch konkrete Gestalt aber ein pilgerndes und evangelisierendes Volk ist, das immer jeden, wenn auch notwendigen institutionellen Ausdruck übersteigt. Ich schlage vor, dass wir ein wenig bei dieser Weise, die Kirche zu verstehen, verweilen, die ihr letztes Fundament in der freien und ungeschuldeten Initiative Gottes hat.«[126]

4. »Die Kirche ›im Aufbruch‹ ist die Gemeinschaft der missionarischen Jünger, die die Initiative ergreifen, die sich einbringen, die begleiten, die Frucht bringen und feiern. ›*Primerear* – die Initiative ergreifen‹: Entschuldigt diesen Neologismus! Die

evangelisierende Gemeinde spürt, dass der Herr die Initiative ergriffen hat, ihr in der Liebe zuvorgekommen ist (vgl. *1 Joh* 4,10), und deshalb weiß sie voranzugehen, versteht sie, furchtlos die Initiative zu ergreifen, auf die anderen zuzugehen, die Fernen zu suchen und zu den Wegkreuzungen zu gelangen, um die Ausgeschlossenen einzuladen.«[127]

Rechtfertigung, Auserwählung, Gnade

Der Papst ist geradezu ein »Fan« der »Gemeinsamen Erklärung zur Rechtfertigungslehre« von 1999 zwischen Lutherischem Weltbund und dem Päpstlichen Rat für die Einheit der Christen. Die gemeinsame Rechtfertigungserklärung galt weltweit als gewaltiger Fortschritt. Der damalige Präfekt der Glaubenskongregation, Josef Kardinal Ratzinger, erklärte allerdings, die Erklärung könne nie und nimmer irgendeine frühere Konzilsentscheidung – etwa des Konzils von Trient – aufheben, was lange einen gewissen Schatten auf die Erklärung warf. Immerhin, und das scheint mir das Entscheidende zu sein, stellte er die Richtigkeit der Rechtfertigungsdefinition der Erklärung als Konsens des neutestamentlichen Befundes nicht infrage, im Gegenteil, die Definition selbst und das inhaltlich Erreichte hat er immer sehr begrüßt. Franziskus übergeht jetzt einfach die Frage, was das alles für das Konzil von Trient bedeutet, und knüpft daran an, dass es eine gemeinsame Beschreibung dessen gibt, was als die biblische Lehre von der Rechtfertigung angesehen wird. »Lund« – siehe den Beginn des Buches – ist eine direkte Folge davon!

Hier also die beiden Kernabschnitte der »Gemeinsamen Erklärung zur Rechtfertigungslehre« von 1999: »(15) Es ist unser gemeinsamer Glaube, dass die Rechtfertigung das Werk des dreieinigen Gottes ist. Der Vater hat seinen Sohn zum Heil der Sünder in die Welt gesandt. Die Menschwerdung, der Tod und die Auferstehung Christi sind Grund und Voraussetzung der

Rechtfertigung. Daher bedeutet Rechtfertigung, dass Christus selbst unsere Gerechtigkeit ist, derer wir nach dem Willen des Vaters durch den Heiligen Geist teilhaftig werden. Gemeinsam bekennen wir: Allein aus Gnade im Glauben an die Heilstat Christi, nicht auf Grund unseres Verdienstes, werden wir von Gott angenommen und empfangen den Heiligen Geist, der unsere Herzen erneuert und uns befähigt und aufruft zu guten Werken. (16) Alle Menschen sind von Gott zum Heil in Christus berufen. Allein durch Christus werden wir gerechtfertigt, indem wir im Glauben dieses Heil empfangen. Der Glaube selbst ist wiederum Geschenk Gottes durch den Heiligen Geist, der im Wort und in den Sakramenten in der Gemeinschaft der Gläubigen wirkt und zugleich die Gläubigen zu jener Erneuerung ihres Lebens führt, die Gott im ewigen Leben vollendet.«

In seiner Ansprache bei einem privaten Besuch in einer Pfingstgemeinde in Caserta am 28. Juli 2014 sagte Papst Franziskus: »Die Wahrheit ist eine Begegnung, eine Begegnung zwischen Personen. Die Wahrheit kommt nicht aus dem Labor, sie kommt aus dem Leben, indem man Jesus sucht, um ihn zu finden. Aber das schönste, das größte Geheimnis ist: Wenn wir Jesus finden, merken wir, dass er uns als Erster gesucht hat, dass er uns als Erster gefunden hat, denn er kommt vor uns an! Auf Spanisch sage ich gerne, dass der Herr uns ›primerea‹. Das ist ein spanisches Wort: Er geht uns voraus, und er wartet immer auf uns. Er ist vor uns da. Und ich glaube, dass Jesaja oder Jeremia – ich habe da einen Zweifel – sagt, dass der Herr wie die Blüte des Mandelbaums ist: Er ist der Erste, der im Frühling blüht. Und der Herr wartet auf uns! Es ist Jeremia? Ja! Er ist der Erste, der im Frühling blüht, er ist immer der Erste.«[128]

Immer wieder stellt er den Vorrang des Handelns Gottes heraus: »Der Glaube ist ein Geschenk Gottes, das du erhältst, und deshalb baten die Apostel Jesus: ›Stärke unseren Glauben!‹«[129] »Das Heil, das Gott uns anbietet, ist ein Werk seiner Barmherzigkeit. Es gibt kein menschliches Tun, so gut es auch sein mag, das uns ein so großes Geschenk verdienen ließe. Aus reiner Gnade zieht Gott uns an, um uns mit sich zu vereinen. Er sendet seinen Geist in unsere Herzen, um uns zu seinen Kindern zu machen, um uns zu verwandeln und uns fähig zu machen, mit unserem Leben auf seine Liebe zu antworten.«[130]

Barmherzigkeit!

Aus dem Vorrang der Gnade folgt der Vorrang der Barmherzigkeit: Walter Kardinal Kasper ist auch wegen seines Buches »Barmherzigkeit« einer der Lieblingstheologen des Papstes. Immerhin hat Franziskus vom Fenster des Apostolischen Palastes aus kurz nach seiner Wahl das Buch empfohlen. Der folgende Satz daraus könnte auch von Franziskus selbst stammen: »Wenn die Barmherzigkeit die nach außen wirksame Grundeigenschaft Gottes ist, ist sie gleichsam das Vorzeichen, das vor der gesamten Heilsgeschichte steht.«[131] Als Beleg kann beispielsweise der erste Satz aus »Misericordiae vultus« (»Antlitz der Barmherzigkeit«) gelten, Franziskus' Verkündigungsbulle zum außerordentlichen Jubiläum der Barmherzigkeit, die er am 11. April 2015 verlas: »Jesus Christus ist das Antlitz der Barmherzigkeit des Vaters. Das Geheimnis des christlichen Glaubens scheint in diesem Satz auf den Punkt gebracht zu sein. In Jesus von Nazareth ist die Barmherzigkeit des Vaters lebendig und sichtbar geworden und hat ihren Höhepunkt gefunden.«[132] Daraus leitet Franziskus ab: »An sich ist die Barmherzigkeit die größte der Tugenden.«[133]

Nicht nur der Glaube, auch das Leben der Kirche solle ganz von ihr geprägt sein. Denn das ist ihre Mission: »Die Kirche hat den Auftrag, die Barmherzigkeit Gottes, das pulsierende Herz des Evangeliums, zu verkünden. Durch sie soll die Barmherzigkeit das Herz und den Verstand der Menschen erreichen.«[134] Im Hinblick auf das Gemeindeleben ist die Barmherzigkeit in sei-

nen Augen »der Tragebalken, der das Leben der Kirche stützt. [...]
Ihr gesamtes pastorales Handeln sollte umgeben sein von der
Zärtlichkeit, mit der sie sich an die Gläubigen wendet; ihre Verkündigung und ihr Zeugnis gegenüber der Welt können nicht
ohne Barmherzigkeit geschehen. Die Glaubwürdigkeit der Kirche führt über den Weg der barmherzigen und mitleidenden
Liebe.«[135]

Wo ist nur der Ablass geblieben?

In der Verkündigungsbulle »Misericordiae vultus« findet sich
der Ablass nur beiläufig erwähnt. Von insgesamt 24 Paragrafen
geht nur § 22 darauf ein. Das ist umso erstaunlicher, als das Jubi-
läumsjahr, zu dem die päpstliche Bulle verlesen wurde, vor über
600 Jahren als Ablassjahr eingerichtet wurde. Nach vielen Seiten
zur Barmherzigkeit heißt es bei Franziskus dagegen fast ent-
schuldigend: »Ein Jubiläum bringt es mit sich, dass wir auch
auf den Ablass Bezug nehmen. Dieser gewinnt besondere Bedeutung im Heiligen Jahr der Barmherzigkeit.«[136] Doch was
dann als Ablass beschrieben wird, hat nur noch entfernt mit der
klassischen katholischen Ablasstheologie zu tun (1. »trotzdem
bleiben negative Spuren« und 2. der Vater schenkt die Barmherzigkeit und Vergebung »durch die Kirche«). Zudem ist Franziskus insgesamt nicht weit davon entfernt, einfach allen Gläubigen
den Ablass zu gewähren. Denn es ist eine uralte Streitfrage[137],
warum der Papst, wenn er die Macht hat, allen einen Ablass zu
gewähren, es nicht einfach tut. In der Broschüre der Deutschen
Bischofskonferenz, die »Das Heilige Jahr«[138] vorstellt, kommt der
Ablass sogar einfach überhaupt nicht mehr vor.

Die Ökumene des Blutes:
Martyrium und Christenverfolgung heute

Kein Papst vor ihm hat so oft konkrete Fälle von Christenverfolgung an die Öffentlichkeit gebracht wie Franziskus. In Afrika sagte er vor evangelikalen Kirchenführern: »Gott macht keine Unterschiede zwischen denen, die leiden. Ich habe das oft die *Ökumene des Blutes* genannt.«[139] Es gibt eine wachsende Gemeinschaft von Katholiken und Evangelikalen im Eintreten für die verfolgten Christen, aber auch in einer ökumenischen Theologie des Martyriums. Als Erzbischof führte Bergoglio bereits in Argentinien katholisch-evangelikale Großkampagnen für inhaftierte Pastoren weltweit an. Auch in »Evangelii gaudium« spricht er sich deutlich gegen Christenverfolgung und für »Religionsfreiheit« aus.[140] Er appelliert an die islamischen Länder: »Bitte! Ich ersuche diese Länder demütig darum, in Anbetracht der Freiheit, welche die Angehörigen des Islam in den westlichen Ländern genießen, den Christen Freiheit zu gewährleisten, damit sie ihren Gottesdienst feiern und ihren Glauben leben können.«[141]

Viele Jahre lang haben weite Teile der katholischen Kirche darüber hinweggesehen, dass in einigen Ländern die katholische Kirche schwer verfolgt wurde und wird, die Verfolgung anderer Christen kam schon gar nicht in den Blick. Papst Benedikt XVI. machte »Kirche in Not« 2011 zu einer päpstlichen Stiftung, beliebt ist das Werk bei vielen Bischofskonferenzen noch immer nicht und in Rom gibt es bis heute keine Institution, die sich mit dem Thema beschäftigt. Ich kann mich noch an den katholischen Bischof und apostolischen Vikar von Nepal Paul Simick erinnern, der 2007 bei unserer großen ökumenischen Konsultation zum Dokument »Christliches Zeugnis ...« in Toulouse anwesend war. Er erzählte, dass die Christen in Nepal weltweit bei allen Kirchen, auch seiner eigenen, in Vergessenheit geraten seien. Als ich ihm in der Plenarsitzung zeigte, dass die Weltweite Evangelische Allianz am Weltweiten Gebetstag für die verfolgte

Kirche für Nepal gebetet und ihn selbst sogar namentlich erwähnt hatte, hatte er Tränen in den Augen.

Mit dem Erzbischof von Nepal in seiner Kirche nach dem Anschlag 2010

Später wurde seine kleine, neu gebaute Bischofskirche aus Holz von hinduistischen Fundamentalisten zerbombt und drei Mädchen starben. Ich besuchte ihn und er erzählte mir, dass nicht einmal sein Vorgesetzter, ein Kardinal in Indien, gekommen sei, aber dass sich nach mir noch weitere evangelikale Leiter angekündigt hatten. Später erfuhr ich, dass er durch seine Erfahrung in Toulouse ein Freund der Evangelikalen (und der wenigen anderen Protestanten) in Nepal wurde, sodass es der Regierung nicht länger möglich war, das Christentum in drei verschiedene Parteien aufzuspalten, um mit jeder individuell abzurechnen. Seine Kirche konnte übrigens erst überhaupt gebaut werden, nachdem 2007 in Nepal die Religionsfreiheit eingeführt wurde. Vorher hatte der Erzbischof 20 Jahre lang einmal jährlich an Ostern eine verbotene Messe irgendwo im Land gefeiert und gebetet, dass er immer erst danach verhaftet würde. Jedes Mal kamen die Schergen zu spät.

Das 2011 veröffentlichte Dokument »Christliches Zeugnis in einer multireligiösen Welt« war das erste vom Vatikan, dem Ökumenischen Rat der Kirchen und der Weltweiten Evangelischen Allianz gemeinsam erarbeitete Dokument. Meine Erfahrung bei der fünfjährigen Arbeit daran hat mir bestätigt, dass die Lage der bedrängten und verfolgten Christen die Weltchristenheit zusammenführt. Denn die Antibekehrungsgesetze in vielen Ländern waren der Anlass für diesen Prozess. Der Prozess hat mir aber auch gezeigt, dass in ökumenischen Beziehungen am Ende die biblische Sprache diejenige ist, die uns zusammenführt. Unser gemeinsamer, historischer Ausgangspunkt liegt in der Heiligen Schrift, sie geht allen Spaltungen voraus und ist die einzige Autorität, die alle anerkennen.

Martyrium und Solidarität müssen Teil der Dogmatik werden[142]

Bonner Querschnitte, 21.10.2015
    Beim in Tirana, der Hauptstadt Albaniens, stattfindenden »Internationalen Friedenstreffen« der internationalen katholischen Gemeinschaft Sant'Egidio, einem der größten interreli-

giösen Dialogtreffen der Welt mit Spitzen aller Weltreligionen, hat der Moderator der Beziehungen zu anderen Kirchen und Religionen der Weltweiten Evangelischen Allianz, der Menschenrechts- und Religionsfreiheitsexperte Thomas Schirrmacher, die weltweite Christenheit dazu aufgefordert, angesichts der Weltlage aus der Lethargie zu erwachen und eine nie gekannte Solidarität zu beweisen. Es gäbe Politiker, Journalisten und Führer nichtchristlicher Religionen, so Schirrmacher, die sich intensiver öffentlich für das Schicksal verfolgter Christen einsetzten als viele Kirchenführer.

Während der Rede auf dem Panel der Weltfriedenskonferenz von Sant'-Egidio in Tirana. Moderator ist der Präsident von Sant'Egidio Marco Impagliazzo (2.v.r.).

Schirrmacher sprach in einem Panel mit Vertretern aller großen Konfessionen, das vollständig im Internet abrufbar ist. In seinem Beitrag übte er scharfe Kritik an seiner »Zunft«, den wissenschaftlich arbeitenden Theologen. Zum einen ignoriere die akademische Theologie aller Konfessionen nach wie vor das Thema Martyrium weitgehend. Dabei gehöre dieses Thema in die Christologie, die Pneumatologie und auch eine christliche Ekklesiologie sei ohne eine ausführliche Einbeziehung des Themas Leiden für Christus nicht zu behandeln. Davon sei aber etwa in den Dogmatiken kaum etwas zu finden. Aber auch Kirchengeschichte, Pastoraltheologie und Liturgie müssten das Thema viel intensiver behandeln.

Warum höre man nicht viel stärker auf Theologen, die in Verfolgungssituationen lebten und wirkten. Warum wird das, was sie schreiben, nicht als echte, geschweige denn als wissenschaftliche Theologie akzeptiert?

Aber nicht nur die Theologie sei in dieser Frage nach wie vor weitgehend westlich dominiert und ignoriere die Alltagsrealität des Leidens vieler Kirchen, auch der kirchliche Betrieb gehe weitgehend daran vorbei. Und noch immer konzentriere sich die Solidarität mit verfolgten Christen weitgehend auf die eigene Konfession.

Kein Christ und keine Kirche könne aber sagen, dass sie zur einfachsten Form der Solidarität, dem Gebet, keine Zeit, kein Personal und keine Finanzmittel hätten. Ein kurzes Gebet für die von schierer Gewalt betroffenen Christen müsste eigentlich einen festen Platz in jedem Sonntags-Gottesdienst, in jeder kirchlichen Veranstaltung und in jedem persönlichen Morgen- und Abendgebet haben.

Der Einsatz für verfolgte Christen habe eine positive Wirkung auf ökumenische Beziehungen. Nicht nur gäbe es eine Ökumene der Märtyrer, sondern im Leiden für Christus erkennen wir im anderen oft erst den Mitchristen. Noch vor 50 Jahren hätten die meisten Christen die sieben altorientalischen Kirchen (Kopten, Syrer, Armenier, Äthiopier usw.), die derzeit am bittersten leiden, wegen ihres vermeintlichen »Monophy-

Mit Patriarch Sakko (Irak) bei der Eröffnungsveranstaltung der Friedens-
konferenz von Sant'Egidio in Tirana, September 2015

sitismus« (»Einnaturenlehre«) gar nicht als Christen akzeptiert. Das sei aber Geschichte, längst sei erkannt, dass diese

Kirchen im Wesentlichen das Gleiche mit einer anders verwendeten Begrifflichkeit sagen.

Der Präsident von San'Egidio, Marco Impagliazzo, der das Panel moderierte, nannte Schirrmacher den vielleicht besten Kenner der Lage der Christenverfolgung weltweit, und zwar aller Konfessionen. Mehrfach habe er auch mit Papst Franziskus persönlich darüber gesprochen. In Kürze werde einer seiner Visionen in Tirana Wirklichkeit: Eine ökumenische Konferenz, in der verfolgte Kirchenführer aller Konfessionen anderen Kirchenführern über ihre Lage berichteten. Diese Konferenz Anfang November werde unter dem Dach des Global Christian Forum (Generalsekretär: Larry Miller) vom Vatikan, dem Ökumenischen Rat der Kirchen, der Weltweiten Evangelischen Allianz und der Pentecostal World Fellowship durchgeführt.

Der Gründer von Sant'Egidio, Andrea Riccardi, hatte im Jahr 2000 ein Buch zum Thema Christenverfolgung (»Il secolo del martirio. I cristiani nel Novecento«) geschrieben, das 2002 unter dem Titel »Salz der Erde, Licht der Welt: Glaubenszeugnis und Christenverfolgung im 20. Jahrhundert« auf Deutsch erschien. Seitdem ist Sant'Egidio neben »Church in Need« (»Kirche in Not«) wohl die internationale katholische Organisation, die sich am intensivsten mit dem Thema Märtyrer und Christenverfolgung beschäftigt und deswegen auch enge Beziehungen zum Internationalen Institut für Religionsfreiheit unterhält, etwa zum Vertreter des IIRF in Rom, Prof. Dr. Thomas K. Johnson.

Walter Kardinal Kasper

Walter Kardinal Kasper ist ein überaus freundlicher Mensch und väterlicher Begleiter! Er ist der lebende Beweis, dass ökumenische Beziehungen auf persönlichen Freundschaften aufbauen. Ich erinnere mich an meine Begegnung mit Walter Kardinal Kasper kurz nach der Amtseinführung von Papst Franziskus.

Der Kardinal stand beim Rücktritt von Papst Benedikt XVI. kurz vor seinem 80. Geburtstag und durfte deswegen am Konklave teilnehmen, obwohl er da schon über 80 Jahre alt war. Obwohl schon seit Langem nicht mehr im Amt, ließ er es sich nicht nehmen, die ökumenischen Gäste der Amtseinführung in seiner gewohnt herzlichen Art zu begrüßen. In der Synodenaula saß er als dienstältester der teilnehmenden Kardinäle auf einem Ehrenplatz in der ersten Reihe gegenüber dem Papst. Bei der Vatikansynode war ich täglich mit Kardinal Kasper in der deutschen Sprachgruppe zusammen und erlebte ihn als brillanten Wissenschaftler und guten Zuhörer.

Walter Kardinal Kasper hat das Thema Martyrium und Christenverfolgung nicht erst im Alter entdeckt. Schon als langjähriger Sekretär und Präsident des Päpstlichen Rates zur Förderung der Einheit der Christen und auch vorher als Bischof und Professor hat er immer wieder darüber gesprochen. Dass er die »Ökumene der Märtyrer« betont, ist für ihn nichts Neues: Das Leiden führt Christen zusammen und umgekehrt Christen verschiedenster Richtungen dazu, sich der leidenden Kirche zuzuwenden.

Ein neues Ökumene-Verständnis

Ökumene bezeichnet der Papst in seinem Apostolischen Schreiben »Evangelii gaudium« als »gemeinsam pilgern«[143]. Er schreibt dazu einen längeren Absatz, der Satz für Satz sicher nichts sagt, was nicht andere Päpste auch schon gesagt haben. Neu ist aber, dass er nicht sogleich durch zahlreiche Einschränkungen wieder eingefangen wird:

»Angesichts der Gewichtigkeit, die das Negativ-Zeugnis der Spaltung unter den Christen besonders in Asien und Afrika hat, wird die Suche nach Wegen zur Einheit dringend. Die Missionare in jenen Kontinenten sprechen immer wieder von den Kritiken, Klagen und dem Spott, der ihnen aufgrund des Skandals der

Spaltungen unter den Christen begegnet. Wenn wir uns auf die Überzeugungen konzentrieren, die uns verbinden, und uns an das Prinzip der Hierarchie der Wahrheiten erinnern, werden wir rasch auf gemeinsame Formen der Verkündigung, des Dienstes und des Zeugnisses zugehen können. Die riesige Menge derer, die die Verkündigung Jesu Christi nicht angenommen haben, kann uns nicht gleichgültig lassen. Daher ist der Einsatz für eine Einheit, die die Annahme Jesu Christi erleichtert, nicht länger bloße Diplomatie oder eine erzwungene Pflichterfüllung und verwandelt sich in einen unumgänglichen Weg der Evangelisierung. Die Zeichen der Spaltung unter Christen in Ländern, die bereits von der Gewalt zerrissen sind, fügen weiteren Konfliktstoff von Seiten derer hinzu, die ein aktives Ferment des Friedens sein müssten. So zahlreich und so kostbar sind die Dinge, die uns verbinden! Und wenn wir wirklich an das freie und großherzige Handeln des Geistes glauben, wie viele Dinge können wir voneinander lernen! Es handelt sich nicht nur darum, Informationen über die anderen zu erhalten, um sie besser kennenzulernen, sondern darum, das, was der Geist bei ihnen gesät hat, als ein Geschenk aufzunehmen, das auch für uns bestimmt ist. Um nur ein Beispiel zu geben: Im Dialog mit den orthodoxen Brüdern haben wir Katholiken die Möglichkeit, etwas mehr über die Bedeutung der bischöflichen Kollegialität und über ihre Erfahrung der Synodalität zu lernen. Durch einen Austausch der Gaben kann der Geist uns immer mehr zur Wahrheit und zum Guten führen.«[144]

Hier findet sich kein Ruf an die anderen, in den Schoß der Kirche zurückzukehren, wobei ich auf das oben zum Proselytismus Gesagte verweise. Es geht nicht um Überlegenheit, sondern eben »darum, das, was der Geist bei ihnen gesät hat, als ein Geschenk aufzunehmen, das auch für uns bestimmt ist. [...] Durch einen Austausch der Gaben kann der Geist uns immer mehr zur Wahrheit und zum Guten führen«[145]. Sicher stehen dem noch viele katholische Lehrdokumente entgegen. Aber noch vor Kurzem hätte man sich nicht vorstellen können, dass ein Papst auf die Forderung an alle Christen, in den Schoß der katholischen Kirche zurückzukehren, verzichtet – und sei es nur in seiner persönlichen Auffassung.

Der Papst sagt »Nein zum Krieg unter uns«[146], denn es gibt »viele Kriege innerhalb des Gottesvolkes«[147]. Damit meint er nicht nur Krieg zwischen Kirchen, sondern auch innerhalb seiner Kirche. Dasselbe gilt auch für seinen zusammenfassenden Appell, der sich intern an seine eigene Kirche wie auch an alle Christen richtet: »Die Christen aller Gemeinschaften der Welt möchte ich besonders um ein Zeugnis brüderlichen Miteinanders bitten, das anziehend und erhellend wird.«[148] Er ließ dem bereits viele Taten folgen. Papst Paul VI. setzte am Ende des Zweiten Vatikanischen Konzils noch kleinkarierte Änderungen beim Ökumenismusdekret durch. Hieß es im Entwurf noch, dass evangelische Christen Gott in der Heiligen Schrift »finden«, ließ er die Formulierung in »suchen« ändern. Die evangelischen »Kirchen« wurden zu »kirchlichen Gemeinschaften« degradiert. Auch wenn das Dekret des Konzils natürlich nicht aufgehoben ist, in der Realität ist das Geschichte – zumindest solange Papst Franziskus das Papstamt innehat.

Der Papst und der Russische Patriarch

Dass der Papst zum Vorreiter der Ökumene wird und historische Verkrustungen im Eiltempo aufbricht, hat auch für die Evangelikalen unmittelbare, positive Konsequenzen. Ihre »Anerkennung« führt nicht nur dazu, dass sie immer häufiger mit am Tisch sitzen, wo sie früher fehlten. Vielmehr entstehen im Kielwasser des Papstes erstmals Gespräche, wo sie früher undenkbar oder wenigstens schwierig gewesen wären. Ein Beispiel ist das Verhältnis zur Russisch-Orthodoxen Kirche. Denn immerhin hat die Weltweite Evangelische Allianz es dem Ökumenischen

Rat der Kirchen und dem Vatikan zu verdanken, dass es angesichts der angespannten Lage in Russland, wo sich verschiedenste Kirchen von der Mehrheitsreligion bedrängt fühlen, zu Gesprächen kommt.

Seit 1461 wird der Moskauer Metropolit nicht mehr vom Ökumenischen Patriarchen in Konstantinopel ernannt oder bestätigt. Moskau wird zunehmend als »drittes Rom« bezeichnet. Ende des 16. Jahrhunderts kommt der Titel »Patriarch« auf, das Amt aber wird von Zar Peter dem Großen ganz abgeschafft. Ausgerechnet 1917 wird das Patriarchenamt in Moskau wieder eingeführt. 1729 beschränkt »Rom« die Erlaubnis zur Teilnahme an den Sakramenten auf alle in voller Einheit mit Rom lebende Christen. Die Orthodoxen stehen nicht zurück und die drei Patriarchen von Konstantinopel, Alexandria und Jerusalem verwerfen »die Sakramente der Häretiker« und entscheiden, dass Konvertiten von Westkirchen her als »Ungetaufte« erneut zu taufen seien. 1757 geht »Moskau« auf Konfrontation, indem es im Gegensatz dazu die Sakramente der Westkirchen doch anerkennt. Da heute die Moskauer Kirche wesentlich antikatholischer ist als der Rest der orthodoxen Kirchen, kann man sich das kaum noch vorstellen. Denn die Übereinkunft von Rom und Konstantinopel von 1965 und die gegenseitige Aufhebung der Verdammung von Moskau wurde nicht mit vollzogen. »Moskau« hat immer wieder Fortschritte blockiert, mehrfach Dokumente im Nachhinein für ungültig erklären oder neu erstellen lassen. Doch Moskau registriert sehr genau, dass der Papst sich immer »Bischof von Rom« nennt.

Schließlich kam es zu einer ungewöhnlichen Begegnung zwischen Papst und Moskauer Patriarch. Ausgerechnet dieses Treffen in einer Flughafenabfertigungshalle in Kuba hatte unmittelbar Konsequenzen für die Evangelikalen, wie die folgende Meldung zeigt. Es lässt sich nur als diplomatisches Meisterstück des Papstes zur Vorbereitung des Pan-Orthodoxen Konzils auf

Kreta Juni 2016 bezeichnen: Er musste den Russisch-Orthodoxen Patriarchen treffen, ohne Putin aufzuwerten und ohne die Position von Patriarch Bartholomäus zu beschädigen. Es gelang bei einem eher beiläufigen Treffen auf einem Flughafen von zwei Kirchenführern auf der Durchreise. Bedauerlicherweise hat sich der Russische Patriarch am Ende doch entschlossen, dem Heiligen Konzil der Orthodoxen Kirchen auf Kreta im Juni 2016 fern zu bleiben. Ich konnte alle auf Kreta anwesenden Patriarchen begrüßen, Patriarch Bartholomäus stand die Enttäuschung auf die Stirn geschrieben, dass vier von vierzehn orthodoxe Kirchenhäupter fehlten, denn es war das erste Konzil seit einem Jahrtausend!

Mit Archimandrit Philaret Bulekov, Vizepräsident des Russian Orthodox Church Department of External Church Relations, und Richard Howell, Generalsekretär der Asiatischen Evangelischen Allianz. Foto: KimCain/ Global Christian Forum

Weltweite Evangelische Allianz informiert sich in Moskau über Gespräch zwischen Papst und Russischem Patriarch[149]

Bonner Querschnitte, 21.03.2016

Der Direktor des Internationalen Instituts für Religionsfreiheit und Moderator für ökumenische Beziehungen der Weltweiten Evangelischen Allianz hat sich zusammen mit dem Generalsekretär der Asiatischen Evangelischen Allianz, Richard Howell (Neu Delhi), in der Abteilung für Außenangelegenheiten der Russisch-Orthodoxen Kirche persönlich über die Ergebnisse des Gespräches zwischen dem Papst und dem Patriarchen der Russisch-Orthodoxen Kirche informieren lassen, die in einer gemeinsamen Erklärung – auch zum Thema Christenverfolgung – gipfelte. Archimandrit Philaret Bulekov, Vizepräsident des Russian Orthodox Church Department of External Church Relations, begrüßte es, dass die großen Kirchen und christlichen Zusammenschlüsse in Sachen Christenverfolgung zusammenrückten.

Howell und Schirrmacher hielten sich anlässlich der Leitungssitzung des Global Christian Forum in Moskau auf. Beide vertreten dort die Weltweite Evangelische Allianz. Das Global Christian Forum ist seit 20 Jahren ein Gesprächsforum des Vatikans, des Ökumenischen Rates der Kirchen, der Weltweiten Evangelischen Allianz und der Weltpfingstgemeinschaft (Pentecostal World Fellowship).

Schirrmacher besuchte außerdem die Russische Evangelische Allianz und führte Gespräche mit deren Generalsekretär, Sergey Vdovin, und mit den Präsidenten der beiden größten Mitgliedskirchen, den »All-Unions-Evangeliumschristen/Baptisten« und den »Pfingstkirchen evangelikalen Glaubens«. Im Rahmen des Global Christian Forums begegneten dann im Patriarchat die Leiter der Baptisten, Pfingstler und Lutheraner Vertretern der Russisch-Orthodoxen Kirche. Im Rahmen dieses

Treffens dankten Schirrmacher und Howell den russischen Kirchen, dass sie in 70 Jahren kommunistischer Herrschaft und brutalster Christenverfolgung den Glauben an Jesus Christus hoch gehalten hatten, und gedachte der Märtyrer. Er forderte die Kirchen aber auch auf, sich aus der Geschichte lernend für Religionsfreiheit in Russland und für die verfolgten Kirchen weltweit einzusetzen.

Franziskus und die Evangelikalen

Die katholische Kirche hat – grob gesagt – so viele Mitglieder wie ÖRK und WEA zusammen. Beide repräsentieren jeweils etwa 600 Millionen Christen in ihren Mitgliedskirchen. Schneidet man also den christlichen Kuchen in der Mitte durch, hat man die Katholiken auf der einen, die Nichtkatholiken auf der anderen Seite. Teilt man die nichtkatholische Hälfte wieder in der Mitte, erhält man die beiden Viertelstücke der ÖRK und der WEA.

Der baptistische Gelehrte Timothy George schrieb in »Christianity Today«: »Katholiken und Evangelikale sind die beiden größten christlichen Glaubensgemeinschaften.«[150] Wie sie zueinander stehen, wird wesentlich über die Zukunft der Weltchristenheit in einer sich radikal ändernden globalisierten Welt entscheiden ... Als Erzbischof von Buenos Aires war Bergoglio 2009 nicht dafür, dass »Einheitlichkeit und »vollständige Einheit« zwischen Katholiken und Protestanten und Katholiken und Evangelikalen herrsche, sondern er trat ein für »eine versöhnte Verschiedenheit«, in der »man gemeinsam unterwegs ist, gemeinsam betet und arbeitet und miteinander die Begegnung in der Wahrheit sucht«[151]. Bergoglio hielt immer schon engen Kontakt mit Evangelikalen. Seit 2006 hat er das – jetzt schon Kardinal – dann auch sehr öffentlich gemacht, indem er häufig bei evangelikalen Großveranstaltungen auf dem Podium saß oder sich in Umarmung mit evangelikalen Leitern zeigte.[152] An dieser

Haltung hat sich nichts geändert, als er Papst wurde, und das ist die Grundlage, auf der wir uns treffen.

Evangelikale Leiter geben sich im Vatikan die Klinke in die Hand, mal als offizielle Vertreter der Weltweiten Evangelischen Allianz, mal in Angelegenheiten ihrer Kirchen, Missionswerke oder Initiativen oder auch ganz privat. Über die lange Liste evangelikaler Besucher schrieb Jürgen Erbacher 2014: »Ein derart unbefangener Umgang mit Evangelikalen ist ungewöhnlich«[153]. Allerdings muss man dazu sagen: Erstens hat sich das schon unter Papst Benedikt XVI. und unter dem Präsidenten des Päpstlichen Rates für die Einheit der Christen, Kurt Kardinal Koch, immer stärker angebahnt. Und zweitens mag die Aussage für den Vatikan gelten, nicht aber für Bergoglio, der schon immer derartige Kontakte pflegte. In der Ansprache vor evangelikalen Leitern bei seinem Besuch in Caserta verweist er deutlich auf die Vorgeschichte in Argentinien: »Wir befinden uns auf diesem Weg der Einheit, unter Brüdern. Einige werden erstaunt sein: ›Der Papst ist zu den Evangelikalen gegangen.‹ Er hat die Brüder besucht! Ja! Denn – und was ich jetzt sagen werde, ist die Wahrheit – sie haben mich zuerst aufgesucht, in Buenos Aires.«[154] 2009 sagte Bergoglio nach einer recht negativen Beschreibung des Zustandes der katholischen Kirche Argentiniens auf die Frage: »Und das im Gegensatz zu den meisten evangelikalen Gemeinschaften, wo ein Klima der Herzlichkeit und Nähe herrscht, die Menschen mit Namen angesprochen werden und man nicht wartet, dass die Leute kommen, sondern wo man sich zu ihnen auf den Weg macht?«: »Es ist absolut wichtig, dass die Katholiken – Kleriker wie Laien – die Begegnung mit den Menschen suchen.«[155]

Bei jedem Besuch eines Landes hat er evangelikale Pastoren und Gemeinden besucht, in der Regel die Leitung der nationalen Evangelischen Allianz, so etwa in Albanien oder der Zentralafrikanischen Republik. Hier hielt er eine Gastvorlesung am größten evangelikalen theologischen Seminar[156] und traf sich dort mit

In der ersten Reihe bei der Papstmesse in Albanien, 2014: v.l. der Groß-
mufti von Albanien, der orthodoxe Erzbischof Anastasios, das Oberhaupt der Bektaschi-Muslime, der Präsident der Albanischen Evangelischen Allianz

dem gesamten Vorstand der Evangelischen Allianz (»Alliance of
Evangelical Churches of CAR«) und den Leitern der evangelikalen Kirchen.[157] Einige Monate vorher hatte der Vorsitzende der
Evangelischen Allianz, Nicolas Guérékoyame-Gbangou, zusammen mit dem Vorsitzenden der Katholischen Bischofskonferenz
und dem Präsidenten des Islamischen Rates eine Friedensinitia-
tive gestartet und gemeinsam die Regierungen anderer Länder
besucht[158], wofür sie den Friedenspreis der UN erhielten[159] und
vom Papst ausdrücklich gelobt wurden.

In einem Interview mit dem mexikanischen Fernsehen erklärte
der Papst, es gelinge Evangelikalen in Südamerika besser, Nähe
zu den Menschen zu schaffen: Man gehe einmal dort zum Gottesdienst und schon warteten sie »am Sonntag darauf [...] an der
Tür auf Sie, kennen Ihren Namen und begrüßen Sie«, wurde er
in Radio Vatikan zitiert. Die Attraktivität evangelikaler Gemeinden erklärte Franziskus zudem durch die bibelorientierten Predigten in vielen evangelikalen Gruppen. Weil katholische Auslegungen ein »Desaster« seien, weil sie lang und abstrakt

blieben, habe er in »Evangelii gaudium« der Predigt so viel Wert beigemessen. Aber Franziskus übte in dem Interview auch Kritik an manchen evangelikalen Strömungen, etwa solchen, die ein Wohlstandsevangelium verkündeten. Auch Gemeindegründung begrüßte er nicht immer: »Da macht jemand einen Kurs und gründet dann einen Kult.« Ohnehin dürfe man nicht alle Evangelikale über einen Kamm scheren: »Es gibt Gruppen, die sich evangelikal nennen und nicht einmal Christen sind, und dann so viele Evangelikale, wie wir sie anerkennen.«[160]

Die italienische Journalistin Alessandra Nucci erklärt in »The Catholic World Report«, der Papst konzentriere sich stärker auf Evangelikale und Pfingstler als auf »klassische« Protestanten.[161] Nun spricht die geplante gemeinsame Eröffnung des Reformationsgedenkens in der Kathedrale von Lund am 31. Oktober 2016 zusammen mit dem Lutherischen Weltbund nicht gerade dafür, dass er die klassischen Protestanten aus den Augen verloren hat, ebenso wenig wie seine Begegnungen mit den Anglikanern, Waldensern, Orthodoxen oder Altorientalen, um nur einige zu nennen. Trotzdem ist diese Beobachtung nicht ganz von der Hand zu weisen. Sie erklärt sich nicht nur aus der Offenheit des Papstes für Bewegungen, die den persönlichen Glauben betonen und sehr missionarisch sind, sondern auch daraus, dass sie zahlenmäßig die Mehrheit der Nichtkatholiken ausmachen. Dass diese Bewegungen auch in protestantischen Kirchen viele Anhänger haben, sei zudem angemerkt. Europäern fällt das nur wenig auf, weil der Anteil der Evangelikalen an den Protestanten traditionell niedrig ist. Auf allen anderen Kontinenten ist das aber anders. So liegt etwa der Anteil der Evangelikalen an den Christen (also einschließlich Katholiken und Orthodoxen) in Europa im Schnitt bei fünf Prozent, in Asien, Afrika und Nordamerika zwischen 37 und 40 Prozent. In Europa sind insgesamt etwa drei Prozent der Einwohner Evangelikale, in Afrika und Lateinamerika 17 Prozent. Unter Johannes Paul II. und Benedikt XVI. gab es zwar durchaus Kontakte zu Evangelikalen und Pfingstlern, diese hatten aber nie den offiziellen Charakter wie Begegnungen mit anderen Kirchen. Sie fanden eher am Rande statt und es kam zudem immer wieder zu negativen Äußerungen gegen sie. Doch das war nicht ihrer geringen Anzahl geschuldet. Der Prozentsatz der Evangelikalen und Pfingstler an den Nichtkatholiken steigt Jahr für Jahr. Und schon länger überwiegt ihre Zahl die der anderen Nichtkatholiken.

Das Dokument »Christliches Zeugnis in einer multireligiösen Welt« wurde 2011 vom Vatikan, dem Weltkirchenrat und der Weltweiten Evangelischen Allianz verabschiedet. Vor allem durch das Wirken von Geoff Tunnicliffe, der von 2005 bis 2014 Generalsekretär war, wurde die WEA und die ihr zugehörigen Evangelikalen und Pfingstler im letzten Jahrzehnt zu einem wichtigen Partner zwischen den Kirchen und zwischen den Weltreligionen, auf Augenhöhe mit dem Ökumenischen Rat der Kirchen und dem Vatikan. Das hatte weitreichende, positive Auswirkungen auf viele Länder, in denen die Evangelikalen eine Minderheit darstellen, und zwar sowohl in Bezug auf die großen Kirchen dort als auch auf den Umgang der Regierungen mit ihnen.

Franziskus will mehr Ökumene[162]

pro-Medienmagazin, 21.03.2013
Papst Franziskus will sich verstärkt für einen ökumenischen Dialog einsetzen. Das sagte das katholische Kirchenoberhaupt am Mittwoch vor zahlreichen Kirchen- und Religionsvertretern im Vatikan. Unter den Gästen war auch der Theologe Thomas Schirrmacher.

»Ich schätze Eure Anwesenheit sehr, darin sehe ich ein greifbares Zeichen des Willens, in gegenseitiger Achtung und Zusammenarbeit für das gemeinsame Wohl zu wachsen«, sagte der neugewählte Papst laut Radio Vatikan. Daher wolle er seinen Willen bekräftigen, nach dem Vorbild seiner Vorgänger den »Weg des ökumenischen Gesprächs« zu gehen und intensiv voranzutreiben. Franziskus hat darüber hinaus neben der katholischen auch »die anderen Kirchen« und Religionen begrüßt, vor allem Vertreter des jüdischen Volkes sowie die anwesenden Muslime.

Der Theologe Thomas Schirrmacher hat als Leiter der Theologischen Kommission der Weltweiten Evangelischen Allianz (WEA) sowohl an der Amtseinführung am Dienstag, als auch an der Audienz teilgenommen. »Franziskus' Bekenntnis zur ökumenischen Zusammenarbeit und zur Notwendigkeit fortgesetzter Gespräche über theologische Gemeinsamkeiten und Unterschiede wurde deutlicher denn je formuliert und kam spürbar von Herzen«, sagte Schirrmacher.

Über die Rolle, die die Evangelische Allianz in Rom mittlerweile spiele, zeigte Schirrmacher sich erfreut: »Die Weltweite Evangelische Allianz wird in Rom und Genf ganz natürlich als Vertretung von 600 Millionen Christen wahr- und ernst genommen. Das ist nicht die Folge einer tiefgreifenden theologischen Veränderung der Evangelikalen, die auch niemand erwartet, sondern erst einmal einfach die Folge unserer Existenz und Größe.« Franziskus' Vorgänger hätten die WEA nicht auf Anhieb gekannt, war Schirrmachers Beobachtung in den vergangenen Jahren. Dies habe sich gewandelt. »Die Evangelikalen als eine Sorte Christen zu sehen, die man anders behandeln müsse als andere, war dem Papst völlig fremd«, erklärte er.

Evangelikale Katholiken
Der renommierte Biograf von Papst Benedikt XVI. und Johannes Paul II., der Amerikaner John L. Allen, ist einer der besten Vatikankenner unter den Journalisten. Er ist meines Wissens der

einzige Medienvertreter, der Jorge Mario Bergoglio öffentlich größte Chancen auf das Papstamt einräumte. Zehn Tage vor dessen Wahl zum Papst beschrieb er genau die Eigenschaften, die ihn heute so beliebt machen. Allen betrachtet ihn zu Recht als intellektuelles Schwergewicht, und als einen Grund für seine Chancen auf das Papstamt führt er an, dass Bergoglio der schärfste Kritiker der Kurie ist und das Zeug hat, dort richtig aufzuräumen.[163]

Allen gehört zu denen, die von »evangelikalen« Katholiken sprechen.[164] Er sieht drei große Flügel in der katholischen Kirche: den traditionellen, den liberalen und den evangelikalen. Anlässlich einer gemeinsamen Gastvorlesung in der Päpstlichen Universität Santa Croce habe ich ausführlich mit ihm darüber diskutiert. Man kann fragen, ob »evangelikal« hier der richtige Ausdruck ist. Einen besseren hat allerdings meines Erachtens bisher niemand vorgeschlagen. Tatsache ist zumindest, dass Katholiken ihn ohne Scheu verwenden. Der evangelikale Flügel wächst zum einen durch Missionserfolge im Globalen Süden und zum anderen durch die Förderung des vorigen und auch des jetzigen Papstes. Der traditionelle Flügel ist stabil, weder wächst noch schrumpft er, der liberale geht anteilmäßig zurück. »Evangelikale Katholiken« klingen nach einem Widerspruch in sich. Man muss sich aber mit ihm beschäftigen, wenn man die weltweite Entwicklung verstehen will.

Der Weltjugendtag 2005 in Köln und Bonn fand auch vor meiner Haustüre statt. Bonner Bürger stellten Zigtausende private Betten zur Verfügung, rund um die Uhr wurde in Kirchen und Schulen gepredigt, gebetet, gesungen und diskutiert. Wer die zu Dutzenden im Kreis in der Fußgängerzone auf dem Boden sitzenden Jugendlichen sah, hätte sie von evangelikalen Jugendlichen nicht unterscheiden können: dieselben Diskussionen über Bibeltexte, dieselben Themen, ja, fast immer auch dieselben Lieder zur Gitarre.

Dialoge mit dem Päpstlichen Rat zur Förderung der Einheit der Christen

Offizielle Dialoge zwischen den Evangelikalen und dem Vatikan gibt es bereits seit 40 Jahren.

Der »Evangelikal-Römisch-Katholische Dialog über Mission« (ERCDOM)[165] fand von 1977 bis 1984 zwischen dem Päpstlichen Rat für die Einheit der Christen (PCPCU) und führenden evangelikalen Leitern unter der Leitung von John R. Stott statt. Alle, die aus dem evangelikalen Bereich kamen, standen entweder mit der Weltweiten Evangelischen Allianz (damals noch World Evangelical Fellowship genannt) in Verbindung oder aber mit regionalen oder nationalen Evangelischen Allianzen. Die Theologische Kommission der WEA begann 1974, kam aber erst ab 1980 wirklich in Fahrt und war noch nicht so organisiert, dass sie zum damaligen Zeitpunkt einen Dialog solcher Art hätte bewältigen können.[166] 1990 jedoch war die WEA (WEF) in der Lage dazu und erklärte sich für einen institutionellen Dialog zwischen PCPCU und WEA (bzw. deren Theologischer Kommission) bereit. Er begann 1993 und wurde 2002 mit folgendem Dokument beendet: »Kirche, Evangelisation und die Verbindung der Koinonia: Ein Bericht über die Internationale Konsultation zwischen der Katholischen Kirche und der Weltweiten Evangelischen Allianz.«[167]

Seit 2009 sind die Theologische Kommission der WEA und der PCPCU an einer neuen Runde offizieller Dialoge beteiligt. Mit Absicht wurde die Mehrheit der fünf WEA-Vertreter im Dialog mit dem PCPCU aus Ländern mit katholischer Bevölkerungsmehrheit gewählt. Vonseiten der katholischen Kirche ist Juan Fernando Ushma Gomez verantwortlich gewesen, auf Seiten der Weltweiten Evangelischen Allianz Rolf Hille, bis Ende 2014 Direktor für ökumenische Angelegenheiten. 2009 bis 2015 gab es sechs Dialogtreffen, der Text ist inzwischen fertiggestellt.

»Freude der Liebe: Papst verzichtet auf generelles Machtwort« [168]

pro-Medienmagazin, 10.04.2016

Sprachlich und wesensmäßig trennt die Schrift »Amoris Laetitia« zu Ehe und Familie Welten von Schreiben früherer Päpste zur Sexualethik, auch wenn sie die offizielle Lehre der Kirche kaum ändert. Die Schrift ist normaler, manchmal sogar banaler, allgemeinverständlich, an der Realität orientiert. Der Papst bedankt sich für viele Beiträge, die ihm geholfen haben, Familie zu verstehen (4) und lehnt eine für alle gültige Lösung, das heißt ein »Lehramtliches Eingreifen« (3) ab. Das Dokument enthält sehr viel »Selbstkritik« (36), reichlich ungewöhnlich für ein päpstliches Schreiben, zumindest für die vor 2013.

Durchgängig findet sich eine positive Würdigung von Sexualität und Erotik, ohne das, wie früher üblich, gleich wieder einzuschränken. Das hat durchaus Konsequenzen, etwa wenn der Papst selbstkritisch schreibt, dass die Berufung zur Liebe und gegenseitigen Hilfe »überlagert wurde durch eine fast ausschließliche Betonung der Aufgabe der Fortpflanzung« (36).

Der Papst weigert sich, die eigentlichen Streitfragen der beiden letzten Bischofssynoden in Rom allgemeingültig zu entscheiden, obwohl ihn beide Bischofssynoden im Schlussdokument darum gebeten haben: »... möchte ich erneut darauf hinweisen, dass nicht alle doktrinellen, moralischen oder pastoralen Diskussionen durch ein lehramtliches Eingreifen entschieden werden müssen« (3). Dafür nennt er im Wesentlichen vier Gründe:

1. Regionale und kulturelle Unterschiede: »Außerdem können in jedem Land oder jeder Region besser inkulturierte Lösungen gesucht werden, welche die örtlichen Traditionen und Herausforderungen berücksichtigen« (3). Die vom Papst be-

sonders in »Evangelii gaudium« und der Abschlussrede der Familiensynode 2015 geforderte Dezentralisierung setzt sich fort, die schon bei der Eheannullierung radikal umgesetzt wurde, indem jetzt nicht mehr die Glaubenskongregation in Rom, sondern die Ortsbischöfe und die jeweiligen Seelsorger zuständig sind. Was sowieso schon der Fall ist, wird nun offiziell ermöglicht, dass sich nämlich die Praxis der katholischen Seelsorge in Deutschland von der etwa in Polen oder Afrika unterscheidet.

2. Die Anwendung idealer Forderungen auf konkrete Situationen: Der Papst schreibt: »Daher darf ein Hirte sich nicht damit zufrieden geben, gegenüber denen, die in ›irregulären‹ Situationen leben, nur moralische Gesetze anzuwenden, als seien es Felsblöcke, die man auf das Leben von Menschen wirft.« (305) Der Seelsorger muss sich jeden Fall einzeln genau anschauen und dabei zugleich die Barmherzigkeit berücksichtigen, »aus unserem Bewusstsein des Gewichtes der mildernden Umstände – psychologischer, historischer und sogar biologischer Art« (308). Der Papst eröffnet deswegen die Möglichkeit, dass in Einzelfällen wiederverheirateten Geschiedenen der Zugang zur Kommunion eröffnet wird.

3. Ein Plädoyer für die Gewissensentscheidung der Gläubigen: Die Aufwertung des Gewissens des Gläubigen gegenüber der kirchlichen Belehrung zieht sich wie ein roter Faden durch das Dokument (37, 42, 83, 222, 265, 298, 300-303), etwa im Falle der Kommunion wiederverheirateter Geschiedener oder bei der Empfängnisverhütung. Die letzte Entscheidung treffen die Gläubigen in ihrem Inneren. Zwar kann man das alles schon bei dem vom Papst mehrfach zitierten bedeutendsten mittelalterlichen Kirchenlehrer Thomas von Aquin (1225–1274) nachlesen, aber insbesondere unter Papst Johannes Paul II. wurde das Gewissen eher als Vollzugsorgan der kirchlichen Lehre gesehen.

4. Kein Lebenslänglich: Es geht um Barmherzigkeit und um »Integration« der schuldig gewordenen Gläubigen, denn »niemand darf auf ewig verurteilt werden, denn das ist nicht die Logik des Evangeliums!« (297). Denn, so der Papst, man kann nicht weiter behaupten, dass die in bestimmten »irregulären« Situationen lebenden Gläubigen im Zustand der Todsünde und ohne die Gnade leben (301). Das Urteil »lebenslänglich« ist gewissermaßen abgeschafft.

Für den konservativen Flügel der katholischen Kirche ist das Schreiben ein Albtraum, wie die Diskussionen im Web bereits jetzt zeigen. Denn an die Stelle unaufgebbarer gesetzlicher Normen, die jeden Einzelfall binden, treten zahlreiche Gründe, warum Priester und Gläubige im Einzelfall von der Norm abweichen können. Folgenschwer wird dabei die Veränderung sein, dass es ab jetzt für die Glaubenskongregation schwierig, wenn nicht unmöglich sein wird, Bischofskonferenzen oder Bischöfe in den angesprochenen Fragen abzumahnen. Denn grundsätzlich gibt die Kirche mit dem Schreiben einen Teil ihrer Kontrollinstanz in Fragen der Sexualität auf.

All das tut der Papst, ohne an einer Stelle die kirchliche Lehre an sich zu ändern, wenn man nicht in der Betonung von Kultur, Situation und Gewissen eine Verschiebung der gesamten Morallehre der Kirche auf einen Schlag sehen will. Deutlich wird das beim Thema Homosexualität. Es ist kein aufgeregtes Zentralthema der Sexualethik, sondern wird fast beiläufig behandelt, nicht mehr und nicht weniger als etwa das Zusammenleben unverheirateter Heterosexueller, das auch als nicht dem Ideal der Schöpfung entsprechend angesehen wird.

Ökumenisch öffnet das Dokument Türen in Richtung der orthodoxen oder der klassischen protestantischen Ethik – Karl Barth wäre erfreut gewesen. Eher liberal orientierte Protestanten werden tief enttäuscht sein, aber weite Teile der evangelikalen Welt werden das Schreiben als Annäherung an ihre Position verstehen: Biblisch vorgegebene ethische Grundsatzpositionen und eine auf das Leben und Gewissen bezogene Seelsorge werden nicht im Gegensatz zueinander gesehen. So habe ich etwa in »Führen in ethischer Verantwortung: Die drei Seiten jeder Entscheidung« argumentiert, dass »Gebot«, »Weisheit« und »Herz« gleichermaßen biblisch begründete Quellen der Ethik sind. Der Papst benutzt eine etwas andere Begrifflichkeit, zielt aber auf dasselbe ab. Aus meinen Gesprächen mit ihm weiß ich, dass es genau darum geht: Die Breite des göttlichen Umgangs mit den Menschen in der Heiligen Schrift zu wahren, die Ermutigung und Ermahnung, Gebot und Weisheit, Lehre und persönliche Gewissensentscheidungen zugleich umfasst.

Auch sonst findet eine Annäherung an evangelikale und klassisch-protestantische Positionen statt. Ausgangspunkt sind durchgängig kleine, über die ganze Schrift verteilte Bibelarbeiten. Nicht nur die Barmherzigkeit wird betont, sondern auch, dass die Gnade Gottes immer zuerst kommt und der Mensch Gottes Ordnungen und »Bund« ohne Gottes beständige Gnade nicht verwirklichen kann (36, 37, 35). Typisch Katholisches tritt stark zurück. Selbst das auch bei Papst Franziskus bisher übliche lange Schlusskapitel über Maria samt Gebet zu Maria ist einem kurzen »Gebet zur Heiligen Familie« gewichen.

Die Heilsarmee und die Waldenser als Beispiel

Der Papst geht auch auf recht kleine evangelikale und evangelische Konfessionen wie etwa die Waldenser oder die Heilsarmee zu. Bei der ersten Begegnung der Heilsarmeegeneralin mit dem Papst war ich dabei. Es war offensichtlich, dass die Heilsarmee für Franziskus eine vertraute und geschätzte Größe war und er ihren Einsatz für die Armen als vorbildlich ansieht. In ihrem Anekdotenbuch »Ich bin einer von euch!« schildert Stefanie

Heckl den Empfang von Vertretern der Heilsarmee im Dezember 2014 im Vatikan: »Bei der Begegnung kramt Papst Franziskus tief in seinen Erinnerungen und erzählt davon, wie seine Großmutter ihm in früher Kindheit die Tür zur Ökumene geöffnet hat: ›Und jetzt will ich Ihnen eine Anekdote erzählen: Als ich vier Jahre alt war – das war 1940, da war noch keiner von Ihnen geboren! –, ging ich mit meiner Großmutter auf der Straße spazieren. Damals gab es die Vorstellung, dass alle Protestanten in die Hölle kommen würden. Auf dem Bürgersteig gegenüber gingen zwei Frauen von der Heilsarmee mit diesem Hut, den sie damals hatten, und ich fragte meine Großmutter: ›Wer sind diese Frauen? Sind das Ordensschwestern?‹ Und meine Großmutter sagte zu mir: ›Nein, die sind protestantisch. Aber die sind gut.‹ Das, so Franziskus, sei die erste ökumenische Predigt seines Lebens gewesen.«[169]

Auch die Waldenser, eine protestantische Kirche mit Verbreitung in Italien, Süddeutschland und Südamerika, erhielt Beachtung durch den Papst. Die Laiengemeinschaft wurde lange vor Martin Luther Ende des 12. Jahrhunderts durch den Lyoner Kaufmann Petrus Valdes in Südfrankreich gegründet. Die Waldenser wurden im Mittelalter von der katholischen Kirche ausgeschlossen und als Häretiker durch die Inquisition verfolgt. Nach der Reformation erging es ihnen als größter protestantischer Kirche in Italien lange nicht besser. Am 22. Juni 2015 besuchte Franziskus das Grabtuch von Turin. Gedacht war es als Hommage an die Tradition. Um die Welt gingen anschließend aber die Bilder, auf denen er die Kirche der Waldenser besucht und mit bewegenden und erschütternden Worten die Waldenser um Vergebung für die Schuld der katholischen Kirche bittet.

Die neue Spaltung der Christenheit durch sexualethische Themen

Am christlichen Welthorizont ist eine neue Spaltung aufgezogen, die die vielen Fortschritte der Ökumene weltweit oft im

Bild 1: Launch in Genf 2011 (von links): Erzbischof Pier Luigi Celata (Sekretär, Päpstlicher Rat für Interreligiöser Dialog, PCID, Jean-Louis Pierre Kardinal Tauran Präsident, PCID, Dr. Olav Fykse Tveit, Generalsekretär, Ökumenischer Rat der Kirchen, Dr. Geoff Tunnicliffe Generalsekretär, Weltweite Evangelische Allianz, WEA, Monsignor Andrew Vissanu Thanya-Anan, Untersekretär, PCID, Prof. Dr. Thomas Schirrmacher, Vorsitzender, Theologische Kommission und Sprecher für Menschenrechte, WEA

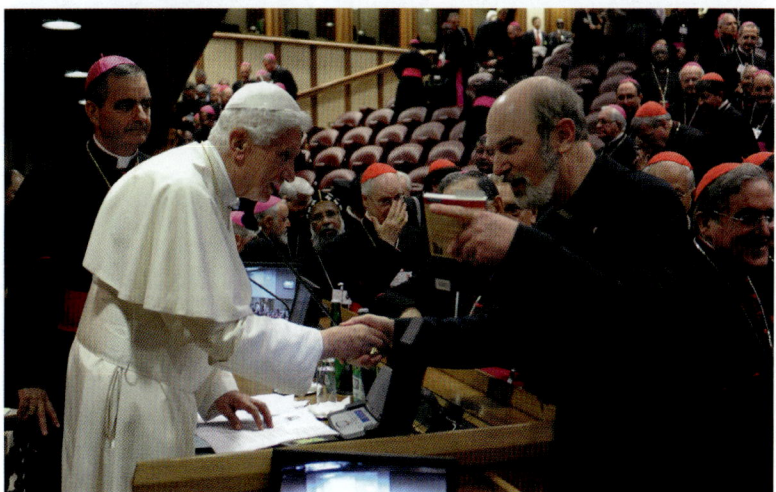

Bild 2: Papst Benedikt erhält unser Jahrbuch 2012

Bild 3: Papst Benedikt steigt gegen Ende seiner Amtszeit im Vatikan in einen Mercedes ein (2013)

Bild 4: Rede vor der Plenarversammlung des Ökumenischen Rates der Kirchen 2013 in Busan, Korea

Bild 5: Mit dem damaligen Generalsekretär der Weltweiten Evangelischen Allianz, Geoff Tunnicliffe, und dem Ökumenischen Patriarchen Bartholomäus, der auf einem Stuhl vor allen anderen ökumenischen Delegierten saß, kurz vor Beginn der Messe zur Amtseinsetzung des Papstes, dahinter die noch leeren Stühle für die Kardinäle, 2013

Bild 6: Gratulation zur Amtseinführung des Papstes, 2013

Bild 7: Zwei Tage nach Amtseinführung des Papstes, 2013

Bild 8 und 9: Europapolitik in der Warteschlange: Angela Merkel empfängt eine SMS, Norbert Lammert und Martin Schulz schauen ihr zu und diskutieren dann über die Zypernkrise

Bild 10: Der in einem Nebenraum abgestellte rot-goldene Papstthron, den mir einer der Ordner nach einem Besuch von Lebensrechtlern beim Papst Weihnachten 2013 zeigte. Franziskus hat keine einzige Minute auf ihm gesessen.

Bild 11: Der Papst lässt sich aus nächster Nähe fotografieren.

Bild 12: Der Schuh des Papstes von meinem Platz aus, Weihnachten 2013

Bild 13: Über Papst Franziskus befindet sich das Foto von Papst Benedikt an der Wand.

Bild 14: Früher undenkbar: Missglücktes Selfie mit dem Papst, der dazu scherzeshalber eine belehrende Geste macht (2014).

Bild 15: Einander segnend (2014).

Bild 16: Eine große Delegation der Weltweiten Evangelischen Allianz beim Papst November 2015, am Mikrofon der damalige Generalsekretär Geoff Tunnicliffe. Links neben dem Papst Erzbischof Georg Gänswein, links neben mir meine Ehefrau (2. v. l.), 2014

Bild 17: Sacharbeit beim Mittagessen (2014)

Bild 18: Die gemischte Gruppe beim Papst am 24. Juni 2014 mit Mitarbeitern und Ehefrauen

Bild 19: Das von Papst Franziskus signierte Foto ohne „P.P.", Oktober 2015

Bild 20: Begrüßung zur Bischofssynode, 2015

Bild 21: Kaffeepause mit Papst Franziskus, 2015

Bild 22: Der Papst erbat mein Buch zum Menschenhandel, 2015

Bild 23: Plenarbeitrag auf der Bischofssynode, 2015

Bild 24: In Byblos (2015) am Tisch mit
- Chrysostomos II., Erzbischof der Zyprisch-Orthodoxen Kirche
- Abune Mathias, Patriarch der Äthiopisch-Orthodoxen Kirche
- Béchara Pierre Kardinal Rai, Maronitischer Patriarch von Antiochien und des ganzen Orients
- Katholikos Aram I. der Armenisch-Orthodoxen Kirche, Katholikat von Kilikien
- Tawadros II., Patriarch von Alexandrien und Papst der Koptisch-Orthodoxen Kirche
- Theodoros II., griechisch-orthodoxer Patriarch von Alexandrien
- Kurt Kardinal Koch, Präsident des päpstlichen Rates für die Einheit der Christen
- Mor Basilios Thomas I., Katholikos von Indien der Syrisch-Orthodoxen Kirche

Bild 25: Kinderstunde zusammen mit dem syrisch-orthodoxen Patriarchen (2015).

Bild 26: Papst Franziskus bedankt sich für meine Rede zum Synodenjubiläum zum Genozid in Nahost, 2015

Bild 27: Gastvorlesung an der Päpstlichen Universität Urbania, 2015

Bild 28: Dank an Kurt Kardinal Koch für seine Rede zur Ökumene der Märtyrer, 2015

Bild 29: Mein Vortrag beim ökumenischen Symposium in Tirana, November 2015. Am Tisch Erzbischof Anastasios als Vorredner und als Moderator Metropolit Gennadios von Sassima, verantwortlich für praktisch alle wichtigen theologischen Dialoge des Ökumenischen Patriarchats

Bild 30: Mit dem ehemaligen Generalsekretär der Weltweiten Evangelischen Allianz, Geoff Tunnicliffe, bei einer Fragestunde, bei der Dutzende Evangelikale und Pfingstler den Papst drei Stunden befragen durften (2016)

Bild 31: Ich stelle dem Papst Umschlag und Titel dieses Buches (»Kaffeepausen mit dem Papst«) vor (2016).

Bild 32: Ich überreiche dem Papst Bücher meiner Frau auf Spanisch und stelle ihm Aneeqa Anthony aus Pakistan vor, die als Anwältin die Kinder vor Gericht vertritt, deren katholische Eltern 2014 von einem Mob in einem Ziegelofen bei lebendigem Leibe verbrannt wurden (2016).

gleichen Tempo wieder zunichtemacht. Sie ergibt sich zunächst auffällig aus der unterschiedlichen Haltung zur Homosexualität oder konkreter zur Ordination beziehungsweise Weihe homosexueller Pastoren und Bischöfe und zur gleichgeschlechtlichen Ehe. Die Spaltung geht aber tiefer und umfasst einen ganzen Strauß ethischer Fragen und klassische christliche Lehrpositionen. Diese Spaltung trennt aber nicht in erster Linie Konfessionen voneinander, sondern verläuft quer hindurch. Die anglikanische Kirche ist das beste Beispiel dafür. Sie spaltet sich mittlerweile ganz offiziell – zum Teil länderweise, zum Teil innerhalb der Länder – in eine konservative, sehr missionarische und eine liberale Richtung, auch wenn noch das Amt des Erzbischofs von Canterbury die Spaltung überdeckt. Im lutherischen oder baptistischen Bereich gibt es ähnliche Entwicklungen. So verzichten zum Beispiel plötzlich lutherische Kirchen in Afrika aus diesem Grund auf finanzielle Unterstützung in Höhe von Hunderttausenden Euro durch lutherische Partnerkirchen in Deutschland – zum maßlosen Erstaunen der deutschen Partnerkirchen.

Lange hat kein Einzelthema die Weltkirche so erschüttert wie die Frage der Homosexualität und speziell der gleichgeschlechtlichen Ehe. Gäbe es diese Thematik nicht, ginge es den ökumenischen Beziehungen auf globaler Ebene besser denn je zuvor. Der Ökumenische Rat der Kirchen (ÖRK) verzichtet beispielsweise völlig auf Stellungnahmen zu diesem Thema, weil sonst ein ökumenischer Zusammenhalt kaum noch denkbar wäre. Bei entsprechenden Veröffentlichungen müsste der ÖRK immer befürchten, dass die Russisch-Orthodoxe Kirche und andere orthodoxe Kirchen mit Austritt drohen, was die Gesamtzahl der durch den ÖRK vertretenen Christen erheblich reduzieren würde.

Vor diesem Hintergrund mag man es bedauern oder begrüßen, dass sich Katholiken und Evangelikale durch ihre Gemeinsamkeiten in ethischen und sexualethischen Fragen näherkommen – davon auszugehen war und ist so oder so. Nimmt man hinzu, dass die katholischen Theologen insgesamt gesehen die Kritik an der Glaubwürdigkeit der Bibel nie so weit getrieben haben wie die protestantischen Kirchen des Westens und dass der Glaube an die Historizität der Auferstehung oder der Jungfrauengeburt ein enges katholisch-evangelikales Band bildet, ergibt sich ein gewisser Automatismus, dem der Papst jetzt zusätzlich Schwung verleiht. Auch dass sich liberaler ausgerichtete Kirchen mit dem Thema Christenverfolgung viel schwerer tun, führt Katholiken, Orthodoxe und Evangelikale oft stärker zusammen. Ich persönlich bin über die zunehmende Spaltung in ethischen Positionen alles andere als glücklich. Doch die Evangelikalen können gar nicht anders, als die Gunst der Stunde zu nutzen, dass sie orthodoxen, orientalischen und eben auch katholischen Christen derzeit näherkommen denn je zuvor.

Wählen wir ein Beispiel von evangelikal-katholischer Zusammenarbeit, die eher liberal ausgerichtete Evangelische nicht unterstützen. Evangelikale und katholische Aktivisten haben auf dem 34. Evangelischen Kirchentag in Hamburg gemeinsam einen »Tag des Menschenhandels« in der Fischauktionshalle durchgeführt und vor allem, auch durch Berichte von Betroffenen, auf das konkrete Schicksal von Zwangsprostituierten hingewiesen. Die Anteilnahme seitens der Besucher war enorm, unsere Resolution hatte nach wenigen Minuten die geforderte Zahl von mehreren Tausend Unterstützern. Der Zuspruch seitens der evangelischen Kirchen dagegen war mager. Im Gegenteil, es wurde stattdessen die Sorge geäußert, die Kritik an der Zwangsprostitution könnte in Wirklichkeit eine Kritik an Prostitution an sich sein! Das Thema Christenverfolgung konnten wir als Evangelische Allianz bei diesem Kirchentag nur über katholische Politiker von Ständen der CDU und der CSU im Nebenprogramm zur Sprache bringen. Die orientalischen Bischöfe, die wir eingeladen hatten, um über die Lage in Nahost zu informieren, sprachen dann in der Mittagspause auf dem Markt der Möglichkeiten nur zu sehr wenigen Menschen. Eine vertane ökumenische Gelegenheit für den Kirchentag.

An dieser Stelle sei angemerkt: Auf eine katholisch-evangelikale Zusammenarbeit gehen weder katholische noch evangelikale Traditionalisten zu. Denn je traditioneller beide Seiten ausgerichtet sind, desto schwieriger wird die Zusammenarbeit. Dann kann ein Lebensrechtsmarsch beispielsweise an der Frage scheitern, ob und wie viele Marienbilder auf Transparenten gezeigt werden oder wie deutlich die katholische Familienplanungslehre aus der Zeit vor Franziskus vorgetragen wird. Oder anders formuliert: Je stärker die konfessionelle Prägung auf beiden Seiten, desto mühsamer die Zusammenarbeit.

Doch zurück zur wachsenden Zusammenarbeit zwischen Katholiken und Evangelikalen. Im Folgenden möchte ich an zwei Beispielen zeigen, wie sie aussehen kann.

Ökumene im Vatikan im Einsatz für Menschenwürde[170]

Bonner Querschnitte, 03.07.2013

Der Vorsitzende der Theologischen Kommission der Weltweiten Evangelischen Allianz, Thomas Schirrmacher, war einziger evangelischer Redner bei einer hochrangigen Begegnung im Vatikan zwischen Kirchenführern, Politikern und Experten auf Einladung des Dignitatis Humanae Institute (DHI). Thema war der zunehmende Druck in Staaten der westlichen Welt auf die christliche Ethik im Bereich des Lebens am Anfang und am Ende und in Fragen der Sexualethik. Schirrmacher wurde begleitet von Professor Thomas K. Johnson, der die Theologische Kommission in Fragen der Menschenrechte berät.

An der in den Räumen der Päpstlichen Akademie für Sozialwissenschaften in den Vatikanischen Gärten stattfindenden Tagung nahmen 6 Kardinäle, 5 Verantwortliche von Päpstlichen

Räten, 15 Minister und Parlamentsabgeordnete und 10 Wissenschaftler und Experten teil, die insgesamt aus 18 Ländern kamen. Schirrmacher und Johnson waren die einzigen evangelischen Experten.

In seiner Eröffnungsansprache betonte der Ehrenpräsident des DHI, Kardinal Renato Raffaele Martino, der zuvor 16 Jahre Botschafter des Vatikans bei der UN gewesen war, dass alle überzeugten Christen aller Konfessionen dafür kämpfen müssten, dass Menschenwürde und Menschenrechte keine beliebigen Allerweltsbegriffe würden, die heute dies und morgen das bedeuteten, sondern gemäß des christlichen Ursprungs der Menschenwürde den Schutz des Lebens von der Zeugung bis zum Sterben mit beinhalte. [...]

Schirrmacher betonte in seinem Beitrag, dass in der Offenbarung des Johannes Christen verfolgt würden, »weil sie Gottes Gebote halten und das Zeugnis Jesu Christi haben«. Die ungewöhnliche Reihenfolge zeige, dass nicht zuerst das Christsein an sich, sondern die Ethik der Christen unter Beschuss stehe. So sei in Europa und der westlichen Welt die Freiheit der Ausübung gottesdienstlicher Veranstaltungen praktisch überall gewährleistet. Wenn aber Christen das ethisch ausleben und umsetzen wollten, was sie für gut und nützlich hielten, würden sie zunehmend unter medialen, gesellschaftsdiskriminierenden und dann auch juristischen Druck kommen. Religionsfreiheit umfasse aber nie nur den Gottesdienst in eigenen Räumen, sondern immer auch das öffentliche Eintreten für die eigenen Überzeugungen und das Leben nach den eigenen Überzeugungen aufgrund der Gewissensfreiheit.

Der Präsident des DHI, der Italiener Luca Volonté, zugleich Fraktionsvorsitzender der European People Parties in der Parlamentarischen Versammlung des Europarates, kündigte eine engere Zusammenarbeit mit evangelikalen Experten an. Es gäbe zu viel Gemeinsamkeiten in Fragen des Lebensrechtes und

Der Thomanerchor im Petersdom

des Einsatzes gegen Christenverfolgung, als dass man aneinander vorbei arbeiten dürfe.

Abschluss der Tagung war die samstägliche Papstmesse »Petrus und Paulus« mit ökumenischem Akzent durch eine starke Delegation des Ökumenischen Patriarchats der Orthodoxen Kirche und die erstmalige Teilnahme eines evangelischen Chores an der Liturgie im Petersdom: Der Thomanerchor sang Teile von Johann Sebastian Bachs Kantate »Jesu, meine Freude« und wirkte zusammen mit dem katholischen ältesten Chor der Welt an der Liturgie mit. Der Präsident des sog. Einheitssekretariats des Vatikans, Kardinal Kurt Koch, begrüßte unter anderem Dr. Werner Neuer, der für das Zustandekommen dieses einmaligen Ereignisses mit verantwortlich war. Schirrmacher kommentierte: »Es war wirklich erhebend und einmalig, die mir von klein auf vertraute Lieblingsmusik meiner Mutter, ›Jesu, meine Freude‹, im Petersdom zu hören. Ein protestantischer Chor als Teil einer Papstmesse, dazu sehr freundliche Worte des Papstes zur Begrüßung, das gab es noch nie. Es war ein gelungener Abschluss zur Tagung in der Päpstlichen Akademie mit ökumenischer Beteiligung.«

Im Vatikan trafen sich die Weltreligionen zum Einsatz für die Ehe[171]

Bonner Querschnitte, 21.11.2014

Die Glaubenskongregation des Vatikans hat in Zusammenarbeit von drei Päpstlichen Räten (Familie, interreligiöser Dialog, Einheit der Christen) ein dreitägiges Kolloquium zur »Komplementarität von Mann und Frau« durchgeführt, in dem Referenten aus 23 Ländern und fast aller größerer Religionen das Leitbild der lebenslänglichen, zweigeschlechtlichen Ehe mit Kindern beschworen haben. Das Kolloquium fand in den Räumen der Synode in der Papst Paul VI.-Halle im Vatikan statt. Das Kolloquium war allerdings schon vor der Bekanntgabe der Synode zum Thema Familie geplant worden.

Der Papst eröffnete das Kolloquium mit einer Ansprache, in der er feststellte, dass es weder konservativ noch progressiv sei, für die zweigeschlechtliche Langzeitehe als besten Ort für Kinder einzutreten, denn die Familie sei eben einfach die Familie und kein politischer Spielball. »Kinder haben das Recht, in einer Familie aufzuwachsen, mit einem Vater und einer Mutter, die eine angemessene Umgebung für ihre Entwicklung und emotionale Reife schaffen können«, erklärte der Papst.

Vertreter nicht nur aller großen und bekannten Weltreligionen wie Judentum, Hinduismus, Buddhismus oder Islam, sondern auch von regionalen Religionen aus Indien oder Japan, wie Sikhs, Jainiten, Shintoisten, daneben auch aus den USA die »Heiligen der Letzten Tage« (»Mormonen«) haben zusammen mit Christen vieler Konfessionen als Referenten die Bedeutung der auf der lebenslänglichen, zweigeschlechtlichen Ehe aufbauenden Familie unterstrichen.

Der Papst und Kardinal Müller eröffnen das Ehe-Symposium der Glaubenskongregation, November 2014. Zweiter von rechts ist der Fotograf des Papstes, Francesco Sforza.

»Es wurde deutlich – und das war die Absicht des Ganzen –, dass die große Mehrheit der Menschheit nach wie vor an dem Ideal der klassischen Familie aus Vater und Mutter, die lebenslang zusammenbleiben, und ihren Kindern festhält«, erklärte der Vorsitzende der Theologischen Kommission der Weltweiten Evangelischen Allianz, Thomas Schirrmacher.

Wie Schirrmacher in seinem Beitrag zum »Scholars' Panel« feststellte, komme in dem Kolloquium auch das erst vor zwei Wochen vereinbarte engere Zusammengehen zwischen dem Päpstlichen Rat für die Familie und den Familienexperten der

Mit Rick Warren beim Ehe-Symposium der Glaubenskongregation, November 2014

WEA zum Ausdruck. Er wies darauf hin, dass es besonders erfreulich sei, dass der Schwerpunkt auf der positiven Werbung für die lebenslängliche Ehe als Investition für die Kinder, nicht auf der Verurteilung Anderer liege. Denn das Thema der gleichgeschlechtlichen »Ehe« sei nur selten und verhalten angesprochen worden, das Thema »Scheidung« dagegen wesentlich häufiger, aber eigentlich ginge es darum, Menschen Mut zu machen, die Herausforderung der Unterschiedlichkeit der Geschlechter für eine tiefe, lebenslängliche Beziehung zu nutzen und dadurch glücklich zu werden.

Schirrmacher sagte wörtlich: »Das größte Kontingent der Plenarredner stellten, wenn man einmal von den moderierenden Kardinälen und Erzbischöfen absieht, die katholische Kirche und die Evangelikalen innerhalb und außerhalb der Weltweiten Evangelischen Allianz, aus allen fünf Kontinenten. Zu nennen sind etwa der amerikanische Pastor Rick Warren, der leitende anglikanische Erzbischof Nigerias, Nicholas Okoh, der ehemalige Bischof von Rochester und Berater der WEA in Fragen der islamischen Welt, Michael Nazir-Ali und Dr. Russell D. Moore, Präsident des Rates der Südlichen Baptisten für Ethik und Religionsfreiheit, und die afroamerikanische Hochschullehrerin aus einer Pfingstkirche, Jaqueline Cooke-Rivers. Daneben kamen auch andere Protestanten aus dem konservativen Spektrum zu Wort, etwa der Leiter der Bruderhöfe, Johann Christoph Arnold. Das Spektrum des liberalen Protestantismus fehlte verständlicherweise.«

Schirrmacher bedankte sich bei Kardinal Müller für die gute Zusammenarbeit. Er führte zugleich Gespräche mit fünf Mitarbeitern der Glaubenskongregation. Die Glaubenskongregation, Hauptveranstalter des Kolloquiums, ist die Theologische Kommission des Vatikans und damit das Gegenstück zur Theologischen Kommission der WEA. Schirrmacher hob auch hervor, dass es erfreulich und ganz im Sinne der Evangelikalen gewesen sei, dass man respektvoll und zuvorkommend mit den Vertretern nichtchristlicher Religionen umgegangen sei, aber auf jeden Anflug von Synkretismus verzichtet habe. So hatte Kardinal Müller deutlich festgestellt, dass es selbst zu Beginn des Mittagessens keine gemeinsamen Gebete der Religionen geben werde.

Seltener Blick vom Dach der Glaubenskongregation

Franziskus zum Fundamentalismus
Natürlich habe ich mich gefreut, dass der Papst den Fundamentalismus – wie ich in meinem gleichnamigen Buch auch – als Rechtfertigung oder Anwendung von Gewalt im Namen einer Wahrheit sieht.[172] In seinem langen Gespräch mit dem Rabbiner Abraham Skorka sagt er: »Im Namen Gottes zu töten heißt, die religiöse Erfahrung zu ideologisieren.« Das bringe politische Ränkeschmiederei mit sich, und es komme zur Vergötterung der Macht im Namen Gottes. »Menschen, die dies tun, erheben sich selbst zu Gott. Mitten im 20. Jahrhundert vernichteten solche Menschen ganze Völker, weil sie sich für Gott hielten. Die Türken taten das mit den Armeniern, der stalinistische Kommunismus mit den Ukrainern, der Nationalsozialismus mit den Juden. Sie benutzten einen Diskurs mit göttlichen Attributen, um Menschen zu töten.«[173]

Kardinal Müller hat übrigens im Interview mit der »Zeit« genau die gleiche Position vertreten.[174] »Fundamentalismus« sei für ihn nicht einfach als unbeirrbares Festhalten an der Wahrheit zu verstehen, sondern bedeute, anderen seinen Glauben mit Gewalt oder mit anderen Methoden aufzwingen zu wollen.

Daneben kennt Franziskus noch den Fundamentalismusbegriff, der beschreibt, dass Geistliche Menschen Gehorsam abverlangen: »Der Priester, der sich anmaßt, ausschließlich Anweisungen zu erteilen, wie es in fundamentalistischen Gruppierungen geschieht, entwertet die Menschen auf der Suche nach Gott und verstümmelt sie. [...] Der Lehrer, der sich anmaßt, die Entscheidungen für den Schüler zu treffen, ist kein guter Priester, er ist ein guter Diktator, einer, der die religiöse Persönlichkeit der anderen entwertet.«[175] Interessant: Das gilt für ihn innerhalb der katholischen Kirche ebenso wie außerhalb. Kurzum: Heißt es sonst gewissermaßen: »Fundamentalisten« sind immer die anderen, kehrt der Papst den Begriff auch selbstkritisch nach innen. Davon können auch manche Evangelikale und Pfingstler noch etwas lernen.

In seinen Augen ist es die Rolle des Priesters, die offenbarte Wahrheit zu unterbreiten und Menschen zu begleiten: »Wenn Gott mit der Schöpfung das Risiko einging, uns frei zu erschaffen, wer bin ich, um mich einzumischen? Wir verurteilen die geistliche Bedrängung, die stattfindet, wenn ein Priester Anweisungen, Verhaltensweisen, Forderungen derart aufzwingt, dass sie dem anderen die Freiheit nehmen.« Gott habe selbst die Freiheit zu sündigen in unseren Händen gelassen. »Man muss sehr klar von den Werten, Grenzen und Geboten sprechen, aber eine geistliche, pastorale Bedrängung ist nicht gestattet.«[176] Vielleicht ist es diese Ansicht des Papstes, die ihn am protestantischsten wirken lässt. Dabei meine ich aber beileibe nicht, dass seine Warnung auf Protestanten und insbesondere Evangelikale nicht zutreffen würde.

Interreligiöser Dialog

Anfang 2016 erschien das erste Video einer neuen monatlichen Videobotschaft der sogenannten »Gebetsmeinung« des Papstes. In ihm sind Anhänger und Geistliche des Christentum, Islam, Judentum und Buddhismus zu sehen. Die meisten sind Freunde oder frühere Gesprächspartner des Papstes. Sie sagen anfangs, an wen sie glauben, und in einer zweiten Runde: »I believe in love« – »Ich glaube an die Liebe.« Am Ende der Videobotschaft fordert der Papst dann einen ernsthaften Dialog zwischen allen Religionen und Weltanschauungen, weil das Früchte des Friedens und der Gerechtigkeit hervorbringen könne. Dagegen ist nichts einzuwenden. »Die meisten Einwohner unseres Planeten bezeichnen sich selbst als Gläubige. Das sollte zum Dialog zwischen den Religionen führen. Wir sollten nicht aufhören, für ihn zu beten und auch mit denen zusammenzuarbeiten, die anders denken.« Dann heißt es: »Viele denken unterschiedlich, fühlen unterschiedlich, suchen Gott und treffen Gott auf verschiedenen Wegen. In dieser Masse und Bandbreite der Religionen gibt es nur eine Gewissheit für alle: Wir sind alle Kinder Gottes.« Das allerdings ist zumindest vage, wenn nicht missverständlich. Bezieht man es auf die Schöpfung aller Menschen, hat der Christ sicher diese Gewissheit. Bezieht man es aber auf die Lehren der Religionen, dürfte es wohl kaum stimmen. Allerdings erweckt das Video insgesamt den Eindruck, als wollten alle Religionen das Gleiche, nämlich Liebe, und als seien Islam und Buddhismus gleichwertige Wege zu Gott. Mittlerweile konnte ich aber im Gespräch klären, dass der Papst das nicht sagen wollte, sondern daran festhält, dass eine Errettung an Jesus Christus vorbei nicht möglich ist.

Denn bei der Frage des Dialoges mit Anhängern anderer Religionen liegen die Auffassungen der Mehrheit der Evangelikalen und der katholischen Kirche sehr nahe beieinander. Das war schon unter Papst Benedikt so. Franziskus fordert und wünscht den interreligiösen Dialog in »Evangelii gaudium«, ohne aber den Willen zur Evangeliumsverkündigung auch nur zeitweise auszusetzen. Es ist genau dieselbe Sicht auf Gespräche mit Anhängern und Leitern anderer Religionen, wie sie die Weltweite Evangelische Allianz propagiert und intensiv praktiziert. Beim interreligiösen Dialog, der stets freundlich und herzlich bleibe, dürfe »niemals die wesentliche Bindung zwischen Dialog und Verkündigung vernachlässigt werden, die die Kirche dazu bringt, die Beziehungen zu den Nichtchristen aufrechtzuerhalten und zu intensivieren«, formuliert er in »Evangelii gaudium«. »Ein versöhnlicher Synkretismus wäre im Grunde ein Totalitarismus derer, die sich anmaßen, Versöhnung zu bringen, indem sie von den Werten absehen, die sie übersteigen und deren Eigentümer sie nicht sind.« Für Franziskus schließt die »wahre Offenheit« ein, »mit einer klaren und frohen Identität in den eigenen tiefsten Überzeugungen fest zu stehen, aber ›offen zu sein, um die des anderen zu verstehen‹, ›im Wissen darum, dass der Dialog jeden bereichern kann‹. Eine diplomatische Offenheit, die zu allem Ja sagt, um Probleme zu vermeiden, nützt uns nicht, da dies eine Art und Weise wäre, den anderen zu täuschen und ihm das Gut vorzuenthalten, das man als Gabe empfangen hat, um es großzügig zu teilen.« In seinen Augen sind Evangelisierung und interreligiöser Dialog ganz und gar kein Widerspruch: »Vielmehr unterstützen und nähren sie einander.«[77] Ein Dialog, der Mission verwirft, ist somit für ihn ausgeschlossen. Der Papst formuliert ganz auf einer Linie mit dem Dokument »Christliches Zeugnis in einer multireligiösen Welt«, das Vatikan, Weltkirchenrat und Weltweite Evangelische Allianz 2011 gemeinsam verabschiedet haben.

TEIL 2
CHRONOLOGIE EINER WACHSENDEN
BEZIEHUNG 2011–2016

Im zweiten Teil des Buches möchte ich sechs zentrale Ereignisse und Prozesse vorstellen, die eine Rolle spielen in der wachsenden Beziehung zwischen Papst und katholischer Kirche als internationaler Institution einerseits und der Weltweiten Evangelischen Allianz andererseits, in der die Mehrheit der Evangelikalen und Pfingstler zusammengeschlossen ist. Dabei beginne ich mit zwei Prozessen und Ereignissen aus der Schlussphase von Papst Benedikt in den Jahren 2011 und 2012, wende mich dann dem Rücktritt von Benedikt zu und beschreibe schließlich zwei Ereignisse aus dem Jahr 2014 und zwei aus dem Jahr 2015.

2011: Das bedeutendste ökumenische Dokument
der Neuzeit

Geoff Tunnicliffe

2007 traf sich in Bangkok die Kommission für Religionsfreiheit der Weltweiten Evangelischen Allianz (WEA). Erstmals dabei war der 2005 gewählte Generalsekretär der WEA, der Kanadier Geoff Tunnicliffe, der von da an zehn Jahre lang, bis Ende 2014, im Amt war. Ich berichtete ihm vom Stand der Gespräche mit dem Vatikan und dem Ökumenischen Rat der Kirchen (ÖRK) bezüglich eines Dokumentes zu Mission und Dialog und erklärte, dass ich seit 2006 vonseiten des ÖRK als Experte daran teilnehme. Ich schlug vor, der Einladung des ÖRK nachzukommen und offiziell als Institution daran teilzunehmen. Eine Erklärung, was Mission sei und was nicht, wenn sie sich an die Weltpolitik und andere Weltreligionen richte, war in meinen Augen nur dann sinnvoll, wenn die überwältigende Mehrheit der Christen sie gemeinsam abgab. Wenig angemessen erschien mir, wenn nur ein Teil dahinter stand und dabei offen oder verstohlen den anderen Teil kritisierte.

Mit Geoff Tunnicliffe 2007 in Bangkok

Man kann sich das heute kaum noch vorstellen, so schnell hat sich die Welt in zehn Jahren verändert. Der Gedanke, dass wir mit dem ÖRK ein gemeinsames Papier zur Mission unterzeichnen würden, schien absurd. Mit dem Vatikan hatte es das immerhin 1982 schon einmal gegeben. Aber hier schienen andere Themen unüberwindlich. Zudem waren sowohl das Missionsverständnis als auch die Möglichkeit von Gesprächen mit anderen Religionen sehr heiße Eisen. Das schien vielen illusorisch und nur dann möglich, wenn die Evangelikalen und Pfingstler ihre DNA aufgeben würden.

Geoff Tunnicliffe erklärte mir, wie heikel das sei. Aber er lachte auch und sagte: »Risiko muss sein, wenn wir vorankommen wollen. Es wäre ja nicht so schlimm für uns, wenn wir uns nach einer anderen Aufgabe umsehen müssten, wir finden schon etwas.« Niemals hätten wir damals gedacht, dass wir fünf Jahre später dafür weltweit von innerhalb wie außerhalb unseres Lagers mit Lob überschüttet werden würden. Geoff warnte noch, die Sache nicht an die große Glocke zu hängen. Doch die Wirklichkeit holte uns schnell ein: Vatikan und ÖRK baten mich, zur nächsten großen Tagung zu diesem Thema 2007 im französischen Toulouse den Eröffnungsvortrag zu halten und das gemeinsame Programm vorzustellen.[178] So war die Katze aus dem Sack. Die beiden anderen Vertreter der WEA, beide übrigens aus Pfingstkirchen, John Langlois, Vorsitzender der Kommission für Religionsfreiheit und seit Jahrzehnten im Internationalen Rat, dem Vorstand der WEA, und Richard Howell, Generalsekretär der Asiatischen Evangelischen Allianz, unterstützten mich hundertprozentig. Und ohne die Risikobereitschaft und Rückendeckung von Geoff Tunnicliffe wäre es nie zu dem Dokument »Christliches Zeugnis in einer multireligiösen Welt« gekommen.

Der Tübinger Missionswissenschaftler Peter Beyerhaus ist der altehrwürdige Doyen der evangelikalen Kritik an der ökumenischen Bewegung. Zu seinem 70. Geburtstag habe ich 1999 unter dem Titel »Kein anderer Name: Die Einzigartigkeit Jesu Christi und das Gespräch mit nichtchristlichen Religionen« eine große Festschrift herausgegeben. Seine Haltung ist ein Symbol für die Veränderung, die sich zwischen 2006 und 2011 ergeben hat. Er war anfangs sehr kritisch und warnte vor dem, was wir taten. Aber auf dem großen Evangelisationskongress der Lausanner Bewegung in Kapstadt 2010 präsentierten sein Schüler Christof Sauer und ich das entstehende Dokument und Peter Beyerhaus stellte sich demonstrativ dahinter: Es sei inhaltlich richtig und notwendig, ein großer Fortschritt für die Missionswissenschaft, für die Mission und für ökumenische Beziehungen bekenntnisgebundener Christen.

Das bedeutendste ökumenische Dokument der Neuzeit

Fünf Jahre später wurde der erste gemeinsame Text des Vatikans, des Ökumenischen Rates der Kirchen und der Weltweiten Evangelischen Allianz mit dem Titel »Christliches Zeugnis in einer multireligiösen Welt«[79] veröffentlicht. Das Dokument hat längst Kirchengeschichte geschrieben, denn es wurde auf allen Kontinenten in einem Maße akzeptiert und rezipiert, wie niemand es vorhersehen konnte. Hier aber möchte ich unterstreichen, welch zentrale Rolle Papst Benedikt dabei gespielt hat. Als der Text fertiggestellt war, musste er auf katholischer Seite natürlich Papst Benedikt vorgelegt werden. Meine katholischen Freunde wussten wirklich nicht, wie und wann der Papst reagieren würde. Ich war mir dagegen recht sicher, dass er zustimmen würde, denn er hatte zuvor mehrfach Gedanken aus Entwürfen des Papiers in Päpstliche Schreiben aufgenommen und – ohne Nennung des Prozesses – begrüßt.

Ich habe das Exemplar der Endfassung mit den Bemerkungen des Papstes gesehen: Papst Benedikt hatte darin mit seiner kleinen, gut leserlichen Handschrift einige Schreibfehler markiert! Ansonsten ließ er den Text unangetastet und begrüßte ihn. Lediglich in der Unterüberschrift missfiel ihm das Wort »Kodex« (im Englischen »Code«). Und das nicht, weil es in der katholischen Kirche ein festgelegter kirchenrechtlicher Terminus ist, sondern wegen des Buches »Der Da Vinci Code«. ÖRK und WEA verständigten sich mit dem Vatikan schnell auf einen neuen Untertitel. Da das Projekt aber fünf Jahre unter dem Namen »Code« beziehungsweise »Ethikkodex« gehandelt worden war, ist das unter Insidern immer noch die gängigste Bezeichnung. Im Deutschen blieb im Untertitel die Formulierung »Verhaltenskodex« zudem erhalten.

Heute schreiben wir Geschichte[180]

Bonner Querschnitte, 29.06.2011

Empfehlungen für einen Verhaltenskodex für das »Christliche Zeugnis in einer multireligiösen Welt« veröffentlicht

»Heute ist ein historischer Moment für das gemeinsame christliche Zeugnis«, sagte Jean-Louis Kardinal Tauran, Präsident des Päpstlichen Rates für Interreligiösen Dialog. »Zum ersten Mal in der Geschichte haben der Ökumenische Rat der Kirchen zusammen mit der Weltweiten Evangelischen Allianz und dem Päpstlichen Rat für Interreligiösen Dialog ein Dokument veröffentlicht.«

»Mission gehört zutiefst zum Wesen der Kirche.« Mit diesen Worten beginnt das Dokument, das gestern in Genf am Sitz des Weltkirchenrates in einer feierlichen Stunde der Öffentlichkeit übergeben wurde.[181] Mehr als fünf Jahre lang hatten Repräsentanten der genannten kirchlichen Organisationen in einer Reihe von größeren und kleineren Konferenzen daran gearbeitet, was es heißt, den christlichen Glauben im 21. Jahrhundert in einer multireligiösen Welt zu bezeugen und weiterzugeben. Entstanden ist ein Dokument mit klassischen Grundlagen für das christliche Zeugnis, gefolgt von Prinzipien und Empfehlungen.

»Wir Christen haben die Pflicht, unseren Glauben ohne jeden Kompromiss zu proklamieren«, rief Kardinal Tauran die Anwesenden auf. »Wir sind nicht Lehrer, die Lektionen über Gott weitergeben. Wir sind Botschafter der Errettung, die durch den Tod und die Auferstehung Christi, der heute noch lebt, zu uns gekommen ist.«

Geoff Tunnicliffe, der Generalsekretär der Weltweiten Evangelischen Allianz (WEA), wies darauf hin, dass in dem vorgelegten Dokument alle vier Hauptanliegen, die die WEA seit ihrer Gründung 1846 vertritt, eine tragende Rolle spielen: 1. Einheit in Christus, 2. Menschenrechte, 3. Evangelisation, 4. Religionsfreiheit. Der Generalsekretär der WEA sprach von einem »kraftvollen Dokument«, nicht zuletzt, weil durch die Vertreter der verschiedenen Organisationen 90 Prozent der Weltchristenheit repräsentiert seien. Mission sei das »Herz des Evangeliums«, ohne Mission sei die Kirche tot. Das christliche Zeugnis solle aber nicht nur durch Worte, sondern ebenso durch Taten geschehen.

Thomas Schirrmacher, Chefunterhändler für die Weltweite Evangelische Allianz, machte deutlich, dass es sich bei dem vorgelegten Dokument keineswegs um ein Kompromisspapier handele. Im Laufe der Jahre habe es aus dem Umfeld verschiedener Seiten immer wieder auch sehr skeptische Stimmen gegeben, die ein inhaltlich substanzielles Dokument zum Thema Religionsfreiheit und Mission nicht für möglich gehalten hätten. Am Ende stünden nun klare Empfehlungen, die einerseits den Auftrag Jesu an seine Kirche deutlich bezeugten, andererseits aber auch die Grenzen einer an der biblischen Botschaft ausgerichteten Mission aufzeigten.

So verweise der Text bereits im ersten Punkt der Grundlagen darauf, dass es nicht nur eine Freude sei, über die eigene Hoffnung anderen gegenüber Rechenschaft abzulegen, sondern dass dies mit »Sanftmut und Respekt« zu geschehen habe (mit Verweis auf 1. Petrus 3,15). Im letzten Punkt der Grundlagen werde bekräftigt, dass es die Verantwortung der Christen sei, von Jesus Zeugnis abzulegen, »dass die Bekehrung dabei jedoch letztendlich das Werk des Heiligen Geistes ist«. Dies schließe, so Schirrmacher, auch theologisch jeden Gedanken an die Möglichkeit einer Zwangsbekehrung aus. Damit begrenze sich die christliche Mission selbst, dies aber nicht z. B. aus politischen Gründen, sondern weil es biblisch geboten sei.

Erzbischof Pier Luigi Celata sagte in der anschließenden Pressekonferenz, dass das Dokument auf zwei Säulen aufgebaut sei: erstens der Auftrag Jesu, das Evangelium bekannt zu machen, und zweitens die Würde, die jeder Mensch von der Schöpfung her habe.

Kardinal Tauran und die Generalsekretäre des Ökumenischen Rates der Kirchen und der Weltweiten Evangelischen Allianz

Das christliche Zeugnis in einer multireligiösen Welt[182]

Christsein heute, Juni 2014
»Mission gehört zutiefst zum Wesen der Kirche. Darum ist es für jeden Christen und jede Christin unverzichtbar, Gottes

Wort zu verkünden und seinen/ihren Glauben in der Welt zu bezeugen. Es ist jedoch wichtig, dass dies im Einklang mit den Prinzipien des Evangeliums geschieht, in uneingeschränktem Respekt vor und Liebe zu allen Menschen.« So beginnt das Dokument »Das christliche Zeugnis in einer multireligiösen Welt: Empfehlungen für einen Verhaltenskodex«, das 2011 von den drei großen Körperschaften der Weltchristenheit, der katholischen Kirche, dem Ökumenischen Rat der Kirchen (ÖRK) und der Weltweiten Evangelischen Allianz (WEA), verabschiedet wurde. Am 27.–28.8.2014 werden die Kirchen und Missionswerke Deutschlands das Dokument bei der Konsultation »MissionRespekt« (www.missionrespekt.de) für Deutschland rezipieren.

Wir befragten dazu Thomas Schirrmacher, der die Delegation der WEA im Entstehungsprozess des Dokumentes leitete.

Was war der Anlass, ein globales Dokument über die Ethik der Mission zu erstellen?

Die Frage nach der Ethik der Mission stellt sich in den letzten Jahren zunehmend im innerchristlichen Gespräch ebenso wie im Verhältnis zwischen den Religionen. Aber auch die Politik fragt, inwieweit das Menschenrecht der Religionsfreiheit durch andere Menschenrechte begrenzt wird. Zudem schlagen Antibekehrungsgesetze in Ländern Asiens und des Nahen Ostens oft in Unterdrückung der Christen um und der Vorwurf steht im Raum, Mission sei immer noch so etwas wie die Kreuzzüge oder der Kolonialismus.

Was ist das Besondere an dieser Erklärung?

Bei der öffentlichen Vorstellung nannten die Vertreter des Vatikans, des ÖRK und der WEA alle das Dokument »historisch« oder »einzigartig«, ja Kardinal Tauran sagte: »Heute schreiben wir Geschichte«. Schauen wir drei Jahre zurück, waren das nicht nur blumige Wünsche bei einer Feier. Für mich sind es fünf Dinge, die historisch und neu sind:

1. Nie zuvor hat die Weltchristenheit (genauer schätzungsweise 95%) gemeinsam gesprochen. 2. Das konstantinische Zeitalter, in dem Kirchen Staat, Macht, Kultur, Wirtschaft und Familiendruck nutzten, um Menschen bei der Kirche zu halten oder zu Christen zu machen, ist spätestens jetzt ganz offiziell für alle Kirchen zu Ende. 3. Das Thema Menschenrechte ist gemeinsame Basis für alle Kirchen und steht nicht mehr im Widerspruch zum Wesen der Kirche, das in ihrer Mission zum Ausdruck kommt. 4. Damit wird die »Ethik der Mission« ein gemeinsames Thema, das auch Evangelikale nicht mehr als Ablehnung der Mission verstehen. 5. Das Dokument bricht eingefahrene Positionen aus Grabenkämpfen des letzten Jahrhunderts auf, die teilweise berechtigt waren, aber nicht der heutigen Realität entsprechen.

Es war das Thema Mission (und dessen Kehrseite, die Religionsfreiheit), das 1846 zur Gründung der Weltweiten Evangelischen Allianz führte. Es war das Thema Mission, das die ökumenische Bewegung im 19. Jahrhundert zusammenführte. Es ist für mich kein Zufall, dass es wieder das Thema Mission ist, wenn auch zunächst nur die Art, wie wir Mission betreiben, das das erste gemeinsame Dokument der Weltchristenheit hervorgebracht hat.

Wie lange wurde an dem Papier gearbeitet – was waren die Hauptstationen?

Fünf Jahre. Eine kleine Gruppe von etwa neun Mitarbeitern des Heiligen Stuhls, des Weltkirchenrats und der Weltweiten Evangelischen Allianz, die sich 2006 bis 2011 regelmäßig traf, formulierte in Stufen einen Textvorschlag, der 2010 an viele Kirchenführer, Mitgliedskirchen und Kommissionen versandt wurde. Ungezählte Vorschläge – etwa auch von nationalen Allianzen – wurden ausgewertet und eingearbeitet. Nach großen Konsultationen 2006 in Lariano (Italien) und 2007 in Toulouse (Frankreich) trafen sich zur dritten Konsultation in Bangkok

Experten und hochrangige Kirchenführer, um intensiv am endgültigen Text zu arbeiten. Der dort erarbeitete Text wurde nur noch in kleineren Details von den jeweils höchsten Gremien der drei Körperschaften in Absprache untereinander geändert. So wollte Papst Benedikt XVI. den missverständlichen Begriff »Code« aus dem Titel herausgenommen wissen.

Wie kam die Weltweite Evangelische Allianz dazu? Und was war Ihre Rolle dabei?

Ich wurde 2006 ursprünglich als Berater vom Ökumenischen Rat der Kirchen nach Genf zur Planung des Prozesses hinzugezogen. Bei den Diskussionen kam dann der Gedanke auf, dass es zu wenig sei, dass die WEA durch mich nur beratend dabei ist, weil ein solches Dokument nur Durchschlagskraft hat, wenn es 1. so weit wie möglich von der Gesamtchristenheit unterstützt wird und 2. auch im Namen derer veröffentlicht wird, die einen Großteil der Weltmission mit tragen, nicht gegen sie. Die drei Körperschaften hatten ja zu dritt noch nie offiziell zusammengearbeitet.

Dann wurde die Regelung amtlich, dass der Vatikan eine Hälfte der Christenheit vertritt, der ÖRK mit der WEA die andere (ÖRK und WEA sind mit ca. 600 Mio. etwa gleich groß und zusammen etwa so groß wie die katholische Kirche). Bei der großen Konsultation in Toulouse hatte ich dann schon die Ehre, im Eröffnungsvortrag das geplante Programm für die nächsten Jahre vorzutragen.

An welchen Stellen der Erklärung war es besonders herausfordernd, einen Konsens zu erzielen?

Da wir kein Kompromisspapier wollten, sondern einen Text, der in jeder der drei globalen Körperschaften auf breite Akzeptanz stoßen würde, haben wir Themen, bei denen vorerst kein Konsens zu finden war, sehr bewusst außen vor gelassen. So findet sich z. B. kein eigener Abschnitt über Nichtreligiöse bzw. Atheisten, sondern es wird nur kurz gesagt, dass ähnliche

Prinzipien auch im Umgang mit ihnen gelten. Denn im Vatikan sind damit ganz unterschiedliche Organe befasst und die theologische Argumentation ist hier sehr unterschiedlich. Aber es ist für mich gerade eine Stärke des Dokuments, kurz und knapp zu formulieren, wo wir uns einig sind, und die anderen Bereiche nicht mit nichtssagenden Kompromissformeln zu kaschieren.

Wie geht es in Deutschland weiter?

Das Dokument hat auch in Deutschland wie in vielen anderen Ländern eine Breite des Christentums offiziell an einen Tisch gebracht wie vermutlich noch nie zuvor ein Dokument. Dass etwa unter Federführung des Evangelischen Missionswerkes das katholische Missionswerk »Missio« und die Arbeitsgemeinschaft Evangelikaler Missionen (AEM) gemeinsam mit praktisch allen Kirchen in Deutschland vertreten durch ACK, VEF, DEA usw. gemeinsam diskutiert haben, wie sie das Dokument für Deutschland fruchtbar machen können, ist schon erstaunlich. Es geht dabei ja nicht darum, so zu tun, als wären wir uns alle in allem einig, aber gerade unterschiedliche Auffassungen kann man nur angehen, wenn man miteinander spricht.

Wie bemessen Sie den Stellenwert aus freikirchlicher Perspektive?

Die Freikirchen bringen in die weltweite Christenheit vor allem die Sicht ein, dass der christliche Glaube immer eine persönliche Überzeugung ist, immer freiwillig ist und nicht zwangsweise vererbt werden kann und darf, wobei Zwang sowohl physisch als auch innerfamiliär, kulturell, gesellschaftlich usw. sein kann. Daraus leitete sich auch ab, dass Mission eigentlich bedeutet, dass jeder Christ mit anderen Menschen im Gespräch ist und diese Überzeugungsarbeit von Mensch zu Mensch die Kirchen durch die Generationen trägt, nicht die Unterstützung durch Staat, Macht oder Geld.

Ihre Sicht ist jetzt gewissermaßen kirchenamtlich und höchstinstanzlich die Sicht der Gesamtchristenheit. Das konstantinische Zeitalter ist zu den Akten gelegt. Das eröffnet viel Spielraum anderer Kirchen, von den Freikirchen zu lernen – so wie etwa Papst Benedikt XVI. in Luthers Kirche in Erfurt Präses Nikolaus Schneider empfahl, von den jungen religiösen Bewegungen zu lernen, wie das Evangelium aus persönlicher Überzeugung weitergegeben wird, da bald nur noch die in die Kirche gehen, die persönlich überzeugt sind.

Gibt es Passagen, auf die man sich geeinigt hat, die jedoch unterschiedlich verstanden bzw. gefüllt werden?

Wir haben von Anfang an darauf Wert gelegt, dass nur Aussagen da stehen, die jeder in seinem Bereich voll vertreten kann, als wäre es ein Dokument seiner eigenen Körperschaft. Dazu stehe ich auch weiter: Das Dokument hätte auch ein reines Dokument der WEA sein können. Wir haben deswegen auch versucht, Begriffe zu wählen, die für alle drei Körperschaften etwa dasselbe bedeuten. Deswegen nennen wir »Evangelisation« »Zeugnis geben«, weil das eindeutig ist, während »Evangelisation« im Vatikan technisch etwa »Re-Evangelisation« bedeutet, also die Rückgewinnung getaufter Christen. Beim Begriff »Heilung« ist bewusst so formuliert worden, dass sowohl die medizinische Heilung als auch das Heilen durch Wunder erfasst sind.

Das ändert aber natürlich nichts daran, dass gewisse grundlegende Begriffe, die nicht direkt mit dem speziellen Thema des Dokuments zu tun haben, weiter unterschiedlich gefüllt bleiben. Wenn es etwa in den ersten Worten heißt, dass »Mission« zum »Wesen der Kirche« gehört, wird »Kirche« natürlich weiterhin unterschiedlich verstanden. Dennoch wird etwa die stark hierarchische Sicht der katholischen Kirche gleich im zweiten Satz erweitert, der betont, dass das Zeugnisgeben jedem einzelnen Christen aufgetragen ist. Und eine zu individualistische evangelikale Sicht dieses zweiten Satzes wird wieder vom ersten zurechtgerückt. [...]

Gab es in den fünf Jahren ein ganz persönliches Highlight für Sie?

Ein persönlicher Höhepunkt war auf der letzten großen Konsultation in Bangkok, als wir in einer schwierigen Formulierungsfrage feststeckten und es recht emotional wurde, und plötzlich ein altgedienter Kirchenführer aus Indonesien, der Moderator des Zentralausschusses des ÖRK gewesen war, dafür plädierte, doch einfach die entsprechende biblische Formulierung zu nehmen, denn die Bibel sei ja allen drei Körperschaften gemeinsame Grundlage. Fünf Minuten später stand die endgültige Fassung des Satzes fest!

Das Gespräch führte Dietrich Ebeling.

Und Deutschland?

Ich hatte keinerlei Erwartungen, dass der ökumenische Fortschritt auf globaler Ebene durch das Dokument »Christliches Zeugnis in einer multireligiösen Welt«, der von großen Fortschritten in Ländern wie Indien, Kanada oder den Niederlanden gefolgt wurde, auch Deutschland erreichen würde. Denn zu anders ist die deutsche Situation. In Deutschland gibt es kirchlich und historisch gesehen zwei konfessionelle »Platzhirsche«, die zwar durchaus miteinander viele Projekte und Erklärungen abgegeben haben, aber selten mit den kleinen Kirchen Deutschlands zusammenarbeiten. Die Deutsche Evangelische Allianz ist kein Zusammenschluss von Kirchen wie in fast allen anderen Ländern. Ist sie aber nicht dabei, fehlt das Gegenstück zur Weltweiten Evangelischen Allianz. Die Freikirchen, die etwa in der Schweiz die Evangelische Allianz bilden, sind in Deutschland zum einen in der Vereinigung Evangelischer Freikirchen zusammengeschlossen, zum anderen Mitglieder oder Gastmitglieder der Arbeitsgemeinschaft christlicher Kirchen, des nationalen Ge-

genstücks zum Ökumenischen Rat der Kirchen, dem allerdings in Deutschland auch die Katholische Kirche angehört. Die orthodoxen und altorientalischen Kirchen sind in Deutschland nur in der ACK vertreten.

Es ist vor allem dem Evangelischen Missionswerk in Hamburg unter Christoph Anders und Michael Biehl und dem Auslandsbischof der EKD, Martin Schindehütte, dann auch Prälat Klaus Krämer vom katholischen Missionswerk Missio in Aachen zu verdanken, dass das Dokument Stück für Stück erst alle deutschen Missionswerke der Konfessionen und dann alle Kirchen zusammengeführt hat.

Dritter Jahrestag eines wegweisenden ökumenischen Dokuments in Berlin[183]

Weltweite Evangelische Allianz als Gast aller deutschen Kirchen Bonner Querschnitte, 21.08.2014

Das wegweisende Dokument, das sich mit der Art und Weise des christlichen Zeugnisses in aller Welt beschäftigt, wurde am 28. Juni 2011 durch den Päpstlichen Rat für Interreligiösen Dialog (PCID) der Römisch Katholischen Kirche, den Ökumenischen Rat der Kirchen (ÖRK) und die Weltweite Evangelische Allianz (WEA) nach fünfjähriger Arbeit veröffentlicht. Am 26. und 27. August 2014 treffen sich zum dritten Jahrestag des Dokumentes Kirchenleiter aus aller Welt und Vertreter aller deutschen Kirchen in Berlin, um sowohl den dritten Jahrestag des Dokumentes zu feiern als auch um dieses für die deutsche Christenheit zu adaptieren. Die drei Körperschaften, die das Dokument unterzeichnet hatten, werden repräsentiert sein durch Monsignor Dr. Ángel Ayuso Guixot, Sekretär des PCID, Dr. Olav Fykse Tveit, Generalsekretär des ÖRK, und Dr. Geoff Tunnicliffe, Generalsekretär der WEA. Ebenso werden die leitenden Bischöfe der beiden größten Kirchen in Deutschland,

Reinhard Kardinal Marx, Vorsitzender der katholischen Deutschen Bischofskonferenz, und Dr. Nikolaus Schneider, Ratsvorsitzender der Evangelischen Kirche in Deutschland (EKD), anwesend sein. Die Weltweite Evangelische Allianz werde zudem repräsentiert durch Dr. Richard Howell, Generalsekretär der Asiatischen Evangelischen Allianz, und drei Vertreter der Theologischen Kommission der WEA, die alle Mitautoren des Dokumentes sind, Prof. Dr. Thomas Schirrmacher, Dr. Rosalee Velloso Ewell und John Baxter-Brown.

Der internationale ökumenische Kongress »MissionRespekt« wird gesponsert durch die Arbeitsgemeinschaft Christlicher Kirchen in Deutschland (ACK), in der auch die Katholische Kirche Mitglied ist, und die Deutsche Evangelische Allianz zusammen mit den meisten deutschen Kirchen sowie den drei großen Missionsverbänden der drei Zweige der Christenheit – etwas, was es so bislang in Deutschland noch nicht gegeben hat, also ein historisch einmaliger Vorgang.

2012: Bischofssynode zur Evangelisation

Bischofssynode im Vatikan 2012

Der Papst und die katholische Weltsynode hatten die Weltweite Evangelische Allianz (WEA) eingeladen, anlässlich des 50-jährigen Jubiläums des Zweiten Vatikanischen Konzils und des Synodenthemas »Neuevangelisierung« kurz ihre Sicht zur »Evangelisation« darzulegen. So erarbeitete die Theologische Kommission der WEA unter der Leitung von mir und unserer Direktorin Rosalee Velloso Ewell aus Brasilien die Erklärung »Evangelisation: Das Markenzeichen des evangelikalen Glaubens«, die der Generalsekretär der WEA, Dr. Geoff Tunnicliffe, vor Papst und Synode persönlich vortrug.

Papst Benedikt auf der Vatikansynode 2012 von meinem Platz aus

Sie begann mit den Worten: »Evangelisation bedeutet die Pro-
klamation des rettenden Werkes Jesu Christi am Kreuz und
durch seine Auferstehung in Worten, Taten und christlichem
Charakter. Evangelisation steht im Zentrum dessen, was die
evangelikale Identität ausmacht. Wir bekräftigen, dass es nicht
möglich ist, ohne radikale Hingabe an die Weltevangelisation
wahrhaft evangelikal zu sein.« Immer noch im ersten Absatz erklärt die WEA, dass es neben der Evangelisation noch zwei weitere Charakteristika der evangelikalen Bewegung gibt, nämlich
»dass Jesus Christus der einzigartige Retter der Menschheit
und Herr der Schöpfung ist und dass die Schrift die höchste
Autorität in allen Fragen des Glaubens und der Lebensführung
ist«. Als Weltweite Evangelische Allianz waren wir auf der Weltsynode der katholischen Kirche im Vatikan dabei und haben
auch die Entstehung der dazugehörigen Dokumente erlebt. Ich

möchte einmal vor Augen führen, welch positiven Aussagen die Propositionen der Synode enthalten, die Evangelikale nur gutheißen können.[184]

Evangelikale Aussagen in den vatikanischen Synoden-Propositionen[185]

Blogeintrag, 05.02.2014

[...] Der 3. Abschnitt steht unter der Überschrift: »Die persönliche Begegnung mit Jesus Christus in der Kirche«. Er beginnt mit den Worten: »Bevor wir etwas zu den Formen sagen, die diese neue Evangelisierung annehmen soll, möchten wir euch mit tiefer Überzeugung sagen, dass sich der Glaube ganz in der Beziehung entscheidet, die wir mit der Person Christi aufbauen, der uns als Erster entgegengeht.«

Neben der persönlichen Beziehung zu Jesus steht eine Gemeinde, die von Beziehung geprägt wird. Im selben 3. Abschnitt heißt es: »Wir müssen einladende Gemeinden bilden, in denen alle Ausgegrenzten ihr Zuhause finden, sowie konkrete Erfahrungen von Gemeinschaft ermöglichen, die mit der glühenden Kraft der Liebe – ›Siehe, wie sie sich einander lieb haben‹ (Tertullian, Apologeticus, 39, 7) – den ernüchterten Blick der Menschen von heute auf sich ziehen.«

Von der Beziehung zu Jesus geht es nahtlos und natürlich zur Bibel weiter, denn der 4. Abschnitt »Die Gelegenheiten der Begegnung mit Jesus und das Hören der Heiligen Schrift« setzt diese Gedanken fort. Darin heißt es: »Das häufige Lesen der Heiligen Schrift, erleuchtet von der Überlieferung der Kirche, die sie uns übergibt und sie authentisch auslegt, ist nicht nur ein verpflichtender Schritt, um den Inhalt des Evangeliums, d.h. die Person Jesu innerhalb der Heilsgeschichte, zu kennen, sondern es hilft uns auch, neue Räume der Begegnung mit zu finden, wahrhaft in der Art und Weise des Evangeliums, verwurzelt in den grundlegenden Dimensionen des menschlichen Lebens: Familie, Arbeit, Freundschaft, Armut, Prüfungen des Lebens, etc.«

Auch wenn hier gut katholisch die Kirche eine amtliche Auslegungsfunktion hat, werden doch gut evangelikal die Beziehung zu Jesus und das Hören auf die Schrift aufeinander bezogen und das immer neue Bibelstudium hilft, alle Bereiche des Lebens am Evangelium auszurichten.

Auf der Vatikansynode 2012

Gut evangelisch ist auch die Vorordnung des Wirkens Gottes im 6. Abschnitt: »Angesichts der Fragen, die die heutigen vorherrschenden Kulturen dem Glauben und der Kirche stellen, erneuern wir unser Vertrauen auf den Herrn, in der Gewissheit, dass das Evangelium auch dort Träger des Lichtes ist und fähig, alle Schwächen des Menschen zu heilen. Nicht wir sind es, die das Werk der Evangelisierung vollbringen, sondern Gott, wie uns der Papst in Erinnerung gerufen hat: ›Das erste Wort, die wahre Initiative, das wahre Tun kommt von Gott, und nur indem wir uns in diese göttliche Initiative einfügen, nur indem wir diese göttliche Initiative erbitten, können auch wir – mit ihm und in ihm – zu Evangelisierern werden.‹ (Benedikt XVI., Meditation bei der ersten Generalkongregation der Bischofssynode, Rom, 8. Oktober 2012)«

Erfreulich – sogar für mich persönlich – ist, dass im 10. Abschnitt Fundamentalismus nicht mehr als ein bestimmtes Schriftverständnis verstanden wird, sondern so, wie ich es in meinem Buch »Fundamentalismus« verstehe, als Gewalt und Verletzung der Menschenrechte im Namen einer Wahrheit. Dass direkt ein Hinweis auf Christenverfolgung und ein Appell für die Religionsfreiheit folgt, liegt auf derselben Linie: »Der Dialog unter den Gläubigen der verschiedenen Religionen will ein Beitrag zum Frieden sein. Er weist jeglichen Fundamentalismus zurück und verurteilt jegliche Art von Gewalt gegen die Gläubigen, die eine schwerwiegende Verletzung der Menschenrechte darstellt. Die Kirchen auf der ganzen Welt wissen sich ihren leidenden Schwestern und Brüdern in Gebet und Brüderlichkeit verbunden und bitten diejenigen, die das Schicksal der Völker in Händen halten, dass sie das Recht aller auf eine freie Wahl, ein freies Bekenntnis und ein freies Zeugnis des Glaubens schützen.«

Welche katholischen Besonderheiten werden denn in dem Dokument erwähnt? Neben dem schon erwähnten besonderen Lehramt der Kirche (Abschnitt 4) und dem »geweihten Leben« (Abschnitt 7) ist der Schlussabschnitt 14 ganz Maria gewidmet, wenn auch – typisch für die Amtszeit von Papst Benedikt XVI. – keines der großen Mariendogmen direkt erwähnt wird.

Eines muss ich aber doch noch erzählen. Bereits auf der Synode 2012 führte Benedikt eine Neuerung ein, die nicht im umfangreichen Synodenhandbuch stand, nämlich kleine Diskussionsrunden nach Sprachen sortiert. Das löste ein für mich als Protestant merkwürdig anmutendes Problem aus: das der Kleidung. Für alle Veranstaltungsarten ist im Synodenhandbuch vorgegeben, wie sich Bischöfe und Kardinäle usw. jeweils zu kleiden haben. Jetzt gab es aber eine neue Veranstaltung, für die nichts vorgeschrieben war. So erlebte ich in unserem Hotel heftige Diskussionen darüber. Am Ende erschienen zur ersten Sitzung der Kleingruppen einige in normaler Kleidung, einige in alltäglicher Amtskleidung und einige im Ornat.

2013: Der Rücktritt von Papst Benedikt XVI.

Anzeichen für seinen Rückzug

Ich fahre an Rosenmontag auf der Autobahn, als kurz vor 12 Uhr meine Tochter die Meldung auf dem Handy vorliest, der Papst sei zurückgetreten. Nun hatte ich zwar mit seinem Rücktritt gerechnet, aber den Termin kannte niemand, und weil Rosenmontag war, dachte ich doch erst an einen Scherz.

Ich glaube, dass auch etliche andere nichtkatholische Vatikan-Insider die Anzeichen für einen Rücktritt gesehen haben, viele hochrangige Katholiken sie aber nicht verstanden, weil für sie die Option eines Rücktritts einfach nicht existierte. Patriarch Bartholomäus erzählte mir, Papst Benedikt habe zwar die Einladung für das oben beschriebene Treffen für 2014 in Jerusalem angenommen, aber dazu gesagt: »Da wird mein Nachfolger kommen.« Die Andeutung von Papst Benedikt XVI. auf der Vatikansynode 2012, dass nicht klar sei, wer das nachsynodale Schreiben verfassen würde, habe ich so verstanden, dass es eventuell seinem Nachfolger zufallen könnte, wie es dann ja auch geschah. Die Liste der Beispiele ließe sich weiterführen.

Papst Benedikt XVI. kurz vor der Evangelienlesung in einer Papstmesse
2012

»Ganz so überraschend kam der Papst-Rücktritt nicht«[186]

Ein Interview mit mir, das in gekürzter Fassung unter dem Titel
»Der weniger unfehlbare Papst« im pro-Medienmagazin
erschien.[187]

Bonner Querschnitte, 13.02.2013

*Sie haben den Papst erst kürzlich getroffen. Ist er wirklich so
schwach?*

Dass Papst Benedikt zwar geistig noch ganz auf der Höhe
ist, sein Körper bis hin zum Sprechen tagesweise aber den
Dienst versagt oder beschränkt, konnte jeder bei der dreiwöchigen Synode in Rom im Oktober [2012] sehen. Ich habe ihn
jüngst bei zwei Messen gesehen, das erinnerte schon stark an

die letzte Zeit von Papst Johannes Paul II. Im Gespräch mit mir war er voll informiert, konnte aber nicht alleine stehen.

Waren Sie erstaunt über den Rücktritt?

Den genauen Termin kannte natürlich niemand, aber Papst Benedikt hatte ja 2010 in einem Interview unmissverständlich deutlich gemacht, dass der Papst, wenn er körperlich oder geistig nicht mehr in der Lage sei, die Kirche zu leiten, das Recht, »ja unter Umständen sogar die Pflicht« habe, zurückzutreten. Und dass Benedikt den Weg seines Vorgängers nicht gehen würde, wusste eigentlich jeder, nur war nicht ganz klar, wie er das umsetzen würde.

Ist es nicht viel wichtiger, dass der Papst geistig auf der Höhe ist?

Natürlich. Aber die dreiwöchige Synode [2012] war schon für einen 52-jährigen Gast wie mich anstrengend, erst recht für die Synodenleitung. Der Papst hat aber parallel die normalen Geschäfte weitergeführt, viel mehr Treffen als sonst wahrgenommen und abends mehrere öffentliche Auftritte gehabt. Da haben sich schon viele gefragt, wie er das eigentlich noch hinbekommt. Auch eine Papstmesse ist schon eine körperliche Strapaze und dabei sind immer Fernsehkameras auf einen gerichtet. Entweder überlässt ein schwächer werdender Papst die Geschäfte anderen, wie es eigentlich immer gewesen ist, oder er lässt sie ruhen – wie in der Schlussphase von Johannes Paul II. Der Schritt von Benedikt ist zwar im Kirchenrecht vorgesehen, aber eben nie eingesetzt worden – Rücktritt aus Altersschwäche.

Sie haben 2002 ein Buch »Der Papst und das Leiden: Warum der Papst nicht zurücktritt« (VTR: Nürnberg, 2002) veröffentlicht, 2005 dann in zweiter Auflage unter »Papst Johannes Paul II. und das Leiden: Warum der Papst nicht zurücktritt« (erneut erschienen). Was unterscheidet Papst Benedikt von seinem Vorgänger?

Papst Benedikt hat sein Amt eindeutig weniger sakramental

verstanden als sein Vorgänger, der sein Leiden als Fortsetzung der Leiden Christi verstanden hat. In den letzten Monaten war ja spürbar, dass Benedikt vor allem die Kontrolle über den staatlichen Teil des Vatikans mehr und mehr verlor. Nun stand ihm der geistliche Teil seines Amtes als Kirchenführer und Theologe immer schon näher als der politische Teil als Staatsoberhaupt des ›Heiligen Stuhls‹ – nicht zufällig hat er ja die politische Bedeutung und das politische Wirken des Vatikans an etlichen Stellen zurückgefahren und selbst in Deutschland in seiner Freiburger Abschiedsrede gefordert, die katholische Kirche solle sich mehr aus der Verklammerung mit der Welt lösen. Es ist ganz im Einklang damit, wie Benedikt Papst wurde und wie er das Papstamt verstand, dass er es aufgibt, wenn er Führung nicht mehr garantieren kann.

Weniger sakramental?

Ja. Den Kardinälen sagte er einmal, dass ein Papst die meiste Zeit fehlbar sei. In den meisten seiner Messen und Ansprachen finden sich Hinweise darauf, dass er Fehler mache, dass Gott und die Kirche ihm vergeben mögen und er nur hoffen könne, dass Gott ihn vor Fehlentscheidungen bewahre. Das gilt selbst noch für seine kurze Rücktrittsankündigung. Das findet sich so bei Johannes Paul II. nicht. Dazu gehört der ständige Hinweis Benedikts, dass nicht er, sondern Jesus der Herr der Kirche sei.

Der Papst hat manche ungewöhnlichen Entscheidungen getroffen, die das untermauerten. So hat er das Jesusbuch ausdrücklich als Privatmann geschrieben, der Fehler mache, die man ihm gerne per E-Mail schreiben könne. So etwas hat noch nie ein Vorgänger gemacht, Papstschreiben sind eigentlich immer amtliche Schreiben. Bei seiner jährlichen Schülerrunde war er nur der diskutierende Professor, der auch gerne protestantische Professoren zum Diskutieren einlud. Er hat Statussymbole seiner Vorgänger, vor allem solche politischer

Natur wie die Kopfbedeckung, die die politische Macht symbolisierte, kurzerhand abgeschafft. Anders gesagt, im Gegensatz zu seinen Vorgängern hat Papst Benedikt den Privatmann Benedikt nie aufgegeben und da ist es nur konsequent, dass er sich jetzt auf das private Altenteil zurückzieht.

Ihre Meinung als Protestant?

1,2 Milliarden Menschen zu führen, einen wenn auch kleinen Staat monarchisch zu verwalten, gewaltige Vermögen zu kontrollieren und als einer der wenigen Menschen pausenlos in den Medien präsent zu sein, das ist selbst für körperlich fitte Menschen kaum zu leisten. Der Papst ist eben auch nur ein Mensch und die Überhöhung seines Amtes im Papstdogma von 1870 wird mehr und mehr von der Realität eingeholt. Der Papst selbst hat den orthodoxen Kirchen vorgeschlagen, es reiche, das Papstamt in seiner Ausgestaltung vor der Kirchenspaltung von 1054 anzuerkennen. Sein Rücktritt, wenn auch vom Kirchenrecht abgedeckt, entzaubert das Amt und macht es menschlicher. Vermutlich wird es nicht der letzte Rücktritt aus Altersgründen bleiben, sondern ab jetzt die Regel werden.

Sie gelten als einer der besten protestantischen Kenner der römisch-katholischen Kirche und haben mit vielen ihrer Würdenträger auf allen Kontinenten gesprochen. Was bewegt einen evangelikalen Theologen und Vertreter der Weltweiten Evangelischen Allianz dazu?

Ich habe seit 1983 fortlaufend Konfessionskunde gelehrt. Wer das Christentum weltweit kennen und darstellen will, kann ja nicht an seiner katholischen Hälfte vorbeigehen. Zudem sind der Vatikan, der Ökumenische Rat der Kirchen einschließlich der orthodoxen Mitgliedskirchen und die Weltweite Evangelische Allianz die einzigen drei großen christlichen Dachverbände, die jeweils etwa 50% und zweimal 25% repräsentieren. Da kann man nicht aneinander vorbei. Das gilt beim Einsatz bei der UN in New York und Genf oder der OSZE in Wien ebenso wie beim Thema Christenverfolgung. Und ich kenne mein Gegenüber gerne im Original.

Wie war das Verhältnis der Weltweiten Evangelischen Allianz zum Vatikan und umgekehrt?

Unser Generalsekretär Geoff Tunnicliffe hat den Papst mehrfach getroffen. Auf der Synode haben wir unseren Beitrag geleistet. Papstvertraute als Leiter von Päpstlichen Kongregationen wie die Kardinäle Kurt Koch, Peter Turkson oder Jean-Louis Tauran haben die Weltweite Allianz immer als Partner geschätzt und respektvoll behandelt. Das gilt besonders für die fünfjährigen Verhandlungen zum gemeinsamen Dokument des Vatikans, der Weltweiten Evangelischen Allianz und des Ökumenischen Rates der Kirchen, »Christliches Zeugnis in einer multireligiösen Welt«, die ich von unserer Seite geleitet habe, aber auch für die seit Jahren laufenden offiziellen Gespräche zu theologischen Gemeinsamkeiten und Verschiedenheiten, die von unserer Seite mein Vorgänger als Vorsitzender der Theologischen Kommission, Rolf Hille, leitet.

Also eine Annäherung der Allianz an die katholische Kirche?

Die Zeiten, wo man umeinander herumschlich und nur redete, wenn man so tat, als sei man einig, sind doch vorbei. In den Gesprächen freut man sich genauso über unerwartete Gemeinsamkeiten, wie unterschiedliche Positionen offen angesprochen und ausführlich begründet werden. Als unser Generalsekretär auf der Vatikansynode die von der Theologischen Kommission formulierte Erklärung zur Evangelisation vortrug, um die der Vatikan gebeten hatte, sagte er bereits im zweiten Satz, dass sich das Evangelium allein aus der Schrift ergebe, die der oberste Maßstab für Glauben und Leben sei, und das zwei, drei Meter vom Papst entfernt.

Zudem haben Kardinäle und andere katholische Würdenträger mit uns und mit mir immer Klartext gesprochen, auch über die Fehler ihrer eigenen Kirche, so wie wir und ich nicht den Eindruck erweckt haben, bei uns sei alles Gold, was glänzt. Bitte haben Sie aber dafür Verständnis, dass ich vieles vertraulich behandele und hier nicht preisgebe. Auch ökumenische Beziehungen basieren auf persönlichem Vertrauen.

Beim Friedensgebet von Assisi war auch die Weltweite Evangelische Allianz vertreten?

Der Papst hatte uns gegenüber vorher unmissverständlich klargemacht, dass er jeden Verdacht des Synkretismus oder des gemeinsamen interreligiösen Gebetes verhindern werde. Immerhin war es ja das einzige Mal, dass er seinem Vorgänger öffentlich widersprach, als er sich als Präfekt der Glaubenskongregation 25 Jahre früher weigerte, mit dem Papst zum Friedensgebet von Assisi zu gehen. Indem Benedikt jeder Religion ein eigenes Gebäude für das Gebet zuwies, fand tatsächlich kein gemeinsames Gebet statt.

Sie haben in dem Hotel übernachtet, in dem die Kardinäle während des Konklaves schlafen?

Ja. Bis zur Wahl Johannes Paul II. war die Übernachtung für die – überwiegend ja recht alten – eingeschlossenen Kardinäle eine Zumutung. Johannes Paul II. hat dann verfügt, dass sich die Kardinäle im ganzen Vatikan bewegen dürfen und ein eigenes Hotel »Martha« mit Suiten und Einzelzimmern direkt neben dem Petersdom gebaut wird. Die Zimmer sind recht spartanisch, natürlich ohne Kontakt zur Außenwelt. Ich wusste immer, welcher Kardinal bei der letzten Wahl in »meinem« Bett geschlafen hat.

Was war Ihr eigener Beitrag zur Synode [2012]?

Ich habe die Synode an die verfolgten Christen erinnert. Der Papst selbst und einige Kardinäle haben das sehr begrüßt, der Papst hat mir mit warmen Worten für meinen Einsatz gedankt, aber aufs Ganze gesehen blieb das Thema tabu, selbst als es Vertreter der Ostkirchen oder Chinas auf die Tagesordnung setzen wollten.

Welches halten Sie für seine wichtigsten Veröffentlichungen aus evangelikaler Sicht?

Da ist als Erstes das Jesusbuch zu nennen. Nicht nur, weil es für die historische Glaubwürdigkeit der Evangelien kämpft, sondern vor allem wegen der Begründung: Der Papst wollte deutlich machen, dass Jesus der Mittelpunkt des christlichen Glaubens ist, und hat das zuletzt auch auf der Synode deutlich gesagt: Der christliche Glaube ist eine persönliche Beziehung zu Jesus. Ständig hat er wiederholt, dass die Zukunft einem Entscheidungschristentum gehört, das auf persönlicher Entscheidung und Beziehung zu Jesus, nicht auf traditioneller oder kultureller Zugehörigkeit beruht.

Daneben ist seine erste Enzyklika »Gott ist Liebe« (»Deus caritas est«) zu nennen, die das in den Mittelpunkt stellt, was merkwürdigerweise jahrhundertelang in kirchlichen Bekenntnissen fehlte, dass Liebe die zentrale Eigenschaft Gottes in der Bibel ist. In der Enzyklika steht nur wenig, was ein Evangelikaler nicht unterzeichnen könnte. Im Mittelpunkt steht ein gewaltfreies Christentum, das niemanden zwingt und sich den Schwachen zuwendet.

Die zweite Enzyklika »Hoffnung gründet auf Erlösung« war eigentlich fast nur noch eine Bibelarbeit, wenn man vom Schlusskapitel absieht, das sich an Maria wendet und wie angehängt wirkt, um das Dokument doch noch »katholisch« zu machen.

War denn der Papst nicht eher ein konservativer Hardliner?

Er war in ethischen Fragen viel konservativer als in dogmatischen. Da die ethischen Fragen die säkulare Öffentlichkeit und liberale Katholiken vor allem beschäftigen, wurde die dogmatische Seite wenig beachtet. Dogmatisch brachte er Bewegung und ging auf andere Kirchen zu, auch auf die Evangelischen und die Evangelikalen. Von der Abschaffung des »Limbus« früh in seiner Amtszeit über das Jesusbuch, in dem er sich zum Teil exegetisch großzügig über spätere typisch katholische Auslegungen hinwegsetzte, bis hin zum Verhältnis zu den orthodoxen Kirchen war das greifbar. Hier merkte man, dass er als viel belesener Theologe andere Position gründlich aus Büchern und Schriften sowie aus ausführlichen Gesprächen kannte und für die Diskussion ernst nahm.

Seine beste Tat aus Ihrer Sicht?

Die Verschärfung der Kirchengesetze zum sexuellen Missbrauch im Gefolge seines ausgezeichneten Hirtenbriefes an die Katholiken Irlands vom 19.3.2010.

Sein größter Fehler – wenn Sie einmal von theologischen Unterschieden absehen?

Papst Johannes Paul II. sah seinen Pressesprecher als engsten Vertrauten, der ihn unabhängig vom vatikanischen Apparat über die Welt auf dem Laufenden hielt und der als Papstvertrauter die Medien immer auf dem Laufenden halten konnte. Einen solchen Pressesprecher als Vertrauten hatte Benedikt nie, die Medien schienen ihm eher lästig zu sein, und sein Pressesprecher konnte eigentlich nur amtliche Verlautbarungen weitergeben. Das hat meines Erachtens sehr zur Eskalation mancher Medienkampagnen beigetragen.

Der Papst und soziale Medien?

Das ist ein schönes Beispiel dafür, warum der Papst sein Amt lieber in jüngere Hände legen wollte. Die drei Bände seines Jesusbuches hat der Papst bis zuletzt mit Bleistift geschrieben! Er war prinzipiell sehr dafür, Facebook, Twitter usw. zu benutzen. Der Vatikan generell hat das ja auch ganz gut hinbekommen, aber die persönliche Seite solcher Seiten scheiterte schon daran, dass der Papst alleine kein Tablet mehr bedienen kann und von den negativen Reaktionen erschüttert war. Die »Followers« in den sozialen Medien können aber sehr gut unterscheiden, ob Einträge von Profis stellvertretend geschrieben werden oder – zumindest teilweise – original und zeitnah geschrieben werden. Hier hat ein Papstnachfolger sicher große Chancen.

Wir danken für das Gespräch.

Entmystifizierung des Papstamtes

Papst Paul VI. erklärte in seiner Ansprache vom 28. April 1967, dass der Papst »zweifelsohne das größte Hindernis auf dem Weg der Ökumene«[188] sei. Der Rücktritt von Benedikt war deswegen gewollt oder ungewollt auch ein Meilenstein für die Ökumene. Warum? Der katholische Autor Philipp Thull schreibt: »Mit seinem überraschenden Amtsverzicht hat Papst Benedikt XVI. [...] das Papstamt in gewisser Weise entmystifiziert, es entzaubert, ja ihm sein menschliches Antlitz zurückgegeben und es von sakraler Überhöhung gelöst. Gerade die (selbst-)kritische und bescheidene Amtsführung Papst Franziskus' kann nun dazu beitragen helfen, der im vergangenen Jahrtausend in der römisch-katholischen Kirche teilweise heraufbeschworenen juridisch-monarchischen Überbetonung des päpstlichen Primats entgegenzuwirken [...]«[189]

Während Papst Johannes Paul II. den Eindruck erweckte, als wenn das Papstamt irgendwie das Wesen des Inhabers ändert und der Papst deswegen kein Privatleben mehr habe, sondern immer Papst sei, hat Benedikt von Anfang an deutlich gemacht, dass er weiter privat Bücher schreiben und sich mit seinen Schülern treffen werde. Er habe ein Amt übernommen, sei aber kein anderer Mensch geworden.

Jürgen Erbacher merkt in seinem Buch »Ein radikaler Papst« an: »Stets hat er während des Pontifikats seine privaten Bücher sowohl unter seinem Geburtsnamen Joseph Ratzinger als auch dem Papstnamen publiziert. Und in eben einem dieser Bücher, dem im November 2010 veröffentlichten Interviewband mit Peter Seewald, stellt Benedikt XVI. fest: ›Wenn ein Papst zur klaren Erkenntnis kommt, dass er physisch, psychisch und geistig den

Auftrag seines Amtes nicht mehr bewältigen kann, dann hat er ein Recht und unter Umständen auch eine Pflicht, zurückzutreten.‹ Fast wörtlich klingt die Formulierung am 11. Februar 2013 in der Rücktrittserklärung an: ›Um das Schifflein Petri zu steuern und das Evangelium zu verkünden, ist sowohl die Kraft des Körpers als auch die Kraft des Geistes notwendig, eine Kraft, die in den vergangenen Monaten in mir derart abgenommen hat, dass ich mein Unvermögen erkennen muss, den mir anvertrauten Dienst weiter gut auszuführen.‹«[190]

Einer der besten Kenner der Theologie Ratzingers, Hansjürgen Verweyen, schreibt: »Mir scheint, daß Benedikt XVI. nicht nur mit der Niederlegung seines Amtes, sondern auch mit seinem Werk über Jesus von Nazareth Steine ins Rollen gebracht hat, denen seine Nachfolger nur mit Mühe ausweichen können.«[191] Papst Benedikt mochte nicht, wenn es um ihn ging. Jesus sollte im Mittelpunkt stehen, die Botschaft des Mannes aus Nazareth alle Aufmerksamkeit auf sich ziehen. An das Leben des winkenden Politikers hat er sich nie gewöhnt. Dass das als Papst fast unmöglich ist, liegt auf der Hand, aber er bemühte sich so zu leben, wie es noch radikaler Papst Franziskus versucht.

Viele auch höchste katholische Würdenträger reagierten mit Unverständnis oder gar verärgert auf seinen Rücktritt. Sehr heftig äußerte sich Joachim Kardinal Meisner mir gegenüber, aber vor allem auch in der Presse. So ganz habe ich das nicht verstanden. Der Rücktritt eines Papstes ist im Kirchenrecht vorgesehen. Der Papst ist unabhängig in seinen Entscheidungen. Nach katholischem Verständnis weiß er am besten, was gut für die Kirche ist. Warum sollte das nicht sein Rücktritt sein können?

Vom Pontifikat Johannes Paul II. zu Benedikt XVI.

Meine akademische Beschäftigung mit der katholischen Kirche begann gegen Ende meines Theologiestudiums Anfang der 1980er-Jahre. Meine erste Publikation über den Katholizismus analysierte das kanonische Recht von 1983[192]. Mein Hauptargument war, dass sich die katholische Kirche unter dem neuen kanonischen Recht nicht nur verändert und einige Beschlüsse des Zweiten Vatikanischen Konzils revidiert hatte, sondern dass vielmehr die Macht des Papstes innerhalb der Kirche von 1870 (Unfehlbarkeit des Papstes) über 1950 (der Papst verkündet zum ersten Mal eine unfehlbare Entscheidung ohne das Konzil; hier bezüglich der Lehre über Maria) bis 1983 zugenommen hat: Mit dem kanonischen Recht von 1983 wird der Papst Oberhaupt des Konzils, und ohne sein positives Votum gilt keine vom Konzil getroffene Entscheidung. Vor allem meine Argumente bezüglich der Beziehung zwischen Papst und Konzil wurden von der innerkatholischen Debatte aufgegriffen, insbesondere im Rahmen des internationalen und mehrsprachigen katholischen Journals »Concilium«.

Ich habe sodann ein Buch über die Sicht von Papst Johannes Paul II. über das Leiden verfasst, in dem ich speziell seine Enzyklika »Salvifici Doloris« von 1984 kritisiere. Er behauptete darin, selbst die Schriftstelle in Kolosser 1,24 (»Nun freue ich mich in den Leiden, die ich für euch leide, und erstatte an meinem Fleisch, was an den Leiden Christi noch fehlt, für seinen Leib, das ist die Gemeinde«) zu erfüllen. In meiner Kritik legte ich dar, dass dieser Bibeltext vom Märtyrertod und dem Leiden in der Verfolgung handelt und dass Johannes Paul II. der verfolgten Kirche keinen Dienst damit erwies, den Text auf seine Krankheit anzuwenden[193]. Ich erörterte weiterhin, dass Johannes Paul II. sich für noch unkritisierbarer als seine Vorgänger hinstellte und zudem eine Atmosphäre schuf, in der ihn die breite Masse nicht nur als unfehlbar ex cathedra betrachtete, sondern als allgemein unfehlbar. Obwohl katholische Theologen betonten, dass dies nie so direkt behauptet wurde, ist es doch genau das, was in der Realität passiert ist, und seine schnelle Heiligsprechung bestätigt es.

Vor diesem Hintergrund habe ich dann unter Papst Benedikt XVI. eine große Wende gesehen, die nun unter Franziskus weitergeführt wird. Benedikt hat viel dafür getan, die Annahme, ein Papst sei in seinen alltäglichen Entscheidungen und gewöhnlichen Texten unfehlbar oder zumindest weniger fehlbar, auszulöschen. Von Anfang an sprach er davon, dass er Fehler machen würde. Er trennte sein Privatleben und sich als Privatperson von seinem Amt – was vor ihm undenkbar gewesen wäre. In der Einleitung zu seinem Jesusbuch weist er darauf hin, dass »dieses Buch in keiner Weise ein lehramtlicher Akt« sei, sondern »einzig Ausdruck meines persönlichen Suchens« und es jedermann freistehe, ihm »zu widersprechen«[194].

Dass er sein Amt niederlegte, liegt auf einer Linie mit diesem Ansatz. Es sorgte mehr als alles andere dafür, den Papst in den Augen vieler auf die Ebene eines normalen Menschen herabzustufen, der eben ein sehr verantwortungsvolles und einflussreiches Amt hat – auch nach seinem eigenen Verständnis. Papst Franziskus ist dieser Linie zu hundert Prozent gefolgt.

2014: Ein merkwürdiges Sextett beim Papst – Der Papst und die Pfingstler

Zum Gedenken an Tony Palmer

Der evangelikale, charismatisch orientierte Bischof Tony Palmer kannte Papst Franziskus schon aus Argentinien. Hier hatte der Bischof einer Episkopalkirche den damaligen Erzbischof von Buenos Aires kennengelernt und wurde nach der Papstwahl auch weiterhin regelmäßig von Franziskus nach Rom eingeladen. Bei einem Treffen schlug Franziskus vor, dass Tony Palmer mit seinem iPhone eine Videobotschaft des Papstes mit Grüßen und Segenswünschen aufnehmen solle. Palmer sollte sie seinem Freund, dem US-amerikanischen Fernsehevangelisten Kenneth Copeland, für eine Konferenz charismatischer Leiter im Februar 2014 übermitteln. Außerdem lud der Papst ihn zusammen mit zwei von Copelands Freunden und Geoff Tunnicliffe, Brian Stiller und mich ein. Wir fuhren im Juni 2014 als Privatpersonen zu ihm hin, auch wenn wir alle drei die Weltweite Evangelische Allianz repräsentierten. Die Zusammensetzung war sehr unglücklich, denn wir hatten so unsere Zweifel, wo Copeland etwa in Sachen der Dreieinigkeitslehre stand und – wie der Papst selbst auch – sind wir alle entschiedene Gegner des sogenannten Wohlstandsevangeliums, das Copeland repräsentiert. So war es auch kein Zufall, dass sich das Gespräch auf unsere WEA-Themen konzentrierte und unsere Verbundenheit mit dem Papst Bestand hatte, während es meines Wissens zu keinem weiteren Kontakt zwischen Franziskus und Copeland kam. Ich glaube, dass auch der Papst in solchen Dingen inzwischen etwas vorsichtiger geworden ist.

Tony Palmer war es, der mich in den Freundeskreis des Papstes einführte, und wir hatten noch viele gemeinsame Pläne. Doch dann machte sein Tod nach einem Motorradunfall mit Fahrerflucht plötzlich alles mit einem Schlag zunichte. Trotz einer mehrstündigen Operation starb er am Sonntag, den 20. Juli 2014 aufgrund dieses Unfalls. Wie nahe doch Leben und Tod beieinanderliegen. Gerade noch waren wir zusammen beim Papst gewesen, da weilte er schon nicht mehr unter uns.

Tony Palmer war auf vier Kontinenten zu Hause gewesen. Geboren und aufgewachsen in Südafrika, hatte er in den USA, in Argentinien, in Italien und England gelebt. So global wie sein Lebenshorizont war auch sein ökumenischer Horizont. Am En-

Mein letztes Foto mit Tony Palmer im Petersdom

de reiste er ständig rund um die Welt, etwas, das wir gemeinsam hatten. Er darf jetzt sehen, was wir noch glauben. Die Gemein-

Im Gespräch mit dem Papst und Bischof Tony Palmer im Flur des Domus Sanctae Marthae im Juni 2014

schaft mit Jesus Christus, die er als Zentrum dessen sah, was der Papst und wir gemeinsam haben, erlebt er nun in seiner Fülle.

Dies war der Kommentar, den ich direkt nach seinem Tod an das pro-Medienmagazin geschickt habe: »Ein sehr guter Freund ist völlig überraschend bei einem Unfall gestorben. Eben waren wir noch beim Papst und diskutierten, unter welchen Umständen wir mit dem Papst erneut die Gemeinsame Erklärung zur Rechtfertigungslehre unterzeichnen könnten, da ist er bei dem Herrn und Erlöser, über den wir die ganze Zeit gesprochen haben. Anthony Palmer war im Herzen ein Missionar, der auf allen Kontinenten wirkte und auf dreien gelebt hat. Er war ein Brückenbauer zwischen den Konfessionen, nahm aber die tiefgreifenden, theologischen Unterschiede dabei immer sehr ernst und blieb im Herzen immer ein Evangelikaler, der wahren Glauben nur in der persönlichen Begegnung mit Jesus und einem Leben mit ihm wiederfand. Das war es auch, was ihn mit dem Papst verband. Christliche Leiter in aller Welt werden einen Motor der Ökumene vermissen.«[195]

Evangelische Allianz zu Gast beim Papst[196]

Die Langfassung eines am 25.06.2014 im pro-Medienmagazin erschienenen Interviews mit mir.

Im November 2014 war die Weltweite Evangelische Allianz offiziell mit einer Delegation beim Papst. Aber im Sommer davor lud er Sie und andere privat ein!?

Der Papst hat drei evangelikale und drei charismatische Leiter, die er selbst ausgewählt hatte, als Freunde, nicht als Vertreter ihrer Kirchen oder Organisationen, zu einem völlig privaten dreistündigen Gespräch mit Mittagessen in das Hotel Martha eingeladen, wo er wohnt. An dem Gespräch nahm außer ihm selbst kein Mitarbeiter des Vatikans teil. Über die größten Teile des Gespräches wurde zunächst Stillschweigen vereinbart. Inzwischen sind ein Teil der Themen hier und da im

Internet an die Öffentlichkeit gelangt, auch wenn nicht alles korrekt dargestellt wurde.

Mittagessen der Sechs mit dem Papst in Domus Sanctae Marthae

Unter anderem berichtete uns der Papst über die in Kürze anstehende Kurienreform und weitreichende Pläne, die das ökumenische Verhältnis zu anderen Kirchen betreffen. Der Papst und die Weltweite Evangelische Allianz vereinbarten eine viel stärkere Zusammenarbeit in Fragen der Christenverfolgung und des Einsatzes für Religionsfreiheit, eine »Ökumene des Blutes«, wie es der Papst nannte. Dabei kamen auch kritische Situationen zur Sprache, in denen katholische und evangelikale Kirchen angesichts von Diskriminierung und Verfolgung mehr gegen- als miteinander arbeiten. Beide Seiten wollen dies ändern.

Wie ging es dem Papst?

Wenn man bedenkt, dass er gerade die Mafia exkommuniziert hat und die große Kurienreform kurz bevorsteht, die noch tiefer als die bisherigen Änderungen in die Struktur des Vatikans und der katholischen Kirche eingreifen und auf viel Widerstand stoßen wird, wirkte der Papst sehr aufgeräumt und entspannt. Er nahm sich alle Zeit der Welt, uns seine Pläne zu erläutern, und hatte alle Zeit der Welt, sich in Ruhe unsere Sicht zu einer Vielzahl von Fragen anzuhören, ja, sich sogar einige Beschwernisse innerchristlicher Spannungen in bestimmten Ländern erläutern zu lassen.

Privat beim Papst, geht das? War denn kein Arbeitszweig des Vatikans involviert?

Ich hatte vorher mit Kurt Kardinal Koch, dem Vorsitzenden des Päpstlichen Rates für die Einheit der Kirchen, ein Informationsgespräch, hinterher hat der mittlerweile verstorbene Bischof Tony Palmer den Sekretär des Rates Bischof Brian Farrell informiert, aber wir waren bewusst als Freunde eingeladen, denen der Papst vertraute, das meiste für sich zu behalten und umgekehrt ihm reinen Wein in Bezug auf einige ökumenische Probleme einzuschenken. Deswegen war keine Institution des Vatikans involviert, ja, der Termin wurde direkt telefonisch mit dem Papst vereinbart. Dass dann doch Teilnehmer viel ausgeplaudert haben, ist schade, aber vielleicht unvermeidlich, selbst ein Konklave ist ja heute kein Geheimnis mehr. Was da ausgeplaudert wurde, ist überwiegend auch noch falsch. Jedenfalls sind die Plauderer eh aus dem Rennen, solcherart Gespräche erfordern schon ein Mindestmaß an Vertrauen. Die Vertreter der Weltweiten Evangelischen Allianz haben ihr Stillschweigen bewahrt, wir wollen ja keine Eintagsfliege der Ökumene, sondern eine lange, vertrauensvolle Beziehung mit der katholischen Kirche und den Institutionen des Vatikans.

Privater Plausch vor Theologie, der neue Weg der Ökumene?

Der Papst hat uns sehr viel über seine theologische Sichtweise anvertraut, ganz auf einer Linie mit dem lesenswerten Apostolischen Schreiben vom November 2013 »Evangelii gaudium«, das bis auf das Schlusskapital über Maria eine schon fast evangelikal zu nennende Bibelarbeit über Evangelium und Evangelisation enthält. Wir waren ebenso theologisch gut vorbereitet und hatten mit Thomas K. Johnson und Titus Vogt zwei Experten der Theologischen Kommission der WEA in Rom mit dabei.

Die Zeiten, in denen Dialog und Ökumene nur funktionieren, indem man nicht offen mit theologischen Wahrheitsfragen umgeht, sind meines Erachtens ebenso vorbei wie ein notwendiger Dialog mit anderen Religionen, der meint, vorab den eigenen Glauben in Frage stellen zu müssen. In der Ökumene werden heute selbstverständlich im Detail die Unterschiede ausgebreitet, diskutiert und an den Gesprächen sind nicht einheitsversessene Nichtswisser beteiligt, sondern kompetente Vertreter und Kenner der DNA ihrer eigenen Kirchen und Bewegungen.

Kenneth Copeland war dabei. Seit wann ist er ein Ökumeniker? Und sehen Sie ihn als Evangelikalen?

Insbesondere mit Copeland und seinen Mitarbeitern und den mitgekommenen Theologen der WEA kam es im Vorzimmer des Papstes und auch sonst zu deutlichen Gesprächen über die biblische Lehre von der Dreieinigkeit, zu der sich Copeland bisher nicht eindeutig bekannt hat. Wir stießen erstaunlicherweise auf offene Ohren, und Copeland hat, wenn ich das richtig sehe und interpretiere, die Dreieinigkeit jetzt explizit auf der Webseite seiner Gemeinde im Bekenntnis aufgeführt – alleine schon ein kleiner Erfolg des unerwarteten Zusammentreffens.

Im Übrigen: Ich hoffe auf eine Vorbildwirkung des Papstes für die kleinen, millionenschweren evangelikalen Möchtegern-Päpste in den USA, Brasilien usw., zu denen ich auch Kenneth Copeland zähle, sowohl was ihren Reichtum betrifft, den sie als Beweis für den Heiligen Geist halten, als auch ihre oft fehlende Demut.

Die gemischte Gruppe beim Papst am 24. Juni 2014 mit Mitarbeitern und Ehefrauen

Copeland beim Papst? Ist das ein Witz?
Natürlich mutet es ein wenig seltsam an, dass sich der Papst, der sich vorrangig um die Armen sorgt, mit Kenneth Copeland trifft, einem Millionär und Hauptverfechter des Wohlstands-Evangeliums. Ich gehe einmal davon aus, dass der Papst keine Informationen vorab hatte, wer ihn besuchte. Die Folge aber ist die, dass diese Art Prediger mittlerweile von vielen ihren eigenen Anhängern in Frage gestellt werden wie noch nie zuvor. Als Papst Benedikt begann, über eigene Fehler und Unsicherheiten bezüglich dessen, was er tun sollte, zu sprechen, sowie über sein Bedürfnis nach Beratung, Vergebung und Gebet, setzte dies einige unserer evangelischen »Päpste« sehr unter Druck, ob nun in den USA, Brasilien oder Kenia. (Es stimmt natürlich, dass sich die meisten von ihnen außerhalb der WEA oder anderer globaler christlicher Verbände befinden).

Ich sehe es als eine positive Entwicklung, wenn reiche Pastoren und Propheten hinterfragt werden. Diese Kritik muss von innerhalb kommen [...], aber soziologisch gesehen ist der weltweite Trend entweder hin zu oder weg von den reichen christlichen Leitern, und ich bin sehr froh, dass der jetzige Papst hier eine Wende eingeleitet hat.

Wird der Papst eine Revolution einleiten?

Es mag im ersten Moment etwas weit hergeholt scheinen, aber Papst Franziskus könnte zum Gorbatschow der katholischen Kirche werden – jedenfalls fällt mir kein besserer Vergleich ein. Gorbatschow hat die kommunistische Lehre nie in Frage gestellt, so wie der Papst keine katholische Lehre angreift. Der Papst hat das Zeug, eine ungeheure Implosion oder auch eine große freiheitliche Erweckung der Weltkirche auszulösen. Vermutlich kann er selbst aber nicht bestimmen, welches Ergebnis die Reise haben wird.

Ein Beispiel?

Am 17. Juni 2014 erstellten hochrangige Vertreter des Vatikans und des Lutherischen Weltbundes das Dokument »Vom Konflikt zur Gemeinschaft«, das die Grundlage dafür liefert, dass das Reformationsgedenken von der katholischen Kirche mitgefeiert wird.

Der Papst entschuldigt sich in Caserta bei der größten Konkurrenz

Im Juli 2014 besuchte der Papst seinen alten Freund Giovanni Traettino, den Pastor einer großen Pfingstgemeinde in Caserta, südlich von Rom. Die beiden hatten sich 2006 bei einer ökumenischen Veranstaltung in Buenos Aires kennengelernt. Fünf Wochen vorher hatte er uns eingeweiht, eine seltene Gelegenheit, den Zeitpunkt eines Erdbebens schon vorab zu kennen! Offiziell wollte der Papst seinen Freund nur privat besuchen. Dass er sich bei ihm bei der gesamten Pfingstbewegung weltweit entschuldigen wollte, sagte er unter dem Siegel der Verschwiegenheit nur einigen Ausgewählten – und in diesem Fall wurde die Verschwiegenheit auch von allen eingehalten. Aber im Vatikan war man entsetzt. Der Papst könne nicht einfach einen Freund in irgendeiner Diözese privat besuchen. Er müsse erst offiziell den Bischof und die Diözese besuchen und dort eine Messe feiern, dann könne er später dort auch privat hinfahren. Franziskus gab nach und folgte dem Protokoll. Dazwischen war er eine Nacht im Vatikan!

Doch dann geschah das Unerwartete. Er umarmte seinen Freund im Gottesdienst der Pfingstbewegung mit 300 Gästen vor laufender Kamera und entschuldigte sich bei allen Pfingstlern weltweit. Er bat wörtlich um Vergebung dafür, dass »Katholiken, die vom Teufel besessen waren«, Menschen wie seinen Freund als verrückt bezeichnet hätten.[197] Niemand dürfe sie ab jetzt mehr als »Sekte« bezeichnen. Genau das aber hatten noch seine beiden Vorgänger im Papstamt immer wieder getan! Franziskus sagte: »Unter jenen, die die Mitglieder der Pfingstgemeinden verfolgt oder verurteilt haben, als ob sie Verrückte seien, die die Menschheit zerstören, waren auch Katholiken.« Er fand noch weitere eindrückliche Worte: »Ich bin der Hirte der Katholiken und bitte euch deshalb um Vergebung für jene katholischen Brüder und Schwestern, die vom Teufel besessen waren und nichts verstanden haben.«[198] Seinen Besuch führte der Papst auf einen Besuch der evangelikalen »Brüder« bei ihm im Vatikan zurück. Anschließend betete er mit der Gemeinde das Vaterunser. Das Video zeigt, dass der Papst schon beim Hereinkommen mitklatschte und sich selten so gelöst gab wie in der Stunde dort.

Die Ansprache dieses privaten Besuches am 28. Juli 2014 in Caserta schaffte es auf Weisung des Papstes auf die offizielle Webseite der Vatikandokumente, übersetzt in alle üblichen Sprachen.[199] Darin heißt es: »Auf diesem Weg bringen wir Christen das hervor, was wir mit dem theologischen Namen ›Ökumene‹ bezeichnen: Wir versuchen, dafür zu sorgen, dass die Vielfalt vom Heiligen Geist immer harmonischer gestaltet und zur Einheit wird; wir versuchen, in der Gegenwart Gottes zu wandeln, um untadelig zu sein; wir versuchen, die Nahrung zu finden, die wir brauchen, um den Bruder zu finden. Das ist unser Weg, das ist unsere christliche Schönheit! Ich nehme Bezug auf das, was mein geliebter Bruder am Anfang gesagt hat. Dann hat er von etwas anderem gesprochen, von der Menschwerdung des Herrn. Der Apostel Johannes sagt deutlich: ›Wer sagt, dass das Wort nicht im Fleisch gekommen ist, ist nicht von Gott! Er ist vom Bösen.‹ Er gehört nicht zu uns, er ist ein Feind! Denn die erste Irrlehre – gebrauchen wir das Wort unter uns – war jene, die der Apostel verurteilt: dass das Wort nicht im Fleisch gekommen sei. Nein! Die Menschwerdung des Wortes liegt allem zugrunde: Sie ist Jesus Christus! Gott und Mensch, Sohn Gottes und Menschensohn, wahrer Gott und wahrer Mensch.«

Anschließend verwies Franziskus darauf, dass die Einheit in Christus auch entstehe und zum Ausdruck komme, wenn wir uns gemeinsam denen zuwenden, die Not leiden, und »dorthin gehen, um diese Wahrheit zu verkünden: Jesus Christus ist der Herr, und er rettet dich. [...] Man kann kein rein intellektuelles Evangelium verkündigen: Das Evangelium ist Wahrheit, aber es ist auch Liebe, und es ist auch Schönheit! Und das ist die Freude des Evangeliums! Genau das ist die Freude des Evangeliums.«

Eine Stegreifpassage in seiner Ansprache, die zu einiger Berühmtheit gelangte, enthält eine Entschuldigung für die Verfolgung der Pfingstler und Evangelikalen in Italien unter Mussolini: »Auf diesem Weg haben wir oft dasselbe gemacht wie Josefs Brüder, wenn Eifersucht und Neid uns gespalten haben. Zuerst kamen sie so weit, den Bruder töten zu wollen – Ruben konnte ihn retten –, und dann, ihn zu verkaufen. Auch Bruder Giovanni hat über jene traurige Geschichte gesprochen. Über jene traurige Geschichte, in der das Evangelium von einigen als Wahrheit gelebt wurde und sie nicht merkten, dass hinter dieser Haltung schlimme Dinge standen: Dinge, die nicht vom Herrn kamen, eine schlimme Versuchung der Spaltung. Über jene traurige Geschichte, in der man sogar dasselbe tat wie Josefs Brüder: die

Anklage, die Gesetze dieser Leute: ›Es verstößt gegen die Rassenreinheit ...‹ Und diese Gesetze wurden von Getauften erlassen! Einige von denen, die dieses Gesetz erlassen haben, und einige von denen, die die Brüder aus den Pfingstgemeinden angeklagt haben, ›Schwärmer‹ zu sein, gleichsam ›Verrückte‹, die die Rasse verderben – einige von denen waren Katholiken ... Ich bin der Hirte der Katholiken: Ich bitte euch dafür um Vergebung! Ich bitte euch um Vergebung für jene katholischen Brüder und Schwestern, die nicht verstanden haben und die vom Teufel versucht wurden und dasselbe getan haben wie Josefs Brüder. Ich bitte den Herrn, dass er uns die Gnade gewähre, dies zu erkennen und zu vergeben ... Danke!«

Auffallend ist, dass Papst Franziskus im Gegensatz zu seinen Vorgängern gar nicht erst unterscheidet, ob die Schuld bei »Söhnen der Kirche« lag, ob es sich um aktives Handeln oder nur um Duldung handelt, ob die Kirche als solche beteiligt war, und schon gar nicht folgt er der Logik früherer Jahrhunderte, dass die Kirche an sich nicht sündigen könne. Er bittet einfach schnörkellos stellvertretend als »Hirte der Katholiken« um Vergebung für das, was »Katholiken« getan haben. Und am Ende ersucht er seine nichtkatholischen »Brüder«: »Ich bitte euch, für mich zu beten, ich brauche es ... damit ich wenigstens nicht ganz so schlecht bin.« Das sind schon sehr ungewöhnliche Worte für einen Papst, zugleich aber wahrhaft christliche.

Die Geste des Papstes in Caserta ist auf eine überwältigende Resonanz von Evangelikalen und Pfingstlern weltweit gestoßen. Als Weltweite Evangelische Allianz wussten wir, wie gesagt, zum Glück vorab Bescheid. So konnte sich unser Generalsekretär Geoff Tunnicliffe unmittelbar danach im Radio Vatikan an alle Katholiken wenden und sich ebenfalls dafür entschuldigen, wann immer evangelikale Christen ihre Hand dazu gereicht hatten, die Religionsfreiheit der Katholiken zu beschneiden. »In der Geschichte gab es Situationen, in denen Protestanten, einschließlich Evangelikaler, katholische Christen diskriminiert haben, und diese Handlungen tun uns wirklich leid, denn wir mögen theologische Differenzen haben, aber sie sollten niemals dazu führen, dass wir den anderen diskriminieren oder gar verfolgen.«[200] Im Juni 2016 konnte ich mit Pastor Traettino zusammen 70 amerikanische Pfingstler, Charismatiker und Evangelikale begleiten, die den Papst drei Stunden lang völlig frei kritisch befragen durften, er antwortete aus dem Stehgreif. Jeder konnte sich überzeugen, dass er es mit der Entschuldigung ernst meint.

Die negativen Reaktionen der Italienischen Allianz

Aber es gab Schwierigkeiten mit der Italienischen Evangelischen Allianz (IEA)! Die Weltweite Evangelische Allianz besteht aus etwa 130 Nationalen Evangelischen Allianzen, die – von wenigen Ausnahmen wie Deutschland abgesehen – Zusammenschlüsse evangelischer Kirchen sind. Die IEA misstraut dem Papst ganz prinzipiell und hält sein Handeln für eine neue Umarmungsstrategie. Dazu kam ein Problem, von dem der Papst nichts wissen konnte: Ausgerechnet die Pfingstgemeinde Traettinos ist kein Mitglied der Italienischen Evangelischen Allianz. Das sei Absicht des Papstes gewesen, argwöhnen nun diejenigen, die an eine Verschwörung glauben.

Im Jahr 2000 waren Gaetano Sottile, Präsident der IEA, und Nik Nedelchev, Präsident der Europäischen Evangelischen Allianz, erstmals bei Papst Johannes Paul II. 2002 besuchten sie ihn erneut. Im selben Jahr traf sich Johannes Paul II. auf seiner Bulgarienreise mit Nik Nedelchev und dem 15-köpfigen Vorstand der Bulgarischen Evangelischen Allianz. Später entwickelte sich in Italien aber die Sicht, dass die IEA zwar in vielerlei Hinsicht mit der katholischen Kirche und Katholiken kooperieren könne, man aber nicht mit dem Papst sprechen sollte. Im Vorstand gab und gibt es jedoch immer wieder auch andere Stimmen dazu. So war ich Ende 2015 Redner auf einem großen evangelikal-katholischen Familientag in Catania, Sizilien, nahe am Ätna, und wurde dort von einem Vizepräsidenten der IEA als Freund des Papstes mit Bild vorgestellt. Hier schien man keine Berührungsängste zu haben.

Die Reformatoren und wir Pharisäer

Die Reformatoren haben zwar eine intensive Auseinandersetzung mit anderen Kirchen geführt, der katholischen Kirche aber trotz allem nie ihr Kirchesein grundsätzlich abgesprochen. Im Gegenteil: Aus ihrem Kirchesein haben sie die Notwendigkeit von Umkehr und Erneuerung abgeleitet. Selbst das sehr strenge reformierte Westminster Bekenntnis (London 1647) schreibt dazu, dass Kirchen mehr oder weniger rein oder korrupt sind, spricht aber selbst irrenden Kirchen das Kirchesein nicht ab.

Das ist gute biblische Tradition. Denn schon Paulus hat die Gemeinde in Korinth mit ihren unhaltbaren ethischen Zuständen zwar aufs Schärfste kritisiert und zur Umkehr aufgerufen, aber sie dennoch weiterhin als »Gemeinde« Jesu Christi angesprochen und Hoffnung für sie gehabt. Trotz allem betrachtete er sie als vom Heiligen Geist und von Erkenntnis erfüllt. Auch im Alten Testament blieb das Volk Gottes auch dann Volk Gottes, wenn es moralisch auf Abwege geraten war und nicht nur Gott verehrte. Und selbst die schärfste Kritik der alttestamentlichen Propheten änderte nichts daran, dass sie sich selbst als Teil des Volkes Gottes sahen. Gerade deswegen hatten sie mitzuleiden und nicht als unbeteiligte Außenstehende danebenzustehen.

Jesus erzählt einmal die Geschichte von dem Pharisäer, der zum Tempel kommt und betet: »Herr, ich danke dir, dass ich nicht so bin wie die anderen.« Ein korrupter Zöllner dagegen bleibt etwas weiter weg stehen und schaut nicht auf und betet: »Herr, sei mir Sünder gnädig.« Jesus sagt, dass der Zöllner »gerechtfertigt« wegging (Lk 18,10-14). Gott hat *sein* Gebet gehört. Das vermeintliche Gebet des Pharisäers dagegen war ein Selbstgespräch, eine Selbstbeweihräucherung. Das Gebet des Pharisäers war und ist Sünde! Wer so etwas betet, kann eigentlich nur anschließen: »Herr, sei mir Sünder gnädig.«

Ich bin zutiefst überzeugt, dass diese beiden Gebete auch für den Umgang der Kirchen miteinander gelten. Wir alle haben – mal mehr und mal weniger – den Drang, die biblische Botschaft mit unseren eigenen Wünschen und Vorlieben zu verquicken. Wir alle, auch wir Verantwortlichen in den Kirchen, sündigen schwer und setzen damit Gott dem Spott aus. Denn Gott sagt: »Um euretwillen wird mein Name verlästert unter den Heiden« (Jes 52,5 = Röm 2,24). Ich habe Abgründe in evangelikalen Gemeinden und Kirchen gesehen, ja, am eigenen Leib erlebt, die mich blass werden ließen und lassen, etwa wenn ein Evangelikaler zu offensichtlich sein eigenes Lager preist und je nachdem die Gottferne oder die Bibelferne oder die Geistesferne der Anderen verkündet.

Während der Vatikansynode 2015 schrieb ich für die »Christian Post« einen täglichen Blog samt aktuellen Bildern, der etwa zwei Millionen Follower hatte. Ich erinnere mich, auf wie viel Proteste und Unverständnis ich stieß, als ich dort erwähnte, ich würde auf der Vatikansynode besser behandelt und gehörte unmittelbarer dazu als auf vielen evangelischen und evangelikalen Veranstaltungen dieser Art – und dabei hätte ich weltweit wirklich viele davon besucht. Die Deutsche Welle, die Tageszeitung »Die WELT«, aber auch viele katholischen Medien haben die Aussage ebenfalls aufgegriffen. Anstatt aber nun darüber nachzudenken, ob die Barmherzigkeit, Güte und der persönliche Umgang von Papst Franziskus nicht auch uns Evangelikalen gut zu Gesicht stehen würden und warum es eigentlich so oft Spannungen unter uns gibt, wird mir das ausgelegt, als wolle ich demnächst katholisch werden.

Mit alldem will ich keinesfalls die Diskussion um Lehre und Theologie hintanstellen. Ich bin gewissermaßen »Vollbluttheologe«. Ich habe mehrere Tausend Seiten zu theologischen Fragen veröffentlicht. Auf der Vatikansynode, bei Gastvorlesungen an Päpstlichen Universitäten und bei vielen anderen Veranstaltungen im Vatikan war ich an höchst spannenden theologischen Debatten beteiligt und durfte meine Sicht der Dinge ausführlich darlegen, ja, wurde oft danach gefragt. Und als konservativer christlicher Theologe bin ich auch davon überzeugt, dass es die Wahrheit tatsächlich gibt und nicht alles relativ ist. Jesus ist die Wahrheit und das Wort Gottes. Als Wahrheit und Wort hat er uns die Wahrheit und Worte Gottes auch in Worten vermittelt.

Aber ich möchte mir doch die Zurückhaltung bewahren, niemals zu sagen, ich stünde dieser Wahrheit definitiv näher als jeder andere. Und ich freue mich über einen Papst, der genau dasselbe sagt. Gerade als Protestant muss ich feststellen: Wenn die korrekte Theologie uns erretten würde, würde keiner von uns errettet. Wäre die korrekte Theologie das notwendige Werk, um errettet zu werden, wäre das nicht nur das Ende der Gnade, sondern es würde keiner vor Gott bestehen. Die bedeutendsten Theologen werden, wenn sie Jesus begegnen, wie er wirklich ist (1Kor 13,9-12), blass über manches werden, das sie im Brustton der Überzeugung gesagt haben und das sich dann – so der bedeutende Theologe Paulus – als kindliches Gerede erweisen wird.

Mein historisches Vorbild Martin Bucer (1491–1551) sagte 1530 im Vorwort zu seinem Evangelienkommentar:»Wenn man sofort denjenigen als vom Geist Christi verlassen verurteilen will, der nicht ganz genau so urteilt wie man selbst, und sogleich bereit ist, gegen den als Feind der Wahrheit anzugehen, der vielleicht etwas Falsches für richtig hält: wen, frage ich, kann man denn noch als Bruder ansehen? Ich habe jedenfalls noch nie zwei

Menschen gesehen, von denen jeder genau dasselbe denkt. Und das gilt auch in der Theologie.«

Theologie ist enorm wichtig. Lehre und Theorie sind enorm wichtig. Aber bei Gott zählt immer auch die Wirklichkeit, die Praxis, das Leben. Nur »wer meine Worte hört *und tut sie* ...«, hat auf Fels gebaut, sagt Jesus (Mt 7,24). »Bibeltreu« ist nicht einfach der, der Inhalt und Botschaft der Bibel am treusten wiedergibt, sondern der, der sie auch am treusten lebt. Paulus sieht solche Juden, die sich ständig auf das Gesetz berufen und sich deswegen für besser halten, das Gesetz aber übertreten, als schlimmer an als die Heiden (Röm 2,1-29) und meint dabei natürlich auch Christen, die ähnlich vorgehen.

Heute führen wir vor allem ernsthafte Lehrgespräche und es wird ausdrücklich gewünscht, dass wir unsere Sicht deutlich formulieren und einbringen. Der Unterschied ist aber heute: Der Papst sieht evangelische Christen als vollwertige Gläubige an und spricht offen an, dass das aktive Christsein der Evangelikalen und Pfingstler in Gebet, Heiligung und Zeugnisgeben für Katholiken oft vorbildlich ist.

Man muss bei allen Lehrunterschieden, die wir derzeit in Dialogen sehr intensiv aufarbeiten, aber auch sehen: Wir haben im praktischen Kampf gegen die Ungerechtigkeit viel zu viele Themen, bei denen wir mit anderen gemeinsam am Ball sein müssen (z. B. Menschenhandel, Korruption) oder sogar über weite Strecken nur noch uns gegenseitig haben – zusammen immerhin fast zwei Milliarden Menschen (z. B. bei Fragen des vorgeburtlichen Lebens oder der lebenslänglichen, heterosexuellen Ehe). Klar spürt man, dass der Papst mit uns viel größere Gemeinsamkeiten sieht als mit den ehemaligen evangelischen Staatskirchen. Zudem spielen diese natürlich nur im Westen eine große Rolle, außerhalb des Westens sind die Mehrzahl der Protestanten meist evangelikal, in einem Land wie Südkorea beispielsweise zu 90 Prozent.

Es tritt keine große Zahl an Evangelikalen der katholischen Kirche bei

Immer wieder werde ich aus den eigenen Reihen gefragt: Besteht nicht die Gefahr, dass durch den Dialog mit der katholischen Kirche Evangelikale am Ende dieser Kirche beitreten? Und hat Papst Franziskus nicht nur eine neue Strategie, alle Christen heim in den Schoß der katholischen Kirche zu holen? Die Realität ist doch aber: Täglich treten Tausende Katholiken in Lateinamerika und im Globalen Süden zu Pfingstkirchen und evangelikalen Gemeinden über, eine Gegenentwicklung ist nicht zu erkennen.

Ich sehe nicht, dass irgendwo innerhalb der evangelikalen Bewegung weltweit eine große Zahl von Evangelikalen zum Katholizismus konvertieren würde; genauso wenig wie ich die Gefahr einer großen Bewegung der Protestanten generell hin zur katholischen Kirche beobachte. Millionen von Katholiken werden jedes Jahr evangelikal oder pfingstkirchlich, aber nur eine Handvoll Evangelikaler wird katholisch. Die Anzahl an Evangelischen, die katholisch werden, ist von einem soziologischen Standpunkt her gesehen sogar erstaunlich niedrig. Immerhin sprechen wir hier über die größte Religionsgemeinschaft der Welt, die schon aus sich heraus viele Menschen anzieht und zu der sich jeden Tag viele Nichtchristen bekehren. Die meisten bekannteren Evangelischen in unseren Breitengraden, die der katholischen Kirche beigetreten sind, haben dies aufgrund des ethischen Liberalismus in den evangelischen Großkirchen getan. Übertritte aus konservativen evangelikalen Kirchen in die katholische Kirche sind sehr selten.

Papst Benedikt ist bereits der neuen Linie gefolgt, die die Evangelischen willkommen heißt. Doch das heißt nicht, dass daraufhin eine große Zahl an Evangelikalen der katholischen Kirche beigetreten ist. Selbst das Spezialangebot für anglikanische Priester, die angesichts der Weihe eines homosexuellen Bischofs in den USA zur katholischen Kirche übertreten konnten, hat nur 81 Priester zum Übertritt bewegt. Die meisten von ihnen waren offensichtlich hochkirchliche Anglokatholiken und selten Evangelikale. Sie haben dabei insgesamt weniger Gläubige mitgebracht, als täglich Katholiken allein in Brasilien in evangelische Gemeinden im weitesten Sinne übertreten. Ginge es Franziskus wirklich darum, die Evangelikalen für einen Übertritt in die katholische Kirche zu gewinnen, würde er Themen angehen, die für die Evangelikalen entscheidend sind und diese von einem Übertritt abhält, zum Beispiel die Lehre über Maria, die Heiligenverehrung, den Ablass oder die Sicht der Messe.

Und auch diese Frage höre ich immer wieder: Weichen wir durch die Gespräche nicht die Lehre von der Rechtfertigung auf? Die zentrale Wichtigkeit der Lehre der Rechtfertigung durch den Glauben steht für die Evangelikalen nicht etwa aufgrund der Existenz katholischer Theologie oder aufgrund dessen, was der Papst sagt, unter Beschuss. Wenn diese Lehre verloren geht, liegt es einzig und allein an uns selbst. Der Einfluss von Theologen, die die Zentralität der Rechtfertigungslehre infrage stellen, hat mit »Rom« nichts zu tun. Ich wünschte vielmehr, dass die Definition von Rechtfertigung, wie sie 1999 der Vatikan und der Lutherische Weltbund erarbeitet haben, wenigstens der Mindeststandard unter allen Evangelikalen wäre. Auch das Wohlstandsevangelium, das eine sehr oberflächliche Sicht von Sünde beinhaltet, stammt nicht aus »Rom«, ist aber ein großes Problem, weil es die Kreuzestheologie ganz grundsätzlich aus den Angeln hebt.

Gleichzeitig muss man hinzufügen, dass die reformatorische Soteriologie, die Lehre von der Erlösung aller Menschen durch den stellvertretenden Sühnetod Jesu Christi am Kreuz, innerhalb der evangelischen und evangelikalen Bewegung derzeit gerade wieder mehr an Bedeutung gewinnt, als es im 20. Jahrhundert der Fall war. Vor allem in den Pfingstkirchen übernehmen viele jetzt die traditionelle evangelikale, ja nicht selten sogar die reformierte Theologie. Jüngst hielt ich eine Gastvorlesung an der theologischen Fakultät der südkoreanischen Hansei-Universität. Sie ist mit der von Yonggi Cho gegründeten und zur Pfingstbewegung zählenden Yoido Full Gospel Church in Seoul verbunden, der größten Kirchengemeinde der Welt. Der dortige Dogmatikprofessor entpuppte sich als waschechter konfessioneller Lutheraner. Man wolle, so Dekan und Präsidentin der Universität, die Ausbildung der Pfingstpastoren auf eine breitere Basis stellen. Und Chos Nachfolger Lee Young-hoon predigt die klassische Rechtfertigungslehre neben manch anderem, was »Alleinstellungsmerkmal« seiner Kirche ist.

Lustige Szene mit Pastor Lee Young-hoon: Ich rufe meinen Referenten, der in Wirklichkeit daneben steht und dieses Foto macht

Ist der Papst der Antichrist? Nicht wenn man dem Prinzip
des Sola scriptura folgt![201]

Thomas Schirrmacher mit Thomas K. Johnson
Blogeintrag. 12.10.2015

Während ich die Weltweite Evangelische Allianz auf der Vatikansynode repräsentiere und der Papst und ich uns täglich die Hände schütteln, erklären die »Vatican Files«[202], eine antikatholische Webseite in Italien, dass aus der »evangelischen theologischen Perspektive« der Papst der »Antichrist« sei, und verweisen auf 1. Johannes 2,18; 2,22; 4,3; 2. Johannes 1,7 und das Tier der Offenbarung 13,17-18. Es werden historische Persönlichkeiten wie Martin Luther sowie historische Bekenntnisse wie das Bekenntnis von Westminster zitiert, vor allem aber Francis Turretin (1623–1687) als Kronzeuge angeführt, der von vielen als der Meister der klassischen protestantischen Theologie angesehen wird.

Ich bin sehr dankbar für die Verweise auf die Reformation und frühe reformatorische Quellen. Es gibt vieles, was wir modernen Evangelikalen von diesen Quellen lernen können und was das Werk des Evangeliums heute stärken wird. Ich habe über Reformationstheologie geforscht und reformatorische Texte in moderne Sprache übersetzt, so wie auch einige meiner engsten Kollegen. Für Evangelische und Evangelikale aber zählt das Prinzip Sola scriptura. Die Bibel steht wie eine Verfassung als Autorität sogar über unseren eigenen Traditionen, so wie die Thora die Verfassung zu alttestamentlicher Zeit war. Entsprechend hätte ich mir gewünscht, dass der Blog überzeugende exegetische Argumente für die Ansicht geliefert hätte, wonach sich die Texte in 1. und 2. Johannes und Offenbarung 13,17-18 auf den Papst beziehen.

Demnach ist derjenige »Antichrist«, der »leugnet, dass Jesus der Christus ist« und bestreitet, »dass Jesus Christus im

Fleisch gekommen ist.« Ist dies etwa eine zutreffende Beschreibung des derzeitigen Papstes oder des Papsttums im Allgemeinen? Ich denke nicht. Papst Benedikt verfasste drei Bände über Jesus, den Christus, den Mensch gewordenen Gott. Die wesentlichen Beschreibungen des Antichrists in allen Texten des Johannes entsprechen dem Gegenteil dessen, wofür der Papst steht. Tatsächlich ist es der Text aus 1. Johannes 4,2-3, der mich glauben lässt, dass wir mit dem Papst und den meisten römisch-katholischen Kirchenführern in einer freundlichen Art und Weise sprechen sollten – in der Annahme, dass der Heilige Geist auch in ihnen wirkt, obschon wir mit wichtigen und prominenten Themen ihrer Lehre nicht übereinstimmen: »Daran sollt ihr den Geist Gottes erkennen: Ein jeder Geist, der bekennt, dass Jesus Christus in das Fleisch gekommen ist, der ist von Gott; und ein jeder Geist, der Jesus nicht bekennt, der ist nicht von Gott. Und das ist der Geist des Antichrists, von dem ihr gehört habt, dass er kommen werde, und er ist jetzt schon in der Welt« (nach der Lutherübersetzung).

Die »Vatican Files«-Akten erwähnen zwar die Tatsache, dass es in der evangelikalen Welt zahlreiche unterschiedliche Meinungen darüber gibt, wie die Texte des Neuen Testaments in Bezug auf den Antichrist zu verstehen sind, verlieren diesen Punkt jedoch rasch wieder aus dem Blick. Die Ansicht, wonach der Antichrist der Papst sei, ist selbst unter Evangelikalen eine absolute Minderheitenmeinung. Wenn aber Evangelikale weit davon entfernt sind, sich in der Bedeutung der Texte über den Antichrist einig zu sein, wie kommt es dann, dass ihnen ein derart hartes Urteil über den Papst zugeschrieben und als die gängige evangelikale Position hingestellt wird?

Soweit ich es übersehe, erkennt kein einziger der vielen heutigen evangelikalen, exegetischen Kommentare zu 1. Johannes und der Offenbarung den Papst oder die katholische Kirche in diesen Texten. Diese Debatte, so meine Überzeugung, sollte beendet werden. Wenn sich eine Ansicht nicht durch die Exegese der Heiligen Schrift untermauern lässt, so gibt uns die Geschichte kein Recht dazu, ein derart harsches Urteil zu fällen. Selbst Luther hat die Texte des Johannesevangeliums nicht dahingehend ausgelegt, um zu beweisen, der Papst sei der Antichrist; er verwendete lediglich die Bezeichnung gegen den Papst als »Schimpfwort« seiner Zeit. Lasst uns Luther und der Reformation folgen, in dem wir das Prinzip Sola scriptura beherzigen, selbst wenn dies bedeutet, manche Einzelansichten jener Reformatoren nicht mehr zu teilen.

Kardinal Koch zum Dialog mit den Evangelikalen

Neben den privaten Treffen im Sommer 2014 arbeiteten Vatikan und Weltweite Evangelische Allianz offiziell auf eine große Begegnung im November 2014 hin. Es war der letzte große Beitrag des scheidenden Generalsekretärs der WEA Geoff Tunnicliffe. Noch vor dem offiziellen Treffen einer großen WEA-Delegation mit Papst Franziskus und dann verschiedenen päpstlichen Räten äußerte sich Kurt Kardinal Koch als für Ökumene zuständiger Kardinal in den deutschen Medien. Die Zeitschrift »idea« meldete am 28. September 2014: »Die römisch-katholische Kirche öffnet ihre Türen zu den Pfingstkirchen und den Evangelikalen insgesamt. Das teilt der Präsident des Päpstlichen Rates für die Einheit der Christen, Kardinal Kurt Koch (Vatikanstadt) in der katholischen Zeitung ›Die Tagespost‹ (Würzburg) mit. Die Weltweite Evangelische Allianz (WEA) repräsentiert rund 600 Millionen theologisch konservative Protestanten, darunter auch Pfingstler, die die übernatürlichen Gaben des Heiligen Geistes besonders betonen wie etwa Prophetie oder Glaubensheilung. Sie seien zahlenmäßig die zweitgrößte Gruppe in der Christenheit nach der römisch-katholischen Kirche, so Koch. Papst Franziskus suche den Kontakt mit diesen Gruppierungen, denn in seiner Heimat Argentinien seien die evangelikalen Strömungen sehr lebendig; dort habe er mit ihnen auch persönliche Erfahrungen gemacht. Der Päpstliche Rat hat laut Koch bereits Gespräche mit der WEA aufgenommen; auch gebe es Konsultationen mit den Pfingstlern. Man könne den Dialog aber nur mit solchen führen, die das auch wollen.«[203]

Franziskus an Evangelikale: »Neue Etappe der Zusammenarbeit«: Große WEA-Delegation bei Papst Franziskus[204]

Radio Vatikan, 06.11.2014

Papst Franziskus erhofft sich eine »neue Etappe in den Beziehungen zwischen Katholiken und Evangelikalen«. Das sagte der Papst an diesem Donnerstag zu Angehörigen der Evangelischen Weltallianz, die er zu einer Audienz im Vatikan empfing. Franziskus warb dabei auch für eine engere Zusammenarbeit, damit katholische und evangelikale Gläubige gemeinsam auf bessere Weise den Auftrag erfüllen können, die Frohe Botschaft bis an die äußersten Grenzen der Welt zu tragen. Zugleich räumte der Papst ein, dass auch heute »Rivalitäten und Konflikte« zwischen Katholiken und Evangelikalen bestehen. »Die Wirksamkeit unserer Verkündigung wäre sicher größer, wenn die Christen ihre Spaltungen überwänden und gemeinsam die Sakramente feierten, gemeinsam das Wort Gottes verkünden und die Nächstenliebe bezeugen könnten.«

Der theologische Dialog zwischen dem Päpstlichen Einheitsrat und der weltweiten Vertretung der Evangelikalen habe aber bereits »neue Perspektiven eröffnet, Missverständnisse geklärt und Wege zur Überwindung von Vorurteilen gewiesen«, sagte Franziskus weiter. Beide Seiten könnten und sollten sich gegenseitig inspirieren und voneinander lernen. »Ich wünsche mir, dass diese Beratungen weiterhin unser gemeinsames Zeugnis und unsere evangelisierenden Anstrengungen beseelen können: »Wenn wir wirklich an das freie und großherzige

Im Sitzungsraum des Päpstlichen Rates für die Einheit der Christen im November 2014 (v.l.): Juan Fernando Ushma Gomez, Kontaktmann für Evangelikale und Pfingstler, Sekretär Bischof Brian Farrell, Irland, Geoff Tunnicliffe, Generalsekretär der WEA, Kurt Kardinal Koch, Thomas Schirrmacher

Handeln des Geistes glauben, wie viele Dinge können wir voneinander lernen! Es handelt sich nicht nur darum, Informationen über die anderen zu erhalten, um sie besser kennen zu lernen, sondern darum, das, was der Geist bei ihnen gesät hat, als ein Geschenk aufzunehmen, das auch für uns bestimmt ist (Evangelii Gaudium, 246).«

Franziskus hat schon mehrmals mit hoher Wertschätzung von (und mit) evangelikalen Gläubigen gesprochen. Ihre Gemeinden sind etwa in Argentinien stark vertreten.

Allianz und Papst rücken enger zusammen[205]

Interview mit mir im pro-Medienmagazin, 10.11.2014
Die Spitze der Weltweiten Evangelischen Allianz hat sich
erneut mit Papst Franziskus beraten. Sie haben unter anderem
beschlossen, sich gemeinsam für die biblische Ehe und gegen
Menschenhandel einzusetzen, berichtet der Theologe Thomas
Schirrmacher im pro-Interview.

Sie waren mit dem Generalsekretär der Weltweiten Evange-
lischen Allianz (WEA) zusammen beim Papst. Zum letzten Mal
besuchten Sie ihn im Juni [2014]. Warum nun schon wieder?

Wir waren mit einer 22-köpfigen Delegation dort und haben
gewissermaßen die Frucht der vielen Gespräche mit Papst
Franziskus und verschiedenen päpstlichen Räten geerntet.
Papst Franziskus und die WEA haben eine kleine Arbeitsgruppe ins Leben gerufen, die ab jetzt dauerhaft alle Gespräche und
die Zusammenarbeit koordinieren soll. Die Delegation war so
groß, weil vor und nach der Audienz jeweils unsere Fachleute
mit den meisten Päpstlichen Räten oder mit konkreten Aus-
schüssen gesprochen haben.

Mit welchen Fragen befassen sich diese Ausschüsse?

Es gibt Ausschüsse gegen Menschenhandel, gegen Land-
minen und Kleinwaffen, zu Nuklearwaffen, und natürlich zur
Religionsfreiheit und gegen Christenverfolgung. Gespräche
gab es auch mit dem Päpstlichen Rat für Kommunikation über
Bibelverbreitung, Filmproduktion und Nutzung der sozialen
Medien. Zudem haben wir mit dem Päpstlichen Rat für interreligiösen Dialog und dem Rat für Familie gesprochen. Mit
Letzterem haben wir weitreichende Kooperationen vereinbart,
um uns weltweit für die Ehe aus biblischer Sicht einzusetzen.
Mitte November werde ich auf Einladung der Kongregation für
die Glaubenslehre, der lange Zeit Kardinal Ratzinger vorstand,

an einer internationalen Konsultation zum Thema Ehe teilnehmen, unser Hauptredner wird Rick Warren sein.

Wenige Minuten vor der Audienz beim Papst November 2014: mit Geoff
Tunnicliffe, Generalsekretär der WEA, und Kurt Kardinal Koch, im Päpstlichen Palast

Der Papst und der Generalsekretär der WEA verkünden »ein
neues Zeitalter« der Zusammenarbeit zwischen Vatikan und
Allianz. Heißt das: Reformation ade?

Keine Seite hat Interesse an einer Art von Zusammenarbeit,
die die theologischen Unterschiede ignoriert oder einebnet. Im
Gegenteil: Die neue Zusammenarbeit eröffnet ein noch res-
pektvolleres, weiterhin ehrliches Gespräch, gerade auch über
die Anliegen der Reformation. Deswegen hat die WEA auch
entschieden, dass deren Theologische Kommission weiterhin
die Federführung in der Zusammenarbeit hat, auch bei ganz

praktischen und unumstrittenen Themen wie dem gemeinsamen Kampf gegen Menschenhandel.

Warum konzentriert sich die WEA plötzlich so auf den Vatikan?

Das kann man so nicht sagen. Am Mittwoch sind Geoff Tunnicliffe (der Generalsekretär der WEA, d. Red.) und ich in ähnlicher Mission beim Ökumenischen Patriarchen in Istanbul, dem Oberhaupt aller orthodoxen Kirchen. Im Januar finden ähnliche Gespräche mit der Spitze des Ökumenischen Rates der Kirchen statt. Wir wollen überall erreichen, dass wir nicht ad hoc, sondern koordiniert und fortlaufend miteinander sprechen und gemeinsam handeln, wo es unsere theologischen Unterschiede zulassen. Schon die politische Lage weltweit zwingt uns doch dazu, dass alle globalen christlichen Körperschaften nicht nebeneinander her arbeiten, als gäbe es die anderen gar nicht.

Gibt es in der Allianz auch Widerstand gegen die Kooperation mit der Katholischen Kirche?

Wir haben die breite Rückendeckung der nationalen und regionalen Allianzen weltweit, auch in Europa, wie die Generalversammlung der Europäischen Evangelischen Allianz in England kürzlich zeigte. Die Italienische Evangelische Allianz hat als einzige starke Bedenken, die wir – auch durch zahlreiche Gespräche mit ihnen – ernst nehmen.

2015: Familiensynode im Vatikan

Familiensynode im Vatikan 2015
Vor der Weltbischofssynode im Herbst 2015 stellte die Deutsche Bischofskonferenz die deutschen Teilnehmer vor: »Und auch unter den sogenannten ›brüderlichen Delegierten‹ ist ein Deut-

scher. Der international bekannte reformierte Theologe und Religionswissenschaftler Thomas Schirrmacher (55) nimmt für die Weltweite Evangelische Allianz an der Synode teil. Er ist einer von 14 Vertretern aus den anderen christlichen Kirchen und Gemeinschaften, Stimmrecht haben diese Vertreter nicht.«[206]

Blick in die deutsche Arbeitsgruppe »Circulus Germanicus« der Vatikan-Synode 2015

Rund 400 Teilnehmer diskutierten auf der Bischofssynode, dem Beratungsorgan des Papstes, miteinander. Franziskus wollte ausdrücklich, dass jeder offen sagt, was er denkt. Es hat eine Woche gedauert, bis sich die Delegierten auch wirklich trauten, das umzusetzen. Es kamen schwierige Fragen auf den Tisch, über die schließlich ehrlich Meinungen ausgetauscht wurden. Das war unter Papst Benedikts letzter Synode 2012 so nicht der Fall, und auch auf Franziskus' Synode 2014 haben sich die Synodenväter noch längst nicht so getraut, von der neuen Redefreiheit Gebrauch zu machen. Bei unterschiedlichen Meinungen gab es kein Kopfschütteln, sondern ein intensives Zuhören, um den anderen zu verstehen. Ich habe meine Erfahrungen in vielen Blogs und Interviews verarbeitet, immer mit der nötigen Vertraulichkeit, die ein Gast seinem Gastgeber schuldet.

»Als Evangelikaler auf der Vatikan-Synode«[207]

Ungekürzte Version eines Interviews mit mir aus dem pro-Medienmagazin, 05.10.2015

Thomas Schirrmacher nimmt seit Sonntag als Vorsitzender der Theologischen Kommission der Weltweiten Evangelischen Allianz an der Familiensynode im Vatikan teil. In pro erklärt er, welche Positionen er dort einbringen will.

Warum sind Sie bei der Familiensynode dabei, welche Aufgabe haben Sie dort?

Die im Vatikan tagende Synode lädt jedes Mal sogenannte »brüderliche Delegierte« aus anderen Konfessionen ein, darunter auch von der Weltweiten Evangelischen Allianz. Sie haben Rederecht wie alle anderen auch und nehmen an allen Beratungen teil. Sie haben nur kein Stimmrecht. Also bin ich als Ethiker zunächst mal mittendrin in der schwierigen Diskussion rund um alle Fragen von Ehe und Sexualethik. Daneben aber ist es natürlich eine einmalige Gelegenheit, sehr viele katholische Würdenträger persönlich kennen zu lernen und umgekehrt ihnen auch ein Bild der Evangelikalen aus erster Hand zu vermitteln. Hier wird ein Nebeneffekt langfristig leicht zum Haupteffekt.

Welche inhaltlichen Positionen wollen Sie einbringen?

Wir leben in einer sexualisierten Welt, in der sich Evangelikale wie Katholiken häufiger scheiden lassen. Weil beispielsweise die Lebenserwartung steigt, dauern die Ehen potenziell immer länger. Die sexuelle Reife setzt früher ein, der Berufsab-

Blick auf den Balkon der Glaubenskongregation während einer Sitzung
der deutschen Sprachgruppe der Vatikansynode 2015

schluss, um eine Familie ernähren zu können, erfolgt immer
später – da liegen schnell zehn Jahre dazwischen, in der die
Sexualität voll entfaltet, aber eine auf Nachwuchs angelegte
Ehe noch nicht sinnvoll ist. Wir müssen die Heilige Schrift in
ihren Ordnungen ernst nehmen – etwa die Worte Jesu zur
Scheidung – und uns zugleich an ihr durchgängiges Liebes-
gebot halten.

*Was erwarten Sie von der Synode? Was wird besonders
spannend?*

237

Zunächst einmal erwarte ich viele Freundschaften und belastbare Beziehungen, die über einen so langen Zeitraum entstehen, etwa wenn ich täglich mit allen deutschsprachigen Delegierten in einer Sprachgruppe diskutiere. Dies zahlt sich später oft in konkreten Situationen aus, etwa wenn es um Christenverfolgung geht. Thematisch befürchte ich, dass die Lager unüberwindlich sind, so gut es ist, dass dank des Papstes jetzt offen diskutiert wird und dadurch natürlich auch die Lager in Erscheinung treten. Denn bei früheren Synoden konnte man nur sehr bedingt von Diskussionen sprechen. An der Synode nehmen ja viele Delegierte teil, die es bisher nicht gewohnt waren, in solcher Öffentlichkeit mit anderen Bischöfen und Kurialen zu diskutieren. Spannend wird natürlich, ob und wie der Papst selbst Stellung bezieht, denn noch einmal kann er das Thema ja wohl schlecht einer weiteren Synode zuweisen, wie es letztes Jahr geschah.

Das Gespräch führte Moritz Breckner.

»Familiensynode: Was Katholiken und Evangelikale verbindet«[208]

Artikel nach der Bischofssynode
Kath.net, 26.10.2015
Der evangelikale Theologe Prof. Schirrmacher (Evangelische Allianz) vertritt: *Die römisch-katholische Kirche verbindet*
auf vielen Gebieten mehr mit der evangelikalen Bewegung als mit
den evangelischen Volks- und Staatskirchen.

Rom/Bonn (kath.net/idea) Die römisch-katholische Kirche
verbindet auf vielen Gebieten mehr mit der evangelikalen Bewegung als mit den evangelischen Volks- und Staatskirchen.
Das erklärte der Vorsitzende der Theologischen Kommission
der Weltweiten Evangelischen Allianz, Prof. Thomas Schirrmacher, auf Anfrage der Evangelischen Nachrichtenagentur idea
zum Abschluss der katholischen Familiensynode am 25. Oktober. Drei Wochen lang hatten im Vatikan 270 Bischöfe aus aller
Welt mit Laien und Experten über Fragen von Ehe und Familie
diskutiert. Schirrmacher war der einzige Evangelikale, der an
der Synode teilnahm. Wie er idea sagte, sieht Franziskus als
erster Papst auch Protestanten als »vollwertige Gläubige« an:
»Er honoriert aber besonders die Ernsthaftigkeit der evangelikalen ›Heiligung‹ und des Zeugnisgebens und wünscht sich
das auch für seine Kirche.« Im weltweiten Kampf gegen Probleme wie Korruption und Menschenhandel müssten die Kirchen künftig noch stärker konfessionsübergreifend zusam-
menstehen, so Schirrmacher. Bei ethischen Themen wie dem
Eintreten für die lebenslange Ehe oder dem Kampf gegen Abtreibung hätten allerdings nur Katholiken und Evangelikale einen eindeutigen Standpunkt: »Da müssen wir – zusammen
immerhin fast zwei Milliarden Menschen – trotz aller Lehrun-
terschiede weiterhin gemeinsam am Ball bleiben.« Er habe
während der Synode den Eindruck gehabt, dass es von katho-

lischer Seite ausdrücklich erwünscht sei, »dass wir deutlich unsere Sicht vortragen«.

Mit wiederverheirateten Geschiedenen möchte die römisch-katholische Kirche künftig offener umgehen. Eine knappe Zweidrittelmehrheit (178 Stimmen) sprach sich dafür aus, die jeweiligen Einzelfälle und Umstände zu beurteilen. Der zuständige Priester könne dann entscheiden. »Das bedeutet, dass der Papst für seine vorsichtige Öffnung eine klare Rückendeckung bekommen hat und sich seine Gegner nicht durchgesetzt haben«, so Schirrmacher. Man könne nun gespannt sein, was er daraus mache. Am Abendmahl dürfen Wiederverheiratete aber auch weiterhin nicht teilnehmen: »Hier bleibt das Dokument bewusst vage.« Große Einigkeit habe aber darüber geherrscht, dass wiederverheiratete Geschiedene besser in die Kirche integriert werden müssten. Schirrmacher: »Indem der Papst als erste Reaktion die Päpstlichen Räte für die Familie und für die Laien zu einer neuen Kongregation für Familie, Laien und Leben umgeformt hat – nur die Kongregationen sind als Ministerien im Vatikan wirklich am Gestalten beteiligt –, hat er das Thema Familie, aber auch die Laien stark aufgewertet. Und das ist für die katholische Kirche beachtlich.«

Als enttäuschend bezeichnete der Theologe die Tatsache, dass etwa Polygamie, arrangierte sowie religions- und konfessionsverschiedene Ehen in dem Abschlussdokument in einem Satz als »Probleme« bezeichnet werden. Die meisten Gruppen hätten gefordert, das zu differenzieren: »Trotzdem blieb der ursprüngliche Abschnitt praktisch unverändert.« Das vermittle den Eindruck, als sei beispielsweise in konfessionsverschiedenen Ehen »immer der nichtkatholische Partner das Problem«.

Papst Franziskus sucht den Text für sein nächstes liturgisches Gebet während der Vatikansynode 2015.

Medienberichte und Synodengeschehen haben »wenig miteinander zu tun«[209]

Interview mit mir während der Synode
  Kath.net, 22.10.2015
  Herr Prof. Schirrmacher, Sie haben offenbar keine Berührungsängste mit katholischen Würdenträgern, sondern kontern auf der Bischofssynode ganz locker mit klassischer Kleidung für protestantische Geistliche in hoher Leitungsverantwortung. Werden Sie gelegentlich darauf angesprochen?
  Viele Delegierte kennen mich von einer früheren Synode oder anderen Konferenzen oder von den inzwischen recht häufigen Treffen zwischen Vertretern der Institutionen im Vati-

kan und der Weltweiten Evangelischen Allianz. Am erstauntesten sind ganz offensichtlich die, die im Alltagsleben ihrer Diözese wenig mit uns zu tun haben und uns nur aus den Medien kennen. Umgekehrt gibt es das ja genauso: Je weniger echte Begegnung, desto größer die falschen Vorstellungen oder gar Vorurteile. [...]

Arbeit am Synodentext im Sitzungssaal der Glaubenskongregation während einer Pause

Kardinal Marx bezeichnete gleich zu Anfang der Synode vor Journalisten Berichte über ein konservatives und ein progressives Lager als »Inszenierung der Medien«. Trotzdem ordnen auch kirchliche Nachrichtenagenturen wie KNA und KAP einzelne Teilnehmer unverdrossen den Lagern zu. Wie erleben Sie das vor Ort?

Das, was die Medien berichten, und was hier passiert, hat wenig miteinander zu tun. Das gilt selbst dann, wenn Synodenväter selbst Sachen an die Presse lancieren, dann tun sie meist so, als hätten sie die Mehrheit, aber eine Minderheit gefährde die Kirche. Die Realität ist: Natürlich wird hier auf ausdrücklichen Wunsch von Papst Franziskus sehr offen gesprochen. Aber Lager im Sinne von Parteien bilden sich aus drei Gründen nicht heraus.

1. Viele der Probleme sind typisch Kontinent-bezogen, die Kontinente bilden aber gewissermaßen keine Allianzen. So haben die Afrikaner typisch eigene Probleme mit Polygamie und teurer Mitgift, weswegen die kirchliche Trauung lange herausgezögert wird, aber die Asiaten gehen mit ähnlichen Problemen völlig anders um.

2. Man kann bestenfalls zu einem Thema sagen, dass jemand konservativ oder progressiv ist, aber die Antworten passen nicht zusammen. Da ist also etwa einer dafür, in klar umrissenen Ausnahmefällen nach Buße usw. Wiederverheiratete mit Kindern zum Empfang der Kommunion zuzulassen, ist aber gleichzeitig gegen die Aufnahme irgendeines Wortes der Entschuldigung wegen Kriminalisierung von Homosexualität in der Vergangenheit. Wo gehört der nun hin?

Und 3. erlebe ich, dass man sehr viel Verständnis für den jeweils anderen hat, das heißt die berichteten komplizierten seelsorgerlichen Situationen alle gut verstehen, nur dass sie in der Lösung nicht übereinstimmen. Es gibt hier bei den allermeisten sehr viel Verständnis dafür, warum die andere Seite die heiklen Themen anspricht.

Es geht um Ehe und Familie. Wie ist die Spannbreite der diesbezüglichen Positionen in der Evangelischen Allianz? Welche Positionen planen Sie selbst, in den deutschen Gesprächszirkel einzubringen, in dem Sie ja Rederecht haben?

Ich bringe in den Zirkel die Positionen der evangelikalen Ethik ein, für die die Worte Jesu in der Heiligen Schrift weiter verbindlich sind, aber der Charakter des Christentums als Vergebungs- und Erlösungsgemeinschaft ebenso deutlich werden muss. Dabei entspricht das katholische Verständnis der Ehe am ehesten unserem Verständnis der Ehe als biblisch und schöpfungsmäßig begründetem Bund. Dabei gibt es bei uns in der Allianz die Positionen, die mit der klassischen katholischen Position weitgehend übereinstimmen, bis hin zu Positionen, dass jemand, der nicht aus der Kirche ausgeschlossen wurde, immer auch den Leib des Herrn empfangen darf. Zum Thema Homosexualität haben wir die ganze Bandbreite von Afrika, also einer strafrechtlichen Ahndung von Homosexualität, über die Mehrheitsposition, dass Homosexualität Sünde ist, Homosexuelle aber nicht gesellschaftlich diskriminiert werden sollten, bis hin zu einer Minderheit, die der Meinung ist, dass Homosexuelle ihre Orientierung nicht ändern können und deswegen zölibatär oder in dauerhafter Partnerschaft leben sollten. Wir haben ja kein Lehramt, sondern eine Art Dauersynode in den Gemeinden.

Sollten wir im Christentum die Familie wieder stärken und wie könnte dies geschehen? Oder sehen Sie in diesem Bereich derzeit keinen Korrekturbedarf?

Ja, wir sollten uns bewusst machen, dass die Familie von Gott geschaffen wurde, bevor es Staat und Kirche gab, und sich das im Leben jedes Einzelnen wiederholt: Die Familie prägt ihn als Erstes – zum Guten wie zum Schlechten. Ehe, Sexualität und Familie sind der Höhepunkt des Schöpfungsberichtes (»Und siehe, es war sehr gut«) und ein Geniestreich des Schöpfers. Sie zu einem reinen Arrangement des Zusammenlebens herabzustufen, bedeutet nicht nur, das Werk des Schöpfers in Frage zu stellen, sondern auch konkret Milliarden von Menschen persönlich zu schaden. [...]

Wo stehen wir im deutschen Sprachraum eigentlich grundsätzlich mit dem Kontakt zwischen Evangelischer Allianz und Katholiken?

Im deutschen Sprachraum ist die Situation in Deutschland und Österreich insofern anders als in fast allen anderen Ländern, weil die Evangelischen Allianzen keine Dachverbände von Kirchen sind – wie es etwa schon in der Schweiz der Fall ist. Das liegt daran, dass in beiden Ländern etwa die Hälfte der Evangelikalen in den historischen evangelischen Kirchen sind und man deswegen andere organisatorische Formen der Zusammenarbeit gefunden hat. Das macht die Sache für die katholische Seite recht unübersichtlich, vor allem, weil sie mit den Vertretern der landeskirchlichen Evangelikalen ja nicht als Kirchen spricht. In Kenia oder Korea zum Beispiel stehen der katholischen Kirche einfach die konservativen evangelischen Kirchen als Evangelische Allianz und der (wesentlich kleinere) Nationale Kirchenrat mit den anderen Kirchen gegenüber, da spricht man mit den Evangelikalen als Kirchen. Trotzdem erleben wir zunehmend, dass die katholische Seite evangelikale Theologen und Führer zunehmend als Vertreter eines Viertels der Weltchristenheit ernst nimmt und lernt, zwischen der Situation in unseren Ländern und der weltweiten Lage zu unterscheiden.

Das Gespräch führte Petra Lorleberg, Redaktion Kath.net

Was der Papst auch für Protestanten sagen darf [210]

Interview der Welt am Sonntag mit mir, 03.11.2015
   Ein religiöses Multitalent
   Thomas Schirrmacher ist ein Meister des Multitasking. Der Evangelikale ist Professor für Theologie, zugleich Leiter des Instituts für Religionsfreiheit, Präsident der »International Society for Human Rights« (ISHR) und Vorsitzender der Theologischen Kommission der Weltweiten Evangelischen Allianz (WEA). Als solcher nimmt er die Aufgaben eines evangelikalen Cheftheologen und des WEA-Außenbeauftragten wahr. Seit Jahren ist er im Bundestag, in Kirchen und in den

Vereinten Nationen als Experte gefragt. Er lebt mit seiner Familie in Bonn. Seine Frau Christine lehrt dort Islamwissenschaften. Zeitweise war er in der evangelikalen Szene nicht unumstritten. Ursächlich dafür waren seine Thesen zum partiell historisch-kritischen Verständnis der Bibel oder zur Notwendigkeit, die Rechte religiöser Minderheiten zu stärken – auch wenn die eine Konkurrenz darstellten.

Thomas Schirrmacher aus Bonn nahm als einziger evangelischer Christ Deutschlands an der Familiensynode im Vatikan teil. Ein Gespräch über Homosexuelle, Völkermord und die Nähe zum Heiligen Vater.

Gegen 8.40 Uhr begann auf dem Petersplatz in Rom das große Rennen. Rund 270 Kardinäle, Bischöfe und Experten stiegen eilig aus ihren Dienstwagen oder marschierten aus ihrem Hotel am Rande des Platzes los. Sie alle strömten in den Vatikan, um dort ab neun Uhr mit dem Papst über die Zukunft der Familie zu debattieren.

Unter ihnen war ein Mann aus Bonn: Thomas Schirrmacher, der einzige deutsche Protestant, der geladen war, die gesamte Familiensynode der katholischen Kirche zu begleiten. Als Vertreter der Weltweiten Evangelischen Allianz lauschte er drei Wochen lang bis zum Ende der Synode am 25. Oktober den Kirchenführern, plauderte täglich mit dem Papst und hielt selbst Referate. War die Zeit gut investiert?

Professor Schirrmacher, Hand aufs Herz, sind Sie zum Papisten mutiert?

Bitte?

Sie haben die vergangenen drei Wochen fast pausenlos mit frommen Katholiken am katholischsten Ort der Welt verbracht. Das bleibt doch nicht folgenlos, oder?

Nein, ich habe großen Respekt vor der ältesten und größten Organisation der Welt. Ich staune darüber, dass sie überhaupt funktioniert. Und ich bin als Protestant auch dankbar, dass es sie gibt, weil sie viel zur Stabilisierung des gesamten Christentums beigetragen hat.

Aber?

Alles, was mich vor der Synode von der katholischen Kirche trennte, trennt mich weiterhin von ihr.

Warum sind Sie als einziger deutscher Protestant Gast der Familiensynode gewesen?

Der Vatikan lädt zu jeder Synode Vertreter der anderen Großkonfessionen ein ...

... zu denen die Evangelikalen hierzulande aber nicht gehören. Und Sie sprechen ja für diese theologisch konservative Strömung innerhalb des Protestantismus.

Stimmt, deutschlandweit werden uns keine zwei Millionen Menschen zugerechnet. Aber weltweit zählen 600 Millionen Gläubige zur evangelikalen Bewegung. Die ehemaligen evangelischen Staatskirchen spielen nur noch in Europa eine tragende Rolle, außerhalb des Westens sind die meisten Protestanten evangelikal. Das ist dem Papst als Kopf einer globalen Kirche natürlich bewusst.

Haben Sie den Papst gesprochen?

Ja, erfreulicherweise hatte ich die Möglichkeit, jeden Tag mit ihm zumindest zehn Minuten zu sprechen. Wir waren uns schon vor der Synode fünf Mal begegnet. Und jedes Mal hat er bei mir denselben Eindruck hinterlassen.

Nämlich?

Dass er das freie, offene Wort schätzt. Auf der Synode hat er gegen den Widerstand seiner Mitarbeiter durchgesetzt, dass die Bischöfe in ihren Arbeitsgruppen völlig frei und ohne Vorgabe selbst ihre Themen festlegten, selbst ihre Sprecher wählten und kein Blatt vor den Mund nahmen. In der letzten Synode, 2012 unter seinem Vorgänger Benedikt XVI., wäre das unvorstellbar gewesen.

Also flogen jetzt die Fetzen?

Es wurde jedenfalls ab der zweiten Woche sehr offen debattiert. Bei Themen wie dem Umgang mit Wiederverheirateten wurde es auch hitzig. Ein kasachischer Würdenträger beispielsweise warf den reformfreudigeren deutschen Teilnehmern vor, er rieche »den Duft des Teufels« aus ihrer Richtung.

Weil die deutschen Bischöfe mehrheitlich dafür plädierten, Wiederverheiratete im Einzelfall zum Abendmahl zuzulassen?

Für diese behutsam formulierte Position haben die Reformer eine knappe Zweidrittelmehrheit zusammenbekommen. Papst Franziskus, der ja die letzte Entscheidung über die Stellung der Wiederverheirateten fällen wird, kann das als Rückendeckung für seinen Kurs deuten. Um kein falsches Bild aufkommen zu lassen: Den Duft des Teufels hat sonst niemand gewittert. Die meisten Diskussionsbeiträge waren, bei aller Leidenschaft, differenziert und verständnisvoll.

Welche Rolle hat die Stellung Homosexueller in der Debatte gespielt?

Kaum eine, weil nach dort herrschender Logik Homosexuelle mit Familie nichts zu tun haben. Also musste man ihnen bei einer Familiensynode auch kaum Aufmerksamkeit widmen. Allerdings gab es im Abschlussdokument eine Anerkennung für Homosexuelle. Ihnen wird zugestanden, dass es in homosexuellen Partnerschaften echte Fürsorge gebe.

Welche Anliegen haben Sie dem Papst vorgetragen?

Zum einen haben wir über eine engere Zusammenarbeit in familienpolitischen Fragen gesprochen, zum anderen habe ich ihm ein entschlosseneres Vorgehen gegen Christenverfolgung nahegelegt.

Sie meinen die Verfolgung in Syrien und Irak?

Genau, es muss ein Ruck durch die Weltchristenheit gehen angesichts dieser Tragödie. Wenn der Papst als weltweit prominentester Christ die Führer der großen Kirchen zum öffentlichen Gebet für die verfolgten Christen einladen würde, fände das vermutlich große Resonanz. Wichtig war mir aber auch die Einstufung des IS-Kampfes gegen Christen und Jesiden als Völkermord. Laut Definition der Vereinten Nationen liegt ein Völkermord vor, wenn eine ethnische oder religiöse Gruppe systematisch verfolgt, vergewaltigt, vertrieben oder versklavt wird. Diese Kriterien sind in Syrien und Irak leider erfüllt.

Würde die UNO das bestätigen, hätte es völkerrechtliche Konsequenzen.

Ja, die Staatengemeinschaft wäre verpflichtet, den Völkermord zu stoppen. Und wenn sich die Weltchristenheit mit dem Papst an der Spitze für eine solche Einstufung der orientalischen Christenverfolgung starkmachte, hätte das durchaus Chancen auf Erfolg.

Sie als Evangelikaler können sich also vorstellen, dass der Papst auch in Ihrem Namen öffentlich spricht?

Ja, in ethischen und politischen Fragen kann er meiner Meinung nach eine Sprecherfunktion für alle Christen ausüben.

Wie hat der Papst reagiert?

Während meiner Rede hat er kräftig genickt, anschließend hat er sich bei mir bedankt, am nächsten Tag nahm er mich nochmals beiseite und versicherte mir, er wolle sich auf jeden Fall darum kümmern. Warten wir es ab.

Sie erwähnten eben noch ein zweites Anliegen, die Familienpolitik.

Richtig, auch bei dem Thema sieht der Papst mit uns Evangelikalen viel größere Gemeinsamkeiten als beispielsweise mit den evangelischen Landeskirchen in Deutschland. Katholiken und Evangelikale werden ihre Zusammenarbeit in Fragen der Familienpolitik weiter ausbauen. Das wurde auf der Synode erneut bekräftigt.

Dürfen wir jetzt jede Woche mit einer katholisch-evangelikalen Demo gegen Abtreibung rechnen?

(lacht) Nein, wir wollen uns auf ganz unterschiedlichen Ebenen für Familien einsetzen, ob bei der UNO, im Europäischen Parlament oder auf dem Marktplatz, wo wir gemeinsame Familientage veranstalten.

Mit welchen Forderungen?

Zum Beispiel dürfen Eltern nicht mehr durch ein Karriere-Aus dafür bestraft werden, dass sie sich zugunsten ihrer Kinder phasenweise im Beruf zurückgenommen haben. Warum eröffnet unser Beamtenrecht solchen Eltern, die sich mit 45 wieder ganz der Arbeit widmen wollen, nicht Seiteneinsteigerchancen? Warum werden nicht die Altershöchstgrenzen für Einstellungen in Teilen des öffentlichen Dienstes gelockert?

Um Abtreibung oder die traditionelle Ehe soll es bei dieser Allianz von 1,2 Milliarden Katholiken und 600 Millionen Evangelikalen nicht gehen?

Doch, wir werben unter anderem dafür, Kinder vor Scheidungen besser zu schützen. In Australien wurde ein Gesetz verabschiedet, das Eltern minderjähriger Kinder verpflichtet, vor einer Scheidung mehrere Beratungsangebote wahrzunehmen. Dabei werden den Eltern alle Möglichkeiten einer Therapie und Hilfe nochmals vor Augen geführt – mit erstaunlich großem Erfolg. Das halten wir für vorbildlich. Auch im Blick auf den Umgang westlicher Länder mit Afrika wollen wir uns noch stärker dafür einsetzen, dass Entwicklungshilfe nicht an Bedingungen gekoppelt wird wie die Einführung der Homo-Ehe oder eines liberalen Abtreibungsrechts. Für solche Praktiken gibt es nämlich eine bewährte Bezeichnung: Neokolonialismus.

Das Gespräch führte Till-Reimer Stoldt.

»Die Weltweite Evangelische Allianz und der Vatikan«[211]

Interview nach Abschluss der Synode mit dem »Allianzspiegel«, dem Informationsdienst der Österreichischen Evangelischen Allianz, Dezember 2015

Wie wurden Sie aufgenommen?

Da muss ich mit einem großen Lob beginnen: So unmittelbar hat mich noch keine protestantische Kirche, bei der ich zu Gast war, in die laufenden Diskussionen mit hinein genommen und als gleichwertigen Gesprächspartner behandelt. Denn wir waren keine »Beobachter«, wir standen den anderen Delegierten außer beim Stimmrecht in nichts nach. Wir hatten genauso drei Minuten in den Plenarreden, waren bei allen Interna dabei, diskutierten in den Sprachgruppen ohne jede Einschränkung mit, was Textvorschläge für das Abschlussdokument einschloss. Wir hatten ja als deutsche Sprachgruppe Kardinal Schönborn als Moderator gewählt und er hat mit Bravour nicht nur die Breite der Meinungen in ein sehr substantielles Gespräch eingebunden, sondern auch mich und den ebenfalls zur Gruppe gehörenden serbisch-orthodoxen Erzbischof von Wien.

Also Reformation vorbei, wir werden jetzt alle katholisch?

Klar erhalte ich Briefe mit der Sorge, morgen würden wir Evangelikalen in Scharen zur Kirche dieses netten Papstes übertreten. Aber bitte, die Realität ist das Gegenteil: Täglich treten Tausende Katholiken in Lateinamerika und im Globalen Süden zu Pfingstkirchen und evangelikalen Gemeinden über, eine Gegenentwicklung ist nicht zu erkennen. Und wir Theologen, die die Gespräche mit »Rom« führen, sind alles sehr konservative Vertreter reformatorischer Theologie.

Unser guter Kontakt nach »Rom« geht vielmehr einher mit einer viel offeneren, ehrlicheren und respektvolleren Auseinandersetzung über die Unterschiede und die Gemeinsamkeiten. Wir führen fortlaufend ernsthafte Lehrgespräche und es wird ausdrücklich von katholischer Seite gewünscht, dass wir unsere Sicht deutlich formulieren und einbringen.

Der Unterschied zu früher ist aber deutlich: Der Papst sieht evangelische Christen als vollwertige Gläubige an und spricht offen an, dass das aktive Christsein der Evangelikalen und Pfingstler in Gebet, Heiligung und Zeugnisgeben für Katholiken vorbildlich sein kann. Bei der Pfingstbewegung hat er sich sogar offiziell entschuldigt, weil die katholische Kirche sie früher verfolgt hat. [...]

Warum halten Sie es für wichtig, mit der katholischen Kirche im Gespräch zu sein?

Zum einen können wir uns ja gegenseitig angesichts der Weltlage und der Verbreitung der Katholischen Kirche und der Evangelikalen in jedem Land der Erde gar nicht mehr aus dem Weg gehen. Die Menschheit hat kein Verständnis dafür, wenn wir nicht miteinander sprechen, während die Welt brennt. Und in Sachen Christenverfolgung – meinem Schwerpunkt – halte ich es für verheerend, nicht an einem Strang zu ziehen.

Zum anderen ist mir sehr wichtig, dass jeder hochrangige religiöse Führer dieser Welt nicht aus den Medien oder aus der Gerüchteküche erfährt, wer wir sind und wofür wir stehen, sondern aus berufenem Munde eines evangelikalen Leiters. Umgekehrt will auch ich nicht aus den Medien oder der Gerüchteküche über andere Kirchen informiert werden, sondern – neben gründlichem Quellenstudium – aus dem Mund der Verantwortlichen selbst, etwa auch des Papstes oder des Präfekten der Glaubenskongregation in Rom, Kardinal Müller. So entsteht Vertrauen, ja Freundschaft und so kann man dann ernsthaft über die wirklichen Unterschiede sprechen und wirkliche Gemeinsamkeiten entdecken.

Denn man muss ja dazu sagen, dass wir auch zu allen anderen historischen Kirchen engere Beziehungen als früher unterhalten, auch wenn das die Medien natürlich viel weniger

Im Garten des Vatikans

interessiert als die Beziehung zum Papst. So besuche ich einmal im Jahr den Ökumenischen Patriarchen, das Oberhaupt
aller orthodoxen Christen, in Istanbul, treffe mich regelmäßig

mit den Patriarchen der orientalischen Kirchen und das in der Regel mit denjenigen zusammen, die für die WEA den Kontakt zu einer bestimmten Konfession halten.

Das Ganze schwächt übrigens nicht unsere evangelikale Identität, sondern im Gegenteil: Es zwingt uns klar herauszuarbeiten, wofür wir stehen und warum wir das tun. Und es macht uns deutlich, dass wir eine große Verantwortung nicht nur für uns, sondern für die Zukunft aller Kirchen mittragen.

Wie Papst und Evangelikale die Familie retten wollen[212]

Till-Reimer Stoldt, Welt am Sonntag, 02.11.2015

Papst Franziskus und der deutsche Chef-Theologe der Weltweiten Evangelischen Allianz, Thomas Schirrmacher, können sehr gut miteinander. Nun wollen sie die Kräfte von 1,8 Milliarden Christen bündeln.

Die beiden verstanden sich. Wie der oberste Katholik und der ranghöchste evangelikale Theologe im Vatikan die Köpfe zusammensteckten, wie sie sich täglich austauschten, das Kaffeetässchen in der Hand, das fiel so manchem Synodenteilnehmer auf. Und tatsächlich verbarg sich dahinter mehr als nur der freundliche Austausch zwischen den Köpfen einst verfeindeter Konfessionen.

Während der dreiwöchigen Familiensynode der katholischen Kirche in Rom schmiedeten Papst Franziskus und Thomas Schirrmacher, Chef-Theologe der Weltweiten Evangelischen Allianz (WEA), ein familienpolitisches Kampfbündnis. Sie wollen im Namen von rund 1,2 Milliarden Katholiken und rund 600 Millionen Evangelikalen ihre Kräfte bündeln. Das bestätigte nun der deutsche Theologe Schirrmacher im Gespräch mit der »Welt«.

Er nahm als einziger deutscher Protestant an der gesamten dreiwöchigen Synode teil und traf den Papst schon vorher fünfmal. Zudem tauschten sich WEA-Vertreter und der Päpstliche Rat für die Familie schon vor der Synode mehrfach aus, um ihre Kooperation abzustimmen.

Australien als familienpolitisches Vorbild

Dass Katholiken und Evangelikale in vielen familienpolitischen Fragen nahe beieinanderliegen, ist bekannt. WEA-Mann Schirrmacher betont sogar, in Sachen Familie sehe der Papst mit den theologisch konservativen Evangelikalen »viel größere Gemeinsamkeiten als beispielsweise mit den evangelischen Landeskirchen in Deutschland«. Deshalb habe Franziskus nun mit ihm vereinbart, die familienpolitische Zusammenarbeit zu vertiefen und sich gemeinsam »auf unterschiedlichen Ebenen für Familien einzusetzen, ob bei der UNO, im Europäischen Parlament oder auf dem Marktplatz, wo wir gemeinsame Familientage veranstalten«.

Inhaltlich solle es vor allem darum gehen, erstens die Ehe politisch besser zu schützen, zweitens liberale Abtreibungsregeln aufzuweichen oder zu verhindern, und drittens Eltern zu unterstützen, die zugunsten der Kindererziehung beruflich zurücktreten. So wollen Katholiken und Evangelikale nun verstärkt für einen gesetzlichen Schutz von Kindern vor Scheidungen werben.

Das Vorbild bietet Australien. Dort sind die Eltern minderjähriger Kinder verpflichtet, vor einer Scheidung mehrere Beratungsangebote wahrzunehmen. Dabei werden den Eltern alle Möglichkeiten einer Paar- und Familientherapie und weitere Hilfsangebote vor Augen geführt, um eine Scheidung zu vermeiden.

Gerade in westlichen Ländern will sich das Bündnis für Eltern einsetzen, die nach einer Erziehungspause wieder in den Beruf zurückkehren wollen. Sie dürften nicht mehr durch ein Karriere-Aus dafür bestraft werden, dass sie ihren Kindern Zeit widmeten. Ihnen müssten im öffentlichen Dienst Seiteneinsteigerchancen eröffnet werden, auch Altershöchstgrenzen für Einstellungen gehörten aufgehoben, so fordern WEA und Päpstlicher Rat für die Familie. Dafür hatte sich Papst Franziskus auch schon während seiner USA-Reise bei einem Familientag in Philadelphia eingesetzt, der von Katholiken und Evangelikalen gemeinsam gestaltet wurde.

Der gemeinsame Kampf gegen den »Neokolonialismus«

Wichtig ist dem Papst wie der WEA noch ein weiteres Anliegen: Die Entwicklungshilfe westlicher Länder für Afrika dürfe nicht mehr an Bedingungen wie die Einführung der Homo-Ehe oder eines liberalen Abtreibungsrechts gekoppelt werden. Diese Praxis hat Franziskus auch US-Präsident Barack Obama vorgeworfen. Der Papst und WEA-Theologe Schirrmacher bezeichneten dieses Vorgehen nun übereinstimmend als »Neokolonialismus«.

Diese Annäherung zwischen den in dogmatischen Fragen weit auseinanderliegenden Konfessionen deutete sich bereits 2013 an. Seit seinem Amtsantritt hat der argentinische Papst mehrfach einen neuen, wertschätzenden Ton gegenüber den evangelikalen Gläubigen angeschlagen, die als am schnellsten wachsende christliche Bewegung der Welt gelten. Dabei werben evangelikale Pfingstkirchen in Südamerika der katholischen Kirche seit Jahren mit beträchtlichem Erfolg Gläubige ab, was immer wieder für Verstimmungen sorgt. Gleichwohl müht sich Franziskus um Nähe zum Dachverband der Evangelikalen.

Im Gegenzug bewies nun aber auch die WEA Entgegenkommen. Chef-Theologe Schirrmacher billigte dem Papst zu, »in ethischen und politischen Fragen« könne »er eine Sprecherfunktion für alle Christen ausüben«. Dieses Angebot dürfte liberalen evangelischen Landeskirchlern in Deutschland nicht so leicht über die Lippen gehen.

Unumstritten ist der Annäherungskurs der beiden aber auch bei der WEA nicht. Noch während der Synode veröffentlichte ein WEA-Mitglied in den USA einen Artikel, der zur Vorsicht aufrief. Bei aller aus pragmatischen Gründen gebotenen Zusammenarbeit dürfe man eines nicht vergessen: der Papst sei und bleibe »der Antichrist«.

2015: Christenverfolgung ohne Ende

Meine Intervention zum Genozid in Nahost anlässlich des Jubiläums der Synode

Die Patriarchen der Ostkirchen, die in Gemeinschaft mit dem Papst stehen, nahmen alle an der Familiensynode teil. Sie werden nach ostkirchlichem Ritus gewählt, nicht vom Papst berufen, dann aber vom Papst bestätigt. Umgekehrt haben sie kein Wahlrecht bei der Papstwahl. Alle diese Patriarchen sind gute Freunde von mir und erleben die schrecklichen Ereignisse im Nahen Osten aus allernächster Nähe. Louis Raphaël I. Sako, Patriarch der Chaldäisch-Katholischen Kirche, und Gregor III. Laham, Patriarch der Melkiten, der größten ostkirchlichen Gruppe innerhalb der katholischen Kirche, bereisen oft Europa und Deutschland in dem verzweifelten Versuch, andere Kirchen und auch die Politik auf ihre Lage aufmerksam zu machen. In Absprache mit ihnen und mit dem Papst nutzte ich die Gunst der Stunde, mein Leib-und-Magen-Thema an höchster Stelle der Weltchristenheit vorzutragen.

Mit Gregor III. Laham, Patriarch der Melkiten, der größten ostkirchlichen Gruppe innerhalb der katholischen Kirche, im Petersdom, 2012

Mit Patriarch Laham, Damaskus, und Kardinal Schönborn, Wien, im Petersdom, 2015

Christenverfolgungen erfordern einen
»Ruck durch die Weltchristenheit«[213]

kath.net, 19.10.2015

Bischofssynode: Thomas Schirrmacher (Evangelische Allianz) plädiert für öffentliche Gebete der höchsten Kirchenführer – Schirrmacher rief die Synodenväter dazu auf, mehr Solidarität mit den diskriminierten Christen in Syrien und im Irak zu zeigen.

Rom (kath.net/idea) Christenverfolgungen müssten zu einem »Ruck durch die Weltchristenheit« und zu mehr Solidarität mit den bedrohten Glaubensgeschwistern führen. Das fordert der Vorsitzende der Theologischen Kommission der Weltweiten Evangelischen Allianz (WEA), Prof. Thomas Schirrmacher (Bonn). Er sprach am 17. Oktober in Rom bei einem Festakt anlässlich des 50-jährigen Bestehens der katholischen Bischofssynode im Vatikan. Schirrmacher vertrat den Dachverband von mehr als 600 Millionen theologisch konservativen Protestanten. Er rief die rund 270 katholischen Würdenträger aus aller Welt auf, mehr Solidarität mit den diskriminierten Christen in Syrien und im Irak zu zeigen. Seiner Ansicht nach findet dort ein Völkermord an Christen und anderen religiösen Minderheiten, etwa Jesiden und Mandäern, statt. Der Begriff »Völkermord« sei angemessen, da er gemäß einer UN-Definition die systematische Verfolgung, Vergewaltigung und Versklavung von Angehörigen ethnischer oder religiöser Gruppen beschreibe. Massive Einschränkungen der Religionsfreiheit gebe es auch in Pakistan, Bhutan, Nigeria, Sri Lanka, Vietnam, China und Indien sowie auf den Malediven.

»Wir brauchen gemeinsame öffentliche Gebete der höchsten Kirchenführer für die verfolgte Kirche«, sagte Schirrmacher. Der Theologe und Religionswissenschaftler ist auch Vorsitzender des Internationalen Instituts für Religionsfreiheit, das für

die Weltweite Evangelische Allianz die Situation verfolgter
Christen beobachtet, und Präsident der Internationalen Gesellschaft für Menschenrechte (IGfM). Bei der Bischofssynode
im Vatikan ist Schirrmacher geladener Beobachter und Mitglied
im deutschen Sprachzirkel (Circulus Germanicus).

Genozid in Nahost. Erklärung auf der Vatikansynode[214]

Bonner Querschnitte, 17.10.2015
Schirrmacher bittet Papst um institutionelle Unterstützung
des Einsatzes gegen Diskriminierung und Verfolgung der
Christen
In seiner Ansprache vor der Vollversammlung der Synode
richtete Schirrmacher unter anderem folgende Worte an den
Papst, der seiner deutschen Rede ohne Übersetzung folgte
[...]:
»Die Morde an Christen, Jeziden und Mandäern und die
systematische Verfolgung, Vergewaltigung, Versklavung dieser
ethnoreligiösen Gruppen in Syrien und im Irak erfüllen eindeutig und zweifelsfrei den Tatbestand des Genozids. Es geht
dabei nicht um irgendeine Überdramatisierung, sondern um
die simple Anwendung der Völkermorddefinition der UN.
Artikel II der Völkermorddefinition der UN von 1948 lautet:
›In dieser Konvention bedeutet Völkermord eine der folgenden
Handlungen, die in der Absicht begangen wird, eine nationale,
ethnische, rassische oder religiöse Gruppe als solche ganz
oder teilweise zu zerstören: (a) Tötung von Mitgliedern der
Gruppe; (b) Verursachung von schwerem körperlichem oder
seelischem Schaden an Mitgliedern der Gruppe; (c) vorsätz-
liche Auferlegung von Lebensbedingungen für die Gruppe, die
geeignet sind, ihre körperliche Zerstörung ganz oder teilweise
herbeizuführen; (d) Verhängung von Maßnahmen, die auf die
Geburtenverhinderung innerhalb der Gruppe gerichtet sind;

(e) gewaltsame Überführung von Kindern der Gruppe in eine andere Gruppe.‹

Inwiefern sollte das nicht auf die Verfolgung von Christen, Jeziden und Mandäern zutreffen? Ein Element würde genügen, aber vier davon (a, b, c und e) sind hinlänglich belegt, ja es gibt zu jedem Belege aus Propagandafilmen des Islamischen Staates. Lediglich d) ist zwar vorhanden, aber nicht so einfach zu beweisen.

Christen, Jeziden und Mandäer werden systematisch getötet, vertrieben oder zwangsbekehrt.

Kinder von Christen, Jeziden und Mandäer werden umgebracht oder einer religiösen Zwangsumerziehung unterworfen.

Frauen und Mädchen werden vergewaltigt, zur Prostitution gezwungen, aber auch an IS-Muslime zwangsverheiratet. Damit wird auch verhindert, dass sich die Minderheiten fortpflanzen können (UN-Definition Punkt d.).

Es ist darauf hinzuweisen, dass dieser Völkermord sowohl angekündigt und geplant ist, als auch tatsächlich den Ankündigungen entsprechend umgesetzt wird.

Wenn es sich aber um Völkermord handelt, warum reden dann immer noch so viele Kirchenführer, Wissenschaftler und Politiker um den heißen Brei herum?

Nun aber zu möglichen Gegenargumenten.

Frage: Sind nicht in Syrien und Irak alle Menschen vom Bürgerkrieg betroffen und fast alle können Opfer des IS werden?

Für einen Genozid ist es unerheblich, dass es auch andere Opfer gibt oder dass es auch Opfer unter der Mehrheitsbevölkerung gibt. Der Genozid an den Juden und an den Roma und Sinti wurde begleitet vom Krieg gegen viele Staaten und Völker und nicht zuletzt auch vom Nazi-Terror gegen das deutsche Volk als Ganzes. Trotzdem bleibt der Völkermord an Juden und an Roma und Sinti Völkermord.

Frage: Bekämpft der IS nicht auch Schiiten oder auch Sunniten, die mit ihrer Version des Islam nicht übereinstimmen?
Wenn man davon ausgeht, dass der IS auch die Schiiten als umrissene Bevölkerungsgruppe oder auch andersdenkende Sunniten als ebenso abgefallen töten und beseitigen will, dann muss man das zusätzlich auch als Völkermord bezeichnen. Daran aber, dass nicht-islamische ethnoreligiöse Minderheiten Ziel eines Völkermords des IS sind, ändert das nichts! [...]

Inzwischen haben das EU-Parlament, der Europarat, das US-Repräsentantenhaus (leider gegen den Willen des US-Präsidenten) und viele mehr erklärt, dass im Nahen Osten ein Genozid an Christen, Jeziden, Aramäern und anderen Minderheiten stattfindet. Wo immer möglich, haben wir das befördert. Natürlich habe ich mich und hat sich die Weltweite Evangelische Allianz nicht darauf beschränkt, in Rom Forderungen zu stellen oder die Politik zu bewegen, sondern wir stehen im engsten Kontakt mit den betroffenen Kirchenführern selbst. Hier ein Beispiel:

Anlässlich der Einweihung des neuen Genozid-Museums im libanesischen Byblos und der offiziellen Gedenkfeierlichkeiten der Armenisch-Orthodoxen Kirche zum Genozid vor 100 Jahren im Juli 2015 hatte ich die Ehre, namens der Weltweiten Evangelische Allianz mehreren Patriarchen und Führern nahöstlicher Kirchen unsere volle Solidarität und Unterstützung zu versichern (siehe Bild 24 im Bildinnenteil). Als WEA forderten wir die weltweite Christenheit auf, gemeinsam zu verhindern, dass die christlichen Kirchen aus ihren Ursprungsgebieten vertrieben werden. Dazu sei eine Welle des Gebets, der öffentlichen Solidarisierung, aber auch die Mobilisierung politischer Kräfte nötig.

Während des Grußwortes

Mit Papst und Präsident in Albanien

In einem Gespräch im Herbst 2014 sprach ich mit dem Papst darüber, dass wir islamischen Ländern und Politikern, die Christen volle Religionsfreiheit gewähren, öffentlich danken sollten, damit nicht immer nur andere in die Medien kämen. Als Beispiel schlug ich die Präsidenten von Albanien und Indonesien vor. Persönlich hatte ich dem Präsidenten von Albanien, Bujar Nishani, schon mehrfach gedankt. Ich hatte mich mit ihm in Berlin und Washington getroffen und war mehrfach in seinem Palast zu Besuch – privat in seinem Arbeitszimmer wie auch offiziell im barocken Audienzraum. Ich war dann aber doch erstaunt, wie schnell der Papst das Land Mutter Teresas in sein Reiseprogramm aufnahm, wenn auch sicher nicht nur wegen meines Vorschlags. Da mich nun aber der Präsident von Albanien um Rat fragte, was man bei solch einer Gelegenheit sagen sollte, war ich an den Tagen vor dem Papstbesuch in Tirana.

Dadurch wurde mir die Ehre zuteil, im Palast dabei zu sein, als der Präsident den Papst empfing. Gemeinsam liefen wir zur zentralen Kundgebung schräg gegenüber. Der Papst traf den richtigen Ton, der Präsident auch.

Später begegnete Papst Franziskus – nicht zufällig – Vertretern der Evangelischen Allianz Albaniens. Wenn man bedenkt, dass er nur elf Stunden im Land war, ist das schon erstaunlich. Der Papst brachte als Gastgeschenk aus dem Vatikanarchiv das älteste christliche Manuskript aus Albanien mit, das jetzt in einer Vitrine in der Eingangshalle des Präsidentenpalastes steht – gegenüber einer Büste von Mutter Teresa. Und das in einem Land mit islamischer Bevölkerungsmehrheit und einem Präsidenten, der Muslim ist. Insbesondere begrüßte ich, dass der Papst beim Empfang mit deutlichen Worten jeder Art der Gewalt im Namen Gottes eine Absage erteilte und mit seinem Besuch unterstrich, dass Christen Muslimen dankbar seien, wenn sie auch dort Freiheit und Frieden garantierten, wo sie die Mehrheit eines Landes bilden.

Mit dem Erzbischof von Albanien verbindet mich eine langjährige Freundschaft. Das Verhältnis der Orthodoxen Kirche zur Albanischen Evangelischen Allianz gilt als sehr gut. Die Mitglieder der Gemeinden der Evangelischen Allianz bestehen fast ausschließlich aus früheren Muslimen, die erst seit der erneuten Unabhängigkeit des Landes 1990 Christen geworden sind. Der Erzbischof war viele Jahre lang Vorsitzender des Missionsausschusses des Weltkirchenrates und gilt als bedeutender Missionswissenschaftler. Für ihn schließt die Religionsfreiheit in Albanien immer auch das Recht ein, seine Religion zu wechseln, auch vom Islam zum Christentum. Dafür ist er seit 1990 immer wieder öffentlich eingetreten.

Tirana war dann auch der Ort einer für die Beziehungen aller Kirchen weltweit bedeutsamen Konsultation zum Thema Christenverfolgung. In seiner Botschaft[215] schrieb Franziskus an die

Teilnehmer: »Das gemeinsame Martyrium von Katholiken, Orthodoxen, Protestanten und Evangelikalen« habe sich mittlerweile aus Sicht des Papstes zum »überzeugendsten Zeichen für die Ökumene« herauskristallisiert.

Historisches globales Treffen von Kirchenführern in Sachen Christenverfolgung ...[216]

... endet mit Entschuldigung für Verfolgung von Christen und Anderen durch Christen
Bonner Querschnitte, 16.11.2015
75 Kirchenführer aus Kirchen und Ländern weltweit mit »Diskriminierung, Verfolgung, Martyrium« berichteten und 75 hohe Repräsentanten aller Konfessionen hörten zu. In einer nicht öffentlichen Konsultation in Albaniens Hauptstadt Tirana, die das Global Christian Forum organisierte, wurde anschließend diskutiert, wie man auf die weltweite Herausforderung reagieren solle.

Die historische Bedeutung wird gut von einem Mitglied des Planungskomitees erläutert, das von Larry Miller, Generalsekretär des Global Christian Forum, geleitet wurde:
»Die historische Dimension der Konsultation hat zwei Gründe:
1. Es war das erste globale Treffen praktisch aller christlichen Konfessionen zum Thema ›Diskriminierung, Verfolgung, Martyrium‹, um auf Zeugenaussagen von allen Kontinenten zu hören.
2. Zum ersten Mal in der Geschichte entschuldigte sich die Weltchristenheit dafür, sich gegenseitig (und andere Religionen) verfolgt zu haben. Die Abschlussbotschaft formuliert das so: ›Wir tun Buße darüber, dass wir zeitweise in der Geschichte einander oder andere Religionsgemeinschaften verfolgt haben, und wir bitten einander um Vergebung und beten für neue Wege, Christus gemeinsam nachzufolgen.‹

Beide Schritte sind von historischer Bedeutung, sowohl für die Beziehungen der Kirchen untereinander als auch für den Kampf für Religionsfreiheit weltweit.« (Thomas Schirrmacher)

Die vier Delegationen der vier Kirchen bzw. Zusammenschlüsse wurden von ihren obersten Repräsentanten vertreten, der Päpstliche Rat für die Förderung der Einheit der Christen von seinem Präsidenten Kurt Kardinal Koch, der Ökumenische Rat der Kirchen und die Weltweite Evangelische Allianz durch ihre Generalsekretäre, Pfarrer Olav Tveit und Bischof Efraim Tendero, die Pentecostal World Fellowship durch Vorstandsmitglied Pastor David Wells, der den erkrankten Vorsitzenden Prince Guneratnam vertrat. In seiner Botschaft an die Konsultation sagte Papst Franziskus: »Ich denke mit großer Traurigkeit an die zunehmende Diskriminierung und Verfolgung von Christen im Nahen Osten, in Afrika, in Asien und an weiteren Orten weltweit. In vielen Teilen der Welt ist das Zeugnis für Christus bis hin zum Vergießen des eigenen Blutes eine gemeinsame Erfahrung von Katholiken, Orthodoxen, Anglikanern, Protestanten, Evangelikalen und Pfingstlern geworden.«

Die Delegationsleiter sprachen zur Eröffnung der Konsultation und hatten dann das letzte Wort, um mitzuteilen, was ihre Konfession oder globale Körperschaft in Reaktion auf die Konsultation praktisch plant.

Bischof Efraim Tendero zum Beispiel sagte für die Weltweite Evangelische Allianz unter anderem: »Wir wollen tun, was immer wir können, um unseren Mitgliedern zu helfen, Vorurteile gegenüber anderen christlichen Traditionen abzubauen und Geschehnisse der Vergangenheit nicht mit der Gegenwart zu verwechseln.« Er rief vor allem dazu auf, die Erinnerungen an vergangene Verfolgung durch Christen zu heilen: »Wir sind sehr dankbar, dass die Buße dafür, dass wir einander verfolgt haben, Teil unserer Abschlussbotschaft ist. Wir sehen es als wichtig an, die Erinnerung zu heilen, wo immer so etwas geschah. Wir werden unsere Pastoren und Kirchen ermutigen, dies auf lokaler Ebene einzuleiten, und wollen außerdem mit den vier globalen Körperschaften, die hinter dieser Konsultation stehen, diskutieren, wie wir diesen Prozess auf nationaler, kontinentaler und globaler Ebene ins Laufen bringen können.«

Die Entsprechungen der vier Körperschaften im gastgebenden Land Albanien wurden von dem Oberhaupt der Albanisch-Orthodoxen Kirche, Erzbischof Anastasios, vom Generalsekretär der Katholischen Bischofskonferenz, Bischof Georg Frendo, und vom Vorsitzenden der Albanischen Evangelischen Allianz, Pastor Ali Kurti angeführt.

Die Kooperation und die gleichmäßig aufgeteilte Beteiligung wurden in allen Aspekten der Konsultation deutlich. Im Planungskomitee saßen je zwei Vertreter der vier Körperschaften, dazu der Generalsekretär des Global Christian Forum und seine Konferenzdirektorin Joy Lee. Die Redner und Zeugen waren entsprechend aufgeteilt, aber auch die 40 Jugendlichen, die als Stewards die praktischen Belange organisierten und sich vorher mehrere Tage gemeinsam getroffen hatten.

Die Konsultation war nicht öffentlich, um Kirchenführer aus dem Nahen Osten und aus anderen gefährlichen Situationen zu schützen. Erst nach Ende der Konsultation wurde das Ganze durch einen Empfang durch den muslimischen Präsidenten von Albanien für die Delegierten öffentlich. Der Präsident dankte den Kirchenführern dafür, dass sie mit Albanien ein Land gewählt haben, in dem alle Religionen unter dem Kommunismus verfolgt und zerstört wurden – es stand am Ende praktisch keine Kirche oder Moschee mehr – und das sich danach für völlige Religionsfreiheit entschieden hat.

Von Tirana nach Schwäbisch Gmünd
Von der Konsultation in Tirana führte ein direkter Weg zu einem Vortrag, den Kardinal Koch auf dem großen »Märtyrer-Kon-

gress« im November 2015 hielt. Dieser Kongress findet alle zwei Jahre im Haus Schönblick in Schwäbisch Gmünd statt und steht jeweils unter der Schirmherrschaft des Fraktionsvorsitzenden der CDU/CSU im Deutschen Bundestag, Volker Kauder. In seinem Vortrag forderte Koch die Weltchristenheit auf, die Ökumene von den Märtyrern her zu verstehen, die bereits heute vor dem Thron Gottes die wahre Einheit der Kirche Jesu Christi repräsentieren. An Kreuz und Leiden vorbei sei Ökumene nicht zu haben.

Da ich dieses Buch Kardinal Koch gewidmet habe, beschließe ich es mit dem Geleitwort, das ich der Veröffentlichung seines Vortrages[217] vorangestellt habe. Damit wird auch noch einmal deutlich, was mich selbst in den weltweiten kirchlichen Beziehungen recht eigentlich motiviert.

Zum Geleit[218]

Als Kurt Kardinal Koch diesen programmatischen Vortrag in Schwäbisch Gmünd hielt, stand er (und ich) noch ganz unter dem Eindruck der ersten globalen, praktisch alle Konfessionen und Kirchen umfassenden Konsultation »Diskriminierung, Verfolgung, Martyrium« in Tirana, der Hauptstadt Albaniens. Dort hatte Kardinal Koch den Vorschlag gemacht, dass sich die christlichen Kirchen zuerst zu ihrer eigenen Schuld bekennen sollten, bevor sie an ihre Verfolger heute appellieren. Das fand dann ohne Gegenstimme Eingang in das Abschlussdokument: »Wir tun Buße darüber, dass wir zeitweise in der Geschichte einander oder andere Religionsgemeinschaften verfolgt haben, und wir bitten einander um Vergebung und beten für neue Wege, Christus gemeinsam nachzufolgen.«

Der einstige Bischof von Basel und Präsident der Schweizer Bischofskonferenz, der 1987 über den evangelischen Theologen Wolfgang Pannenberg promoviert hat, wurde Mitte 2010 von Papst Benedikt XVI. zum Präsidenten des Rates zur Förderung der Einheit der Christen ernannt, übrigens als Nachfolger von Walter Kardinal Kasper, der vor zwei Jahren bei unserem Kongress sprach. Papst Franziskus bestätigte Kardinal Koch Anfang 2014 in seinem Amt als Präsident.

Doch die Liebe des Kardinals für verfolgte Christen ergibt sich nicht einfach aus seinem Amt, sondern er ist auch unabhängig davon immer eine erste Adresse in Rom für alle gewesen, die sich mit Christenverfolgung beschäftigen. Aus vielen Begegnungen weiß ich, dass er das Schicksal der leidenden Glaubensgeschwister nie aus den Augen verliert, gleich, welche Frage gerade das eigentliche Thema ist.

Ein Glücksfall für die Ökumene! Denn so findet das Thema Christenverfolgung intensiv Eingang in die ökumenischen Bemühungen. Und damit sind wir beim vorliegenden Vortrag, in dem Kardinal Koch noch einen Schritt weitergeht und die gesamte Ökumene und Jesu Auftrag, dass die Kirche eins sein soll, von der Einheit der Märtyrer her denkt. Sie leben bereits im Himmel in Gemeinschaft mit dem Märtyrer schlechthin, Jesus Christus, während für uns hier, im Hinblick auf manche Hindernisse zwischen den Kirchen, noch ein anstrengender Weg vor uns liegt. Die Ökumene des Blutes, auf die Papst Franziskus so oft verweist, bedeutet für Koch, dass die Beziehungen aller Kirchen und Christen untereinander nur vom Opfer Jesu Christi her gedacht werden können, das sich im Sterben der Märtyrer immer neu bewahrheitet.

Übrigens: Der bischöfliche Wahlspruch Kochs seit 1995 folgt Kolosser 1,18 und lautet: »Christus hat in allem den Vorrang«. Wohl alle Zuhörer haben das aus jedem Satz des Vortrages herausgespürt.

Literatur

George Alexander. The Orthodox Dilemma: Personal Reflections on Global Pan-Orthodox Christian Conciliar Unity. Kerala: OCP Publications, 2016

John L. Allen, Jr. Against the Tide: The Radical Leadership of Pope Francis. Liguori: Liguori Publications, 2014

John L. Allen. Das neue Gesicht der Kirche: Die Zukunft des Katholizismus. Gütersloh: Gütersloher Verlagshaus, 2011

Gregg R. Allison. Roman Catholic Theology and Practice: An Evangelical Assessment. Wheaton: Crossway, 2014

Apostolisches Schreiben Evangelii Gaudium des Heiligen Vaters Papst Franziskus. Verlautbarungen des Apostolischen Stuhls, Nr. 194. Bonn: Deutsche Bischofskonferenz, 2013

Apostolische Reise Seiner Heiligkeit Papst Franziskus ins Heilige Land. Verlautbarungen des Apostolischen Stuhls, Nr. 197. Bonn: Deutsche Bischofskonferenz, 2014

Aufklärung und Vorbeugung: Dokumente zum Umgang mit sexuellem Missbrauch im Bereich der Deutschen Bischofskonferenz. Arbeitshilfen, Nr. 246. Bonn: Deutsche Bischofskonferenz, 2014[2]

Papst Benedikt XVI. Jesus von Nazareth: Erster Teil. Von der Taufe im Jordan bis zur Verklärung. Freiburg: Herder, 2008

Papst Benedikt XVI. und sein Schülerkreis/Kurt Kardinal Koch. Das Zweite Vatikanische Konzil: Die Hermeneutik der Reform. Augsburg: Sankt Ulrich Verlag, 2012

Simon Biallowons. Franziskus: Der neue Papst. München: Kösel, 2013

Stefanie Boden. Franziskus: Papst mit Herz und Seele. Leipzig: Benno, 2014

Stefanie Boden. Frischer Wind im Vatikan: Franziskus – Neue Anekdoten. Leipzig: Benno, 2015

Matthew E. Bunson. Pope Francis. Huntington: Our Sunday Visitor, 2013

Jimmy Burns. Francis: Pope of Good Promise. London: Constable, 2015

Edward L. Cleary/Hannah W. Stewart-Gambino (Hg). Power, Politics, and Pentecostals in Latin America. Boulder: Westview Press, 1998

Father Michael Collins. Pope Francis: A Photographic Portrait of the People's Pope. New York: DK, 2015

Robert Draper/David Yoder. Pope Francis and the New Vatican. Washington, D.C.: National Geographic Society, 2015

Die pastoralen Herausforderungen der Familie im Kontext der Evangelisierung: Texte zur Bischofssynode 2014 und Dokumente der Deutschen Bischofskonferenz. Arbeitshilfen, Nr. 273. Bonn: Deutsche Bischofskonferenz, 2014

Die Berufung und Sendung der Familie in Kirche und Welt von heute: Texte zur Bischofssynode 2015 und Dokumente der Deutschen Bischofskonferenz. Arbeitshilfen, Nr. 276. Bonn: Deutsche Bischofskonferenz, 2015

Andreas Englisch. Franziskus: Zeichen der Hoffnung. Das Erbe Benedikts XVI. und die Schicksalswahl des neuen Papstes. München: C. Bertelsmann, 2013

Andreas Englisch. Der Kämpfer im Vatikan: Papst Franziskus und sein mutiger Weg. München: C. Bertelsmann, 2015[3]

Jürgen Erbacher. Ein radikaler Papst: Die franziskanische Wende. München: Pattloch, 2014

Valentin Feneberg/Johannes Müller. Evangelikale – Pfingstkirchen – Charismatiker: Neue Religiöse Bewegungen als Herausforderung für die katholische Kirche. Bonn: Deutsche Bischofskonferenz, 2014

Papst Franziskus. Enzyklika. Lumen Fidei über den Glauben. Verlautbarungen des Apostolischen Stuhls, Nr. 193. Bonn: Deutsche Bischofskonferenz, 2013

Papst Franziskus. Offener Geist und gläubiges Herz: Biblische Betrachtungen eines Seelsorgers. Freiburg im Breisgau: Herder, 2013

Papst Franziskus. Die Freude des Evangeliums: Das Apostolische Schreiben »Evangelii gaudium« über die Verkündigung des Evangeliums in der Welt von heute. Freiburg im Breisgau: Herder, 2013

Papst Franziskus. Mein Leben – mein Weg: El Jesuita. Freiburg im Breisgau: Herder, 2013

Papst Franziskus. Über Himmel und Erde: Jorge Bergoglio im Gespräch mit dem Rabbiner Abraham Skorka. Hrsg. v. Diego F. Rosemberg. München: Goldmann, 2014-2

Papst Franziskus. Predigten aus den Morgenmessen in Santa Marta. Freiburg im Breisgau: Herder, 2014

Papst Franziskus. Die frohe Botschaft Jesu: Aufbruch zu einer neuen Kirche. Das apostolische Schreiben »Evangelii gaudium – Freude am Evangelium«. Leipzig: Benno, 2013

Papst Franziskus. Die wahre Macht ist der Dienst. Freiburg im Breisgau: Herder, 2014

Papst Franziskus. Bilder und Worte für die Seele. Hrsg. v. Giuseppe Costa. Stuttgart: Belser, 2014

Papst Franziskus. Enzyklika Laudato si': Über die Sorge für das gemeinsame Haus. Verlautbarungen des Apostolischen Stuhls, Nr. 202. Bonn: Deutsche Bischofskonferenz, 2015

Papst Franziskus. Laudato si': Über die Sorge für das gemeinsame Haus. Stuttgart: Katholisches Bibelwerk, 2015

Papst Franziskus. Misericordiae vultus – Verkündigungsbulle von Papst Franziskus zum Außerordentlichen Jubiläum der Barmherzigkeit. Verlautbarungen des Apostolischen Stuhls, Nr. 200. Bonn: Deutsche Bischofskonferenz, 2015

Papst Franziskus. Barmherzigkeit will ich. Hrsg. v. Stefan von Kempis. Stuttgart: Katholisches Bibelwerk, 2015[2]

Papst Franziskus. Credo: Was uns das Glaubensbekenntnis verspricht. Hrsg. v. Stefan von Kempis. Stuttgart: Katholisches Bibelwerk, 2015

Papst Franziskus. Gott ist barmherzig: Die wichtigste Botschaft des Heiligen Vaters. Hrsg. Von Simon Biallowons. Herder: Freiburg im Breisgau, 2016

Papst Franziskus. Der Name Gottes ist Barmherzigkeit: Ein Gespräch mit Andrea Tornielli. München: Kösel, 2016

Papst Franziskus. Bescheiden, barmherzig, beliebt. bpa-Wissen. Oster-Special 1 (2016)

Heiko Haupt. Franziskus: Der Papst der Armen. München: Riva, 2013

Stefanie Heckl. Ich bin einer von euch! Neue Anekdoten über Papst Franziskus. Leipzig: Benno, 2015

Peter Hofmann (Hg.). Joseph Ratzinger: Ein theologisches Profil. Paderborn: Ferdinand Schöningh, 2008

Michael Hesemann. Papst Franziskus: Das Vermächtnis Benedikts XVI. und die Zukunft der Kirche. München: Herbig, 2013

Austen Ivereigh. The Great Reformer: Francis and the making of a radical Pope. London: Allen & Unwin, 2014

Walter Kardinal Kasper. Katholische Kirche: Wesen – Wirklichkeit – Sendung. Freiburg: Herder, 2014[4]

Walter Kardinal Kasper. Barmherzigkeit: Grundbegriff des Evangeliums – Schlüssel christlichen Lebens. Freiburg im Breisgau: Herder, 2012[4]

Walter Kardinal Kasper. Ökumene der Märtyrer: Theologie und Spirituali-
tät des Martyriums. Norderstedt: BoD, 2014

Stefan von Kempis. Papst Franziskus: Wer er ist, wie er denkt, was ihn
erwartet. Freiburg im Breisgau: Herder, 2013

Kurt Kardinal Koch. Christenverfolgung und Ökumene der Märtyrer: Eine
biblische Besinnung. Norderstedt: BoD, 2016

Hans Küng. Sieben Päpste: Wie ich sie erlebt habe. München: Piper, 2015

Albert Link. Buonanotte und Buonasera: Zwei Päpste im Vatikan. Eine
Reportage. München: Kösel, 2014

Gerhard Ludwig Kardinal Müller. Armut: Die Herausforderung für den
Glauben – Mit einem Geleitwort von Papst Franziskus. München:
Kösel, 2014

Päpstliche Bibelkommission. Die Interpretation der Bibel in der Kirche.
23.04.1993. Verlautbarungen des Apostolischen Stuhls 115. Sekretariat
der Deutschen Bischofskonferenz: Bonn, 1996-2

Päpstliche Bibelkommission. Inspiration und Wahrheit der Heiligen
Schrift: Das Wort, das von Gott kommt und von der Welt spricht, um
die Welt zu retten. 22.02.2014. Verlautbarungen des Apostolischen
Stuhls 196. Sekretariat der Deutschen Bischofskonferenz: Bonn, 2014

David Parker. 'Discerning the Obedience of Faith': A Short History of the
World Evangelical Alliance Theological Commission. Bonn: VKW,
2014

Tim Perry (Hg). The Legacy of John Paul II: An Evangelical Assessment.
Downers Grove: InterVarsity Press, 2007

Elisabetta Piqué. Pope Francis: Life and Revolution. Chicago: Loyola Press,
2014

Marco Politi. Franziskus unter Wölfen: Der Papst und seine Feinde. Freiburg im Breisgau: Herder, 2015

Thomas Schirrmacher. Der Papst und das Leiden: Warum der Papst nicht
zurücktritt. VTR: Nürnberg, 2002[1]; Papst Johannes Paul II. und das
Leiden, 2006[2]

Thomas Schirrmacher. Die Apokryphen: Eine evangelische Kritik. Hamburg: RVB, 2006

Thomas Schirrmacher. Der Ablass. Hamburg: RVB, 2005

Thomas Schirrmacher (Hg.). Familienplanung – eine Option für Christen?
Bonn: VKW, 2006

Thomas Schirrmacher. »Hoffnung gründet auf Erlösung«. Zur 2. Enzyklika von Papst Benedikt XVI. Diakrisis 1/2008: 41-42

Thomas Schirrmacher. »Ganz so überraschend kam der Papst-Rücktritt nicht«. Glauben und Denken heute (Martin Bucer Seminar) 6 (2013) 1: 8-12

Thomas Schirrmacher. Das große Ökumene-Interview. Bonn: VKW, 2016 (im Druck)

Thomas Schirrmacher. Was tut sich in Rom? Stellungnahmen zu Texten von Papst Benedikt, Papst Franziskus und der Glaubenskongregation. Bonn: VKW, 2016 (im Druck)

Patrik Schwarz (Hg.). Papst Franziskus. Gelingt die Revolution? Stuttgart: Katholisches Bibelwerk, 2015

Julie Schwietert Collazo/Lisa Rogak. Pope Francis in His Own Words. London: William Collins, 2013

John Stott, Basil Meeking (Hg.). Der Dialog über Mission zwischen Evangelikalen und der Römisch-Katholischen Kirche (ERCDOM). Wuppertal: R.Brockhaus, 1987

Philipp Thull (Hg.). Papst und Ökumene – ein Widerspruch? Ökumenische Perspektiven des Papstamtes. Paderborn: Bonifatius, 2015

Paul Vallely. Papst Franziskus: Vom Reaktionär zum Revolutionär. Darmstadt: Wissenschaftliche Buchgesellschaft, 2014

Hansjürgen Verweyen. »Josef Ratzinger und die Exegese« [28.06.2013]. http://www.uni-muenster.de/imperia/md/content/fb2/c-systematisc hetheologie/dogmatikunddogmengeschichte/verweyen_antritt_ratz_. pdf

Thomas Volk. Christen unter Druck? Das Menschenrecht auf Religionsfreiheit ist nicht verhandelbar. Konrad-Adenauer-Stiftung (Hg). Analysen & Argumente 202 (2016), unter: http://www.kas.de/wf/doc/kas_44 564-544-1-30.pdf?160317113415

Hans Waldenfels. Sein Name ist Franziskus: Der Papst der Armen. Paderborn: Ferdinand Schöningh, 2014

Bildnachweis

Anmerkungen

Alle angegebenen Internetlinks waren zum Zeitpunkt der Drucklegung aktuell und entsprechen dem Stand Mai 2016.

1 Piqué, Francis, 5
2 Daniel Deckers. Der Vatikan unter Papst Franziskus – Der Karneval ist aus. 24.03.2016. http://www.faz.net/aktuell/politik/die-wahl-des-paps tes/der-vatikan-unter-papst-franziskus-der-karneval-ist-aus-12125804. html
3 pro-Medienmagazin. Habemus Latino! 13.03.2013. http://www.pro-me dienmagazin.de/gesellschaft/detailansicht/aktuell/habemus-latino-8 0334/
4 Das Originaldokument in verschiedenen Sprachen: http://www.missi onrespekt.de/daspapier/papier.original/index.html
5 So auch Piqué, Francis, 1
6 Giuseppe Nardi. »Der Teufel kommt oft als Engel verkleidet, heimtückisch« – Die Spontaneität von Papst Franziskus. 25.03.2013. http:// www.katholisches.info/2013/03/25/der-teufel-kommt-oft-als-engel-ve rkleidet-heimtuckisch-die-spontaneitat-von-papst-franziskus/
7 Paul Badde. Der Apostolische Palast bleibt dunkel. 27.03.2014. http:// www.welt.de/debatte/kommentare/article114833541/Der-Apostolisch e-Palast-bleibt-dunkel.html
8 Schirrmacher, Ablass, 119-125
9 Politi, Franziskus, 54
10 Papst Franziskus, Namen Gottes, 83
11 Evelyn Finger im Interview mit Kardinal Müller. »Die Kirche ist kein Philosophenclub«. 30.12.2015. http://www.zeit.de/2016/01/katholisch e-kirche-kardinal-mueller-interview
12 Erbacher, Papst, 83
13 Daniel Deckers. Der Vatikan unter Papst Franziskus – Der Karneval ist aus. 24.03.2016. http://www.faz.net/aktuell/politik/die-wahl-des-paps tes/der-vatikan-unter-papst-franziskus-der-karneval-ist-aus-12125804. html
14 http://www.thomasschirrmacher.info/archives/2755
15 idea. »Rom« tritt unter Franziskus demütiger auf. 20.03.2013. http:// www.idea.de/thema-des-tages/artikel/rom-tritt-unter-franziskus-de muetiger-auf-708.html

16 Papst Franziskus, Laudato si', 26-27 (§§ 8-9)
17 Englisch, Kämpfer, 64
18 Vallely, Papst, 156
19 Piqué, Francis, 83
20 Severina Bartonitschek. »Papst Franziskus: Leise Stimme – Große Wirkung«. Steyler Missionare. 15.03.2013. http://www.orden-online.d e/news/2013/03/15/papst-franziskus-leise-stimme-grosze-wirkung/
21 Radio Vatikan. Die Papstansprache an die Kurie. 23.12.2014. http://de. radiovaticana.va/news/2014/12/23/die_papstansprache_an_die_kurie /1115831; andere Fassung: Schwarz, Papst, 80-91
22 Evangelii Gaudium 103
23 Heckl (Hg.), Ich bin einer von euch!, 63
24 Politi, Franziskus, 31
25 Siehe besonders Politi, Franziskus, 216-229
26 Heckl (Hg.), Ich bin einer von euch!, 87f.
27 Papst Franziskus, Predigten, 60
28 Siehe die Liste bei Nuzzi, Licht, 146-148
29 Englisch, Kämpfer, 348-355
30 Englisch, Franziskus, 11-12
31 Papst Franziskus, Gott, 64f.
32 Papst Franziskus. Mein Leben. 97 (geäußert 2009)
33 Evangelii Gaudium 56
34 Evangelii Gaudium 75, 211
35 Evangelii Gaudium 211
36 Evangelii Gaudium 212
37 Papst Franziskus. Mein Leben. 116 (geäußert 2009)
38 Ebd.
39 Politi, Franziskus, 92
40 Marco Politi. Angst vor der Protestantisierung des Vatikans. 19.01.2016. http://www.pro-medienmagazin.de/gesellschaft/kirche/d etailansicht/aktuell/angst-vor-der-protestantisierung-des-vatikans-947 15/
41 Politi, Franziskus, 28
42 Papst Franziskus, Predigten, 93f. Predigt in der Morgenmesse am 29.05.2013
43 Papst Franziskus, Laudato si, 121 (§ 10)
44 Evangelii Gaudium 16
45 Evangelii Gaudium 32

46 Evangelii Gaudium 246
47 Evangelii Gaudium 16
48 Evangelii Gaudium 32
49 Evangelii Gaudium 32
50 Evangelii Gaudium 119
51 Ökumenischer Rat der Kirchen/Päpstlicher Rat für den Interreligiösen Dialog/Weltweite Evangelische Allianz: Christliches Zeugnis in einer multireligiösen Welt. 2011. http://www.missionrespekt.de/fix/files/D okument-original.pdf
52 http://w2.vatican.va/content/francesco/de/speeches/2015/october/do cuments/papa-francesco_20151017_50-anniversario-sinodo.html
53 Papst Franziskus, Mein Leben, 58 (geäußert 2009)
54 Papst Franziskus, Name Gottes, 25
55 Papst Franziskus, Mein Leben, 58-59 (geäußert 2009)
56 ZEIT Online. Papst Franziskus liebäugelt mit dem Rücktritt. 13.03.2015. http://www.zeit.de/gesellschaft/zeitgeschehen/2015-03/ka tholische-kirche-franziskus-amtszeit
57 Englisch, Kämpfer, 168
58 Politi, Franziskus, 169
59 Politi, Franziskus, 36
60 Julius Müller-Meinigen: Aufstand der Randständigen, Christ & Welt, 23.10.2014. Zitiert nach Schwarz, Papst, 127
61 Zitiert nach Schwarz, Papst, 133
62 http://rorate-caeli.blogspot.com/2016/04/de-mattei-post-synod-exhort ation-amoris.html; Ähnlich: http://voiceofthefamily.com/amoris-laeti tias-approach-to-same-sex-unions-already-rejected-by-synod-fathers/; http://voiceofthefamily.com/catholics-cannot-accept-elements-of-apo stolic-exhortation-that-threaten-faith-and-family/
63 Politi, Franziskus, 120
64 Julius Müller-Meinigen in: Christ & Welt vom 23.10.2014, hier aus: Schwarz, Papst, 131; vgl. Erbacher, Papst, 202; Englisch, Kämpfer, 162-164; Politi, Franziskus, 191-192
65 https://brightsblog.wordpress.com/2014/06/26/bibelfundamentalis ten-unter-sich/
66 https://brightsblog.wordpress.com/2015/10/19/christenverfolgung-jammern-der-bibelfundis/
67 https://brightsblog.wordpress.com/2015/10/07/evangelikale-bibel-fundis-auf-der-apostel-synode/

68 Waldenfels, Name, 17f.
69 Bergoglio/Papst Franziskus, Macht, 46
70 Papst Franziskus, Geist, 10
71 Päpstliche Bibelkommission, Interpretation
72 Päpstliche Bibelkommission, Inspiration
73 Evangelii Gaudium 40
74 Evangelii Gaudium 135
75 Evangelii Gaudium 149
76 Evangelii Gaudium 146
77 Evangelii Gaudium 22
78 Evangelii Gaudium 174
79 Evangelii Gaudium 175
80 Evangelii Gaudium 90
81 Evangelii Gaudium 284-288
82 Evangelii Gaudium 288
83 Evangelii Gaudium 284ff.
84 Evangelii Gaudium 286
85 Evangelii Gaudium 7, mit Zitat aus der Enzyklika *Deus caritas est*
86 Evangelii Gaudium 14
87 Evangelii Gaudium 3
88 Papst Franziskus, Leben, 140 = Papst Franziskus, Credo, 14
89 Evangelii Gaudium 209
90 Evangelii Gaudium 264
91 Papst Franziskus, Macht, 71
92 Papst Franziskus, Macht, 94f.
93 Papst Franziskus, Predigten, 197 (Predigt in der Morgenmesse am 07.09.2013)
94 Papst Franziskus, Credo, 141 (Neujahrspredigt 01.01.2015)
95 Evangelii Gaudium 244
96 Übersetzung aus dem Spanischen: Norbert Arntz, nach http://www.adveniat.de/presse/papst-franziskus/rede-im-vorkonklave.html; andere Übersetzung: http://www.domradio.de/nachrichten/2013-03-27/bergoglios-zusammenfassung-seiner-rede-vor-den-kardinaelen
97 Papst Franziskus, Leben, 86f.
98 Papst Franziskus, Gott, 54 (Botschaft vom 01.06.2014)
99 Angelusgebet vom 24.01.2016
100 Papst Franziskus, Gott, 57 (Botschaft zur Fastenzeit 2014)
101 Evangelii Gaudium 16; vgl. 14

102 Evangelii Gaudium 14

103 Evangelii Gaudium 281-282

104 Evangelii Gaudium 20-49 = Kapitel 1 und Evangelii Gaudium 111-134 = Kapitel III.1.

105 Evangelii Gaudium 27

106 Evangelii Gaudium 111-121

107 Evangelii Gaudium 264

108 Evangelii Gaudium 130, 117

109 Evangelii Gaudium 259

110 Evangelii Gaudium 175

111 Evangelii Gaudium 111-144

112 Evangelii Gaudium 119-126

113 Evangelii Gaudium 102

114 Evangelii Gaudium 11

115 Evangelii Gaudium 127

116 Evangelii Gaudium 273

117 Evangelii Gaudium 104

118 Evangelii Gaudium 38

119 Evangelii Gaudium 280

120 Evangelii Gaudium 50

121 Evangelii Gaudium 117

122 Evangelii Gaudium 130

123 Evangelii Gaudium 239

124 Evangelii Gaudium 12

125 Evangelii Gaudium 112

126 Evangelii Gaudium 111

127 Evangelii Gaudium 24

128 https://w2.vatican.va/content/francesco/de/speeches/2014/july/docu ments/papa-francesco_20140728_caserta-pastore-traettino.html

129 Papst Franziskus, Credo, 15 (Predigt in der Frühmesse am 10.11.2014)

130 Evangelii Gaudium 112

131 Kasper, Barmherzigkeit, 102

132 Papst Franziskus, Misericordiae, § 1

133 Evangelii Gaudium 37

134 Papst Franziskus, Gott, 126 f., aus ›Misericordiae vultus‹, § 12

135 Papst Franziskus. Misericordiae, § 10

136 Papst Franziskus, Misericordiae, § 22

137 Schirrmacher, Ablass

138 Arbeitshilfe Nr. 278, Bonn, o. J.

139 Papst Franziskus, Pontificial Council, 1

140 Evangelii Gaudium 255, 86, 61

141 Evangelii Gaudium 253

142 Bonner Querschnitte. Schirrmacher: Martyrium und Solidarität müssen Teil der Dogmatik werden. 21.10.2015. http://www.bucer.de/resso urce/details/bonner-querschnitte-432015-ausgabe-379.html

143 Evangelii Gaudium 244

144 Evangelii Gaudium 246

145 Evangelii Gaudium 246

146 Evangelii Gaudium 98-101

147 Evangelii Gaudium 98

148 Evangelii Gaudium 99

149 Bonner Querschnitte. Weltweite Evangelische Allianz informiert sich in Moskau über Gespräch zwischen Papst und Russischem Patriarch: Schirrmacher erinnert an 70 Jahre Christenverfolgung in Russland. 21.03.2016. http://www.bucer.de/ressource/details/bonner-querschni tte-092016-ausgabe-404.html

150 George, Francis, 65

151 Papst Franziskus, Mein Leben, 181 (geäußert 2009)

152 Details bei Burns, Francis, 47-48

153 Erbacher, Papst, 231

154 Papst Franziskus. Ansprache aus Anlass der Begegnung mit Pastor Giovanni Traettino. 28.07.2014. https://w2.vatican.va/content/france sco/de/speeches/2014/july/documents/papa-francesco_20140728_cas erta-pastore-traettino.html

155 Papst Franziskus, Mein Leben, 83 (geäußert 2009)

156 Papst Franziskus, Pontificial Council, 1-2

157 World Watch Monitor. CAR: Pope Francis calls for unity between Catholics and Protestants. 02.12.2015. https://www.worldwatchmonitor. org/2015/12/4139539/

158 World Evangelical Alliance. Central African Republic's Religious Leaders Receive Prestigious Honor. 19.08.2015. http://www.worldea.org/n ews/4586/central-african-republic's-religious-leaders-to-receive-presti gious-honor

159 Agence France Press. C.Africa interfaith group receives UN peace prize. 19.08.2015. https://www.yahoo.com/news/c-africa-interfaith-group-receives-un-peace-prize-192048072.html?ref=gs

160 Kath.net. Papst preist Vorzüge der »ernsthaften« Evangelikalen. 17.03.2015. http://www.kath.net/news/49840
161 The Catholic World Report. Francis, Ecumenism, and the Common Witness to Christ. 06.09.2014. http://www.catholicworldreport.com/ Item/3350/francis_ecumenism_and_the_common_witness_to_chris t.aspx
162 pro-Medienmagazin. Franziskus will mehr Ökumene. 21.03.2013. http: //www.pro-medienmagazin.de/nachrichten/detailansicht/aktuell/fra nziskus-will-mehr-oekumene-80311/
163 John L. Allen Jr. Profile: New pope, Jesuit Bergoglio, was runner-up in 2005 conclave. 03.03.2013. http://ncronline.org/blogs/ncr-today/papa bile-day-men-who-could-be-pope-13
164 Siehe besonders Allen, Gesicht, 67-87
165 Stott/Meeking, Dialog
166 Parker, Obedience
167 Vatikan. Church, Evangelization, and the bonds of koinonia – A Report of the International Consultation between the Catholic Church and the World Evangelical Alliance. http://www.vatican.va/roman_curia/pont ifical_councils/chrstuni/evangelicals-docs/rc_pc_chrstuni_doc_20111 220_report-1993-2002_en.html
168 Thomas Schirrmacher. Freude der Liebe: Papst verzichtet auf generel- les Machtwort. 10.04.2016. http://www.pro-medienmagazin.de/gesell schaft/kirche/detailansicht/aktuell/freude-der-liebe-papst-verzichtet- auf-generelles-machtwort-95655/
169 Heckl, Ich bin einer von euch!, 53
170 Bonner Querschnitte. Ökumene im Vatikan im Einsatz für Men- schenwürde. 03.07.2013. http://www.bucer.de/ressource/details/bon ner-querschnitte-272013-ausgabe-262.html
171 Bonner Querschnitte. Im Vatikan trafen sich die Weltreligionen zum Einsatz für die Ehe. 21.11.2014. http://www.bucer.de/ressource/details /bonner-querschnitte-422014-ausgabe-328.html
172 Evangelii Gaudium 253, siehe auch 63 und 250
173 Papst Franziskus, Himmel, 36
174 Evelyn Finger im Interview mit Kardinal Müller.»Die Kirche ist kein Philosophenclub«. 30.12.2015. http://www.zeit.de/2016/01/katholisch e-kirche-kardinal-mueller-interview
175 Papst Franziskus, Himmel, 83f.
176 Papst Franziskus, Himmel, 126

177 Evangelii Gaudium 251

178 »Mit Sanftmut und Respekt: Zu einer Ethik des christlichen Zeugnisses«. Evangelikale Missiologie 24 (2008) 2: 38-47; »But with gentleness and respect«: Why missions should be ruled by ethics – An Evangelical Perspectives for a Code of Ethics of Christian Witness«. (Kurzfassung) Current Dialogue (World Council of Churches) 50 (Febr 2008): 55-66

179 http://www.missionrespekt.de/fix/files/Dokument-original.pdf

180 Bonner Querschnitte. Heute schreiben wir Geschichte. Empfehlungen für einen Verhaltenskodex für das »Christliche Zeugnis in einer multireligiösen Welt« veröffentlicht. 29.06.2011. http://www.bucer.de/uplo ads/tx_org/BQ0172.pdf

181 Die komplette Eröffnungsfeier findet sich bei YouTube: http://youtu.b e/H6WcNBAzl3Y

182 Christsein heute. Christliches Zeugnis in einer multireligiösen Welt. Interview von Dietrich Ebeling. 121 (2014) 6:34-36

183 Bonner Querschnitte. Dritter Jahrestag eines wegweisenden ökumenischen Dokuments in Berlin, 21.08.2014, http://www.bucer.de/ressour ce/details/bonner-querschnitte-262014-ausgabe-312.html

184 Der Text der Verlautbarungen findet sich hier: http://www.vatican.va/ news_services/press/sinodo/documents/bollettino_25_xiii-ordinaria-2012/05_tedesco/b33_05.html und hier: http://www.zenit.org/article-25826?l=german

185 http://www.thomasschirrmacher.info/archives/3084/

186 http://www.bucer.de/uploads/tx_org/BQ0242.pdf

187 pro-Medienmagazin. Der weniger unfehlbare Papst. 13.02.2013. http:// www.pro-medienmagazin.de/gesellschaft/detailansicht/aktuell/der-w eniger-unfehlbare-papst-80443/

188 Acta Apostolicae Sedis 59 (1967) 498, http://www.vatican.va/archive/a as/documents/AAS-59-1967-ocr.pdf [Stand: 17.05.2016]

189 Thull, Papst, 8

190 Erbacher, Papst, 180f.

191 Verweyen, Ratzinger, 2

192 »Das neue katholische Kirchenrecht.« Licht und Leben 95 [1984]; ausführlicher in: »Hat sich die katholische Kirche geändert? Zum neuen katholischen Kirchenrecht.« Bibel und Gemeinde 89 [1989] 2; »Has Roman Catholicism Changed? An Examination of Recent Canon

Law.« Antithesis: A Review of Reformed/Presbyterian Thought and Practice 1 [1990] 2.

193 Schirrmacher, Leiden

194 Benedikt XVI., Jesus, 22

195 pro-Medienmagazin. Papstvertrauter Tony Palmer verunglückt. 22.07.2014. http://www.pro-medienmagazin.de/gesellschaft/weltweit /detailansicht/aktuell/papstvertrauter-tony-palmer-verunglueckt-8873 4/

196 pro-Medienmagazin. Evangelische Allianz zu Gast beim Papst. 25.06.2014. http://www.pro-medienmagazin.de/gesellschaft/kirche/ detailansicht/aktuell/evangelische-allianz-zu-gast-beim-papst-88423/

197 Englisch, Kämpfer, 169

198 Giuseppe Nardi. »Der Teufel kommt oft als Engel verkleidet, heimtückisch« – Die Spontaneität von Papst Franziskus. 25.03.2013. http:// www.katholisches.info/2014/07/28/papst-bittet-pfingstler-um-vergebu ng-katholiken-die-vom-teufel-besessen-waren/

199 https://w2.vatican.va/content/francesco/de/speeches/2014/july/docu-ments/papa-francesco_20140728_caserta-pastore-traettino.html

200 Vatican Radio: Evangelicals hail Pope's Caserta visit and apologise to Catholics. 30.07.2014. http://en.radiovaticana.va/news/2014/07/30/ wea_hails_popes_caserta_visit_and_apologises_to_catholics/1103673; http://www.religionnews.com/2014/07/30/quote-day-geoff-tunnicliff e-world-evangelical-alliance/

201 Auf Englisch: http://www.thomasschirrmacher.info/archives/3982

202 http://vaticanfiles.org/2015/10/114-is-the-pope-the-anti-christ/

203 idea.»Rom« öffnet die Türen für Evangelikale. 28.09.2014

204 Nachzulesen und nachzuhören unter: http://de.radiovaticana.va/stori co/2014/11/06/franziskus_an_evangelikale_neue_etappe_der_zusam menarbeit/ted-834993

205 pro-Medienmagazin. Allianz und Papst rücken enger zusammen. 10.11.2014. http://www.pro-medienmagazin.de/gesellschaft/kirche/de tailansicht/aktuell/allianz-und-papst-ruecken-enger-zusammen-90051/

206 Agathe Lukassek. Die neun Deutschen: Wer nimmt für uns an der Familiensynode teil?. 28.09.2015. http://www.katholisch.de/aktuelles /dossiers/bischofssynode-was-ist-das/die-neun-deutschen

207 Auszug unter: http://www.pro-medienmagazin.de/gesellschaft/kirche /detailansicht/aktuell/als-evangelikaler-auf-der-vatikan-synode-93561/

208 Kath.net. Familiensynode: Was Katholiken und Evangelikale verbindet. 26.10.2015. http://kath.net/news/52589

209 Kath.net. Medienberichte und Synodengeschehen haben »wenig miteinander zu tun«. 22.10.2016. http://www.kath.net/news/52547

210 Till-Reimer Stoldt. Was der Papst auch für Protestanten sagen darf. 03.11.2015. http://www.welt.de/regionales/nrw/article148267993/Was-der-Papst-auch-fuer-Protestanten-sagen-darf.html

211 »Die Weltweite Evangelische Allianz und der Vatikan« (Interview). Allianzspiegel (Informationsdienst der Österreichischen Evangelischen Allianz) 30 (2007) Nr. 112 (Dezember 2015): 27-28

212 Till-Reimer Stoldt. Wie Papst und Evangelikale die Familie retten wollen. 02.11.2015. http://www.welt.de/politik/deutschland/article148322454/Wie-Papst-und-Evangelikale-die-Familie-retten-wollen.html

213 Kath.net. Christenverfolgungen erfordern einen »Ruck durch die Weltchristenheit«. 19.10.2015. http://www.kath.net/news/52484

214 Bonner Querschnitte. Genozid in Nahost. Erklärung auf der Vatikansynode. 17.10.2015. http://www.bucer.de/ressource/details/bonner-querschnitte-422015-ausgabe-378.html

215 Papst Franziskus, Pontificial Council, 7

216 Bonner Querschnitte. Historisches globales Treffen von Kirchenführern in Sachen Christenverfolgung endet mit Entschuldigung für Verfolgung von Christen und Anderen durch Christen. 16.11.2015. http://www.bucer.de/ressource/details/bonner-querschnitte-492015-ausgabe-385.html

217 Koch, Christenverfolgung

218 Ebd., 7f.

Thomas Schirrmacher (Hrsg.)

Menschenrechte
Anspruch und Wirklichkeit

Taschenbuch, 12 x 19 cm, 128 Seiten
Nr. 395.379, ISBN 978-3-7751-5379-9

Als die UN-Menschenrechtscharta 1948 verkündet wurde, war
das ein großer Schritt. Doch ist der Weg von einer guten Erklärung bis zu Taten oft lang. Prof. Schirrmacher gibt einen Über-
blick über Hintergründe und die aktuelle Lage weltweit.

Christina Brudereck, Jürgen Mette

Reformation des Herzens
Eine vierwöchige Reise zurück zu den Wurzeln

Gebunden, 14 x 21,5 cm, 256 Seiten
Nr. 226.727, ISBN 978-3-4172-6727-3

Christina Brudereck und Jürgen Mette nehmen uns mit auf eine
vierwöchige Reise zu den vier Entdeckungen der Reformation:
Gnade, Bibel, Christus und Glaube. Mal persönlich, mal theologisch, dann wieder humorig, lyrisch oder auch ein wenig provo-
kant nähern sie sich diesen vier Säulen.

Bitte fragen Sie in Ihrer Buchhandlung nach diesen Büchern!
Oder schreiben Sie an: SCM Verlag, D-71087 Holzgerlingen;
E-Mail: info@scm-verlag.de; Internet: www.scm-verlag.de

Tim Townsend

Letzte Begegnungen unter dem Galgen
Ein amerikanischer Militärseelsorger
erlebt die Nürnberger Prozesse

Gebunden, 14 x 21,5 cm, 400 Seiten
Nr. 395.634, ISBN 978-3-7751-5634-9

Nürnberg 1946. Die Hauptkriegsverbrecher werden angeklagt und erwarten ihren Tod. Der Militärseelsorger Henry Gerecke führt mit vielen von ihnen Gespräche, darunter Hermann Göring, Albert Speer, Generalfeldmarschall Wilhelm Keitel und Rudolf Hess. Manche der Angeklagten reagieren mit Ablehnung auf die christliche Botschaft, andere gleichgültig, doch manche scheinen echte Reue zu zeigen.

Eric Metaxas

Sieben Frauen, die Geschichte schrieben

Gebunden, 15 x 21,6 cm, 256 Seiten
Nr. 395.726, ISBN 978-3-7751-5726-1

Eric Metaxas hat sieben wunderbare Frauen porträtiert, die voller Hingabe und oft unter Einsatz ihres Lebens in unsere gefallene Welt hineinwirkten: die Heilige Maria von Paris, Mutter Teresa, Johanna von Orleans, Susanna Wesley, Hannah More, Corrie ten Boom und Rosa Parks.

Bitte fragen Sie in Ihrer Buchhandlung nach diesen Büchern!
Oder schreiben Sie an: SCM Verlag, D-71087 Holzgerlingen;
E-Mail: info@scm-verlag.de; Internet: www.scm-verlag.de